Marie Luise Ritter

Vom Glück, allein zu sein

Marie Luise Ritter

Vom Glück, allein zu sein

Wie wir die Zeit mit uns selbst genießen können

PIPER

Mehr über unsere Autorinnen, Autoren und Bücher:
www.piper.de

Von Marie Luise Ritter liegen im Piper Verlag vor:
Tinder Stories
Vom Nichts suchen und Alles finden

Disclaimer:
Zum Schutz der Privatsphäre wurden einige Details und Namen verändert. Ich benutze die weibliche und männliche Form abwechselnd. Und noch eine kurze Triggerwarnung: In Kapitel 7 erzähle ich sehr intensiv von meiner eigenen Covid-Erkrankung.

Unser Versprechen für mehr Nachhaltigkeit
• Klimaneutrales Produkt
• FSC®-zertifiziertes Papier
• Hergestellt in Europa

FSC www.fsc.org MIX Papier | Fördert gute Waldnutzung FSC® C083411

ISBN 978-3-492-06467-5
3. Auflage 2023

Satz: Eberl & Koesel Studio, Kempten
Gesetzt aus der Adobe Garamond
Druck und Bindung: CPI books GmbH
Printed in the EU

Für meine Schwester, für immer der wichtigste Mensch in meinem Leben. Danke, dass es dich gibt.

Inhalt

Vorwort

»Wenn du so weitermachst, wirst du mal alleine enden«, sagte meine Mutter regelmäßig zu mir. Zum Beispiel damals, als ich mit sechzehn eine Beziehung, die sich falsch anfühlte, beendete, mich aufmüpfig benahm oder nicht mit einem Großonkel dritten Grades tanzen wollte. Manchmal müsse man »einfach mal da durch«, meinte sie.

Irgendwo »enden«, so bedrohlich, als handelte es sich bei mir um eine am Straßenrand liegen gelassene Eidechse, die dort langsam in der Hitze verendete. (Ich sitze gerade in einem Café in Nicaragua, der Vergleich ist naheliegend.) Meine ganze Kindheit und Jugend über wurde dieses Schreckensszenario des Alleinseins vor mir in den Himmel gemalt. Allein zu sein und niemanden zu finden war anscheinend das, was man tunlichst vermeiden sollte. Und so, wie ich war, selbstbestimmt und mit einem klaren Willen, würde mich wohl niemand wollen. Ich war vor allem von allem zu viel.

»Alles, was du brauchst, ist längst in dir drin«, kritzelte ich vor zwei Sommern mit einem schweren Füllfederhalter auf kratziges Papier. Fast automatisch signierte ich diesen Satz in mein vorheriges Buch über die Liebe. Es war Ende Juli, und ich schwitzte, während sich meine Arme mit möglichst viel Abstand über die reinen Seiten bewegten. Bei insgesamt 700 Büchern verschrieb ich mich nur ein einziges Mal. Ich wechselte zwischen ein paar wenigen Sätzen ab. »Glaub an die Liebe, aber vor allem immer an dich«, war ebenso darunter. Die Vorstellung, wie jemand das Buch aufschlug, diesen Satz las, vielleicht lächeln musste und dieses Gefühl für die kommenden Seiten behielt, gefiel mir. Jemand, der oder die vielleicht an ein eigenes Problem dachte, bemerkte: Stimmt, die Antwort ist in mir. Alles, was ich signierte, sollte sagen: *Du hast alles. Zweifele niemals an dir, denn so wie du bist, ist alles genau richtig.* Die Sätze sollten das positive Gegenstück zu Einsamkeit, Zweifeln und fehlender Bestätigung von außen sein, Mut machen, vielleicht. Sie sollten bedeuten: Du brauchst niemanden im Außen, wenn du, in deinem Inneren, dich hast.

Hier in Nicaragua, während die Hitze mir die Gedanken wegsengt, bleibt diese eine Überlegung offen, wie ein noch nicht geschlossener Tab. Ist das tatsächlich so? Haben wir alles schon in uns? Und was heißt das für unsere Gesellschaft, für uns und für das »… wirst du mal alleine enden«, das vor uns schwebt? Ist das dann vielleicht gar nicht so schlimm?

Ich hatte nie wirklich über das Alleinsein nachgedacht. Selbst wenn ich manchmal tagelang niemanden sah, etwa, weil ich mich in meine Uniaufgaben vertiefte oder Liebeskummer hatte (und davon nicht gerade wenig), bemerkte ich es nicht wirklich. Es war für mich völlig normal, mit mir selbst gerne Zeit zu verbringen. Und damit meine ich: zu Hause. In meinen eigenen vier Wänden. Ich bestellte Essen, türmte Kissen und Decken um mich, als würde ich in einer Burg leben, oder lag in der Badewanne, bis das Wasser eiskalt war. In meinen vier Wänden fühlte ich mich sicher. Wenn niemand Zeit hatte, blieb ich eben zu Hause. Ich hatte noch nie darüber nachgedacht, mal allein ins Kino zu gehen, in ein Restaurant, oder – um Gottes willen – sogar allein auf eine Reise. Urlaube waren für mich etwas Besonderes, Erinnerungen und Qualitätszeit mit Freundinnen oder einem damaligen Partner. Sie allein zu verbringen kam für mich nie infrage.

Dann starb eine Freundin an Krebs, ohne dass ich damit rechnete, mich verabschieden oder alles zwischen uns wieder geraderücken konnte. Alle paar Jahre erleben wir einschneidende Erlebnisse, die die Zeitrechnung in ein *Davor* und ein *Danach* aufteilen. Bei mir war das so ein Moment. Es war Januar. Ich wusste nicht, wohin mit mir, mit meiner Trauer, mit meinen Schuldgefühlen. Mich zog es raus, ich wollte weg, ans Meer. Ich wollte zum ersten Mal weit weg allein sein, mich in mich zurückziehen. An die Zeit vor meiner ersten Reise allein kann ich mich genau erinnern. Es ist die erste Geschichte, die ich euch hier erzählen werde. Es war das erste Mal, dass ich einfach nur mit mir etwas plante, eine ganze Woche lang und ganz bewusst allein. Seither hat sich vieles für mich verändert. Das ist jetzt über vier Jahre her.

Eigentlich all das, was Menschen zu zweit machen, können wir auch allein: die Welt bereisen, aufwendig kochen oder im Restaurant das teuerste Gericht der Karte bestellen. Eigentlich spricht nichts dagegen. Und trotzdem fühlt es sich komisch an, genau das zu tun.

Wir stellen frische Blumen auf den Tisch und räumen die Wohnung besonders dann akribisch auf, wenn Besuch sich ankündigt, holen den guten Kaffee aus dem Schrank, gehen später in dieses neue Restaurant, alles zu zweit. Weil es sich dann »lohnt«. Also – leben wir nur für andere? Und vor allem auf Reisen stellt sich dann noch die nächste Frage: Macht es unsere Erlebnisse wertvoller, wenn wir jemanden haben, mit dem wir sie teilen können? Und demnach alles weniger wertvoll, wenn da gerade niemand ist? Ich glaube, es passiert schnell, dass wir gedanklich in dieses »Wenn ich erst einmal die richtige Person in meinem Leben habe, *dann …*« geraten. So wie in: »Dann werde ich die Welt bereisen, auch so eine tolle Dachgeschosswohnung beziehen oder mich trauen, mir ein kleines altes Cabrio zu kaufen, um damit *zusammen* nachmittags zum See rauszufahren.« (Und dann hast du jemanden kennengelernt, und er arbeitet den ganzen Tag, toll, echt!!)

Wenn aber niemand da ist, der deine Träume oder deine Begeisterung für etwas teilt, dich vielleicht ab und zu auch mal mit seinen Ideen mitreißt (»Wollen wir nicht am Wochenende …?«), wie schnell passiert es dann, Träume ad acta zu legen mit dem Gedanken: Ach, na ja, nicht so wichtig. Doch, es ist wichtig! Deine eigene Lebenszeit und das, wofür du brennst, sind wichtig. Das Leben ist kein Wartezimmer, in dem du rumsitzt, bis jemand da ist, der etwas mit dir erleben will.

Denn wenn dieser jemand absagt, du vielleicht mit Urlaubsplänen oder Konzertkarten sitzen gelassen wirst, ist die Enttäuschung groß. Viel zu oft teilen wir unsere Erlebnisse in wertvolle Zeit (zu zweit) und abgewartete Zeit (allein) ein. Nee, Freunde. Das machen wir jetzt nicht mehr.

Es ist natürlich ein Unterschied, ob wir die Wahl haben oder unfreiwillig allein sind, ob wir uns nur zurückziehen oder zurückgelassen werden. Aber so oder so glaube ich: Wir müssen anfangen, nicht nur für Besuch zu leben, nicht nur in Gesellschaft, sondern auch (oder vor allem?) für uns selbst. Es uns nur für uns schön zu machen. Gerne mit sich zu sein schafft einen völlig neuen Zugang zu Erlebnissen mit anderen, davon bin ich überzeugt. Es macht resilienter. Vor allem schafft es eine ganz neue Wertschätzung für eine Zeit, die sich sonst nur wie ein Abwarten anfühlen kann.

»I write about … how you learn to enjoy being with yourself«, erkläre ich, als sich in dem Moment hier im Café in San Juan jemand aus meinem Hostel neben mich setzt und fragt, worüber ich schreibe. Ich sehe auf, blicke in ein fremdes Lächeln, ein neues Gesicht. »Allein, aber nie wirklich allein«, habe ich es auf meiner letzten Reise genannt. »Do you want to tell me more about that? Maybe, when you are done with that chapter? I am by myself, too. I'll wait for you at the bar.«

Das Thema dieses Buches, dieses »allein sein«, ist eine Reise, die mich durch verschiedene Länder, Gespräche und zu Menschen geführt hat, denen ich in bereits vorhandener oder mitgebrachter Gesellschaft wahrscheinlich nicht begegnet wäre. Es geht um Einsamkeit und das Aushalten von ebendieser, um das Gefühl, richtig nah bei sich selbst zu sein, und um Orte, an denen man sich zu Hause fühlt. Vor allem geht es darum, dass wir das Wort »allein« neu für uns besetzen lernen und ganz klar vom »einsam sein« trennen müssen.

Vielleicht sind wir alle gar nie wirklich *allein*. Für den Moment sind wir vielleicht einfach nur »für uns«. Und eine alte oder neue Begegnung manchmal nur eine Armlänge, ein Lächeln, ein Hallo in einer anderen Sprache entfernt.

»Ja, darüber schreibe ich gerade. Über all das, was das Thema mit sich bringt. Wie man sich für sich selbst ein richtig schönes Leben macht«, führe ich später weiter aus, als ich mich an die Bar gesetzt habe.

Natürlich gibt es neben all den Höhen auch Tiefen. Wenn ich mich manchmal selbst nicht ertragen kann, wenn ich mich einsam fühle, durcheinander bin oder falsche Entscheidungen treffe. Doch auch das gehört dazu, auch die blöden Erfahrungen. Sie gehören zum Alleinsein und zu meiner Entwicklung dazu und machen im Grunde alles Schöne noch viel schöner.

Ich will nichts auslassen, auch nicht, wie ich aus einem Hostel rückwärts wieder rauslaufe oder am Flughafen sitzen gelassen werde. Wie ich neue Freundinnen finde, Nein sagen lerne und was für mich das Allerschönste am Alleinwohnen ist. Ich schreibe über mentale Gesundheit, Einsamkeit und mein Urvertrauen. Du kannst vermutlich nicht alles, was ich erlebt habe, auf dein Leben beziehen – vielleicht bist du selbst in einer festen Beziehung und willst dir darin nur mehr Raum für dich schaffen. Oder dich reizt es nicht, allein zu reisen und in einer Nacht allein ans Mittelmeer durchzufahren, aber du willst in deiner eigenen Stadt offener auf neue Möglichkeiten zugehen und mal allein ein Konzert besuchen.

Egal was du suchst, vielleicht wirst du dich nach dieser Lektüre bestärkt fühlen. Und vielleicht findest du es danach sogar richtig, richtig schön, dann und wann allein zu sein.

Manchmal suchen wir es uns nicht aus, allein zu sein, manchmal ist es ein Zustand, den wir für den Moment nicht ändern können. Und dann ist es doch besser, ihn zu genießen, oder? Um keine Sekunde zu verschwenden. Denk daran: Das Leben ist kein Wartezimmer.

Pack das Buch also ein, setz dich ins nächste Café, leg dich auf den Balkon oder in den Stadtpark (Hände hoch, wer liegt gerade am Strand??), und lass uns zusammen unterwegs sein. Durch dich werden meine Erinnerungen zu Geschichten. Spulen wir vier Jahre zurück.

1

Ein Abschied und ein Anfang

Wie ich mich zu meiner ersten Reise allein entschied

Schon seit ein paar Monaten spukte mir die Idee im Kopf herum: Urlaub ganz allein. Ein Flugticket, ein Apartment, ein Buch und eine Woche Zeit. So etwas hatte ich noch nie gemacht. Ehrlich gesagt war es mir einfach nie in den Sinn gekommen.

»Au ja, ich komm mit!«, rief eine Freundin, als ich ihr im Dezember von meinen Reiseplänen für den Jahresanfang erzählte.

»Ähm«, entgegnete ich zögerlich. »Eigentlich wollte ich alleine verreisen.« Das reduzierte ihre spontane Vorfreude gen null. »Was willst du denn da alleine? Das ist doch voll … langweilig. Und einsam. Ich würde das nicht machen. Mit wem soll man denn dann seine Erlebnisse teilen?« Sie schaute regelrecht angewidert. Eine gute Frage, auf die ich keine Antwort hatte. Es war nur ein Gefühl, ein Bedürfnis nach einer Zeit des Für-mich-Seins.

Spaßeshalber sondierte ich die Lage und googelte nach Single-Reisen. Ich war bis dato noch nie ganz allein weg gewesen. Mit Single meinte ich eigentlich allein, dass meine Wortwahl falsch war, merkte ich, als mir »spritzige Trips mit anderen Alleinstehenden zum Kennenlernen« vorgeschlagen wurden. Hoppla. Danke, nein. Alleinstehend war ich zu dem Zeitpunkt gar nicht, sondern in einer Beziehung, und Speeddating war auch nicht mein Ziel. Es gibt ganze Foren, in denen Leute beratschlagen, wo man am besten allein hinfahren sollte, um Menschen kennenzulernen, und in denen vorher schon Kontakte geknüpft werden, um sich in Hostels und Bars mit anderen Alleinreisenden zu verabreden. Klingt spritzig und wild, aber eigentlich wollte ich vorab keine Pläne machen und zumindest bei diesem Trip gerne meine Ruhe. Ich wollte nachdenken. Um meine Freundin trauern. Ich schaffte es nicht mal zu weinen. Ich wollte einfach nur weg.

Ich schloss die gefühlt hundert offenen Tabs, weil mich die Flut an Informationen nur verwirrte. Stattdessen entschied ich, dass ich keinen Rat von Fremden aus dem Internet brauchte, um einfach einen günstigen Flug in eine andere europäische Stadt zu buchen, in der ich ein paar schöne Tage lesen und Museen, Gassen und Straßen zu Fuß entdecken konnte.

Weil es nicht wahnsinnig groß ist, nur dreieinhalb Flugstunden entfernt und am Wasser liegt, und nicht zuletzt, weil die Flüge eigentlich viel zu günstig waren, entschied ich mich für Porto. Ich buchte die zwei Flugtickets, Dienstag hin, Dienstag drauf zurück. Mein Bauchgefühl sagte mir, dass nur ein langes Wochenende mir nicht ausreichen würde, irgendwo richtig anzukommen.

In den Tagen vor der Reise verfiel ich in eine eigenartige Nervosität. Um Geld zu sparen, hatte ich meine Flüge nur inklusive Handgepäck gebucht, was sich (völlig überraschend) im Januar in Europa nicht als die klügste aller Ideen herausstellte. Am Ende landete eine Art universeller Lagenlook in meinem knallblauen Handgepäckkoffer. Strumpfhose, Kleider, Strickjacken, eine lange Hose, keine Sportsachen. Irgendwie war für kaum etwas Platz, es war eiskalt, und ich wollte doch nicht die ganze Woche in derselben Jeans rumlaufen? Frustriert saß ich am Dienstagmorgen auf dem billigen Koffer, der nicht richtig zuging, und schaute mich in meinem chaotischen Schlafzimmer um, das ich mit an hundert Prozent grenzender Wahrscheinlichkeit genau so zurücklassen würde. Zum ersten Mal fragte ich mich auch, was ich mir bei diesem Trip eigentlich gedacht hatte.

2

Allein in Porto, Portugal

Nicht wissen, wohin mit mir

Der Wind pfeift um meine Wohnung und stört meine Gedanken. Dieser Tag zieht sich wie Kaugummi. Es ist elf Uhr morgens, und ich überlege ernsthaft, die ganze Sache abzublasen. Heute Abend um halb acht geht mein Flieger nach Porto. Und ich? Ich habe nichts vorbereitet, auch im Kopf bin ich gar nicht auf Urlaub eingestellt. Ziellos laufe ich durch meine Wohnung und sammele mal hier etwas auf und lege da etwas um. Wirklich einen Plan habe ich nicht, ich bin wie gelähmt vor Überforderung. Meine Wohnung ist doch eigentlich ganz schön, warum verbringe ich die kommende Woche nicht einfach hier? Ehrlicherweise ist letztlich der Gedanke, mich vor meinen Freunden lächerlich zu machen, der größte Antrieb, nicht einfach zu Hause abzuwarten, bis es zu spät für den Flug ist. Ich habe so vielen Leuten stolz davon erzählt, nächste Woche *allein* Urlaub zu machen. Na ja, gut, wenigstens zum Flughafen will ich fahren, dann können wir ja weitersehen. Ich, nicht wir. Ich. Bin ja allein.

Es ist ein eiskalter Januartag. Wie in Trance packe ich fertig, schließe am späten Nachmittag meine Wohnungstür dreifach ab und gehe auf halber Treppe noch einmal zurück, um zu prüfen, ob sie *wirklich* zu ist (ist sie überraschenderweise), bringe den Müll runter und mache mich auf den Weg zur U-Bahn. Niemand redet mit mir, außer meine zu lauten Gedanken. Ich spüre weder Aufregung noch Vorfreude. Vielleicht hat man die nur, wenn man zu zweit unterwegs ist und sich gegenseitig hochpushen kann. Und das soll jetzt Urlaub sein? Einmal umsteigen, zwanzig Minuten später am Flughafen. Wie immer Probleme beim Bordkarte Einscannen und »junge Dame, eigentlich nur ein Handgepäck!«. Ich ziehe meinen winzigen Koffer hinter mir her, schultere meinen kleinen Rucksack und lächele sie an. Es ist niemand da, der sehen kann, dass ich der Dame am Schalter einen schönen Tag wünsche und mich bislang echt souverän schlage. Immerhin bin ich noch nicht wieder umgedreht. Das ist doch schon mal was.

Allein am Gate gesessen und auf einen Flug gewartet habe ich selten, wenn, dann beruflich. Mal einen Tag nach München oder nach Zürich. Aber noch nie saß ich hier ohne eine Aufgabe, auf die ich mich noch vorbereiten musste, stattdessen mit zwei Romanen, die ich gerade noch im Flughafenbuchladen gekauft habe. Mutterseelenallein warte ich auf meinen Flieger in die Sonne. Ein Blick auf die Wetter-App, und mir wird klar, dass nicht einmal das stimmt: Sieben Tage Regen und zwölf Grad in Porto. Okay, zugegeben, wir haben Januar. Aber dennoch. Zwölf Grad und Regen? Es ist doch Portugal, ist es da nicht immer schön? Nicht, dass ich mich darüber nicht vorher informiert hätte, aber als optimistischer Typ hoffte ich doch auf ein spontanes Wetterwunder. Ich werde ein bisschen bockig und überlege drei Minuten lang, wieder nach Hause zu fahren. Zum wahrscheinlich siebzehnten Mal heute und während das Boarding schon läuft. Wenn niemand da ist, der mit einem verabredet ist, fällt es gar nicht auf, wenn man den eigenen Urlaub einfach schwänzt.

Dann komme ich mir dämlich vor. Weil ich mich aufführe wie ein undankbares, trotziges Kleinkind (ja, habe ich selbst gemerkt). Weil ich das hier schon immer einmal machen wollte. Weil es gebucht und bezahlt ist. Weil ich zu Hause auch nur traurig im Bett liegen und *Grey's Anatomy* gucken würde. Und weil ich allen von meinem Abenteuer »alleine Urlaub machen« berichtet habe. Da wäre kneifen jetzt ziemlich blöd. Und wenn es mir nicht gefällt, liege ich eben dort im Bett und gucke *Grey's Anatomy*. Vielleicht ja doch irgendwo in der Sonne (da kommt der Optimismus wieder durch). Oder eben bei zwölf Grad, wenn es sein muss, besser, als minus sieben in Hamburg. Mit einem Kaffee. Diese Vorstellung macht mich äußerst zufrieden.

Es kommt mir alles unwirklich vor. Unwirklich, dass ich in einem Flugzeug sitze. Unwirklich, dass ich gerade allein in den Urlaub fliege. Unwirklich, dass wir im Landeanflug auf Porto sind. Ich habe die ganze Zeit diese Watte im Kopf, wenn der Druck von außen so auf den Kopf drückt und ihn so matt, träge und schwer macht, dass es nicht möglich ist, auch nur einen klaren Gedanken zu fassen. Ich fühle mich und meine Umgebung ab, meine warme, brennende Haut, meine schweren Augenlider, die gleichmäßigen Klappergeräusche des Flugzeuges, das schwere Atmen eines Passagiers hinter mir, meine Bleifüße, die in meinen Schuhen kleben.

Mein Zimmer ist kleiner, als es online angezeigt war, und ich fühle mich veräppelt, als ich mich um halb zwölf mit einer inzwischen kalten Pizza im Karton neben mir auf das Einzelbett fallen lasse. Es knarzt. Ich liege in einem dunklen Loch mit niedrigen Decken. Traurig schließe ich die Augen. Was mache ich hier?

Der erste Morgen allein in Portugal. Außer mit der Kellnerin vorhin im Frühstückscafé habe ich heute noch mit niemandem gesprochen. »The tapioka pancakes please and a latte macchiato with almond milk.« Sonst nichts. Die Wörter drehen in meinem Mund Achterbahn, wollen raus, ich bin kurz davor, Selbstgespräche zu führen. Also schicke ich eine sechsminütige Sprachnachricht an meine Freundin Diana, nur um mal zu reden. Ich erzähle ihr fröhlich von meinem Hinterhofausblick, wie schön Porto ist, von Steinfliesen und den Menschen hier. Das aufzunehmen tut gut.

Ich hätte mit der Frau neben mir im Café reden können. Wir saßen beide an Einzeltischen im *Zenith*, den Blick geradeaus zur

Fensterfront. Ich las mein Buch, sie blätterte hektisch durch die Karte. Nachdem sie mit hörbarem Akzent bestellt hatte (keine Beurteilung an dieser Stelle, ich bin selbst der größte Alman, wenn ich versuche, Englisch zu sprechen, was mich nicht davon abhält, also immer munter raus damit), sah ich, wie sie ihr iPad öffnete, auf »Postfächer« klickte, und begann »Guten Morgen ...« zu tippen. Sie sprach eindeutig meine Sprache. Ich lächelte ihr zu. Aber ich sagte nichts, und die englische Sophie-Kinsella-Ausgabe, die ich mithatte, verriet mich auch nicht. Ich fühlte mich wie eine Geheimagentin.

Allein frühstücken ist leicht. Man trinkt seinen Kaffee, genießt die Sonne, liest sein Buch – ja, der Morgen ist eine Tageszeit, die man ganz gut und ohne aufzufallen allein verbringen kann. Im Café arbeiten und schreiben ist gemeinhin gesellschaftlich akzeptiert. Aber abends, wie beschäftigt man sich da? Liest man abends auch bei Pasta und Wein? In den meisten Restaurants wird es dafür zu dunkel sein. Starrt man andere Leute an? Soll ich die Kellnerin in ein Gespräch verwickeln oder mich bei anderen Leuten an den Tisch setzen und so tun, als würde ich sie kennen, um dann in ihre perplexen Gesichter zu gucken, während sie Blicke austauschen und grübeln, wer ich noch mal war? Ich entscheide mich dagegen, auch wenn mich die Vorstellung amüsiert.

Mein Abendessen hole ich mir stattdessen vom Büffet im *Dos Sabores*. Ich habe keine Lust, irgendwo zu sitzen, ich möchte das machen, was ich in Hamburg auch mache, wenn ich einen merkwürdigen ersten Tag einer Woche hatte: Essen bestellen und mich wie ein Burrito in einer Decke auf meine Couch kuscheln, bis nur noch der Kopf rausguckt. Am Lieferservice auf Portugiesisch scheitere ich. Also steige ich in meine Boots und stiefele los. Das Restaurant ist leer, ich bin früh dran, es ist erst halb sieben. Der portugiesische Tagesrhythmus scheint wie der spanische so ganz anders als meiner zu sein. Wenn die Menschen hier ins Restaurant gehen, gehe ich ins Bett. Die Kellnerin ist erfreut über meinen Anblick. Ihr Gesichtsausdruck wandelt sich jedoch zu leicht geknickt, als ich ihr eröffne, dass ich etwas zum Mitnehmen abholen möchte. Mit meiner Lasagne verkrieche ich mich wieder im Bett und klappe zufrieden den Laptop auf.

Dann der Downer: *Grey's Anatomy* gucken geht hier gar nicht. Amazon Prime hat offenbar keine Lizenz für das Abspielen in Portugal. Ich lade mir verschiedene VPNs, diese Programme, die deine eigene IP und deinen Ort verstecken und vorgaukeln, du wärst in Deutschland – aber: nichts. Als absolute Technikniete kriege ich meine Lieblingsserie einfach nicht zum Laufen. Dabei scheint es mir gerade unerlässlich zu wissen, wie es weitergeht zu Beginn der siebten Staffel. Was ist mit Derek? Kommt Izzie zurück? So viele Fragen, keine Antworten.

Ich habe plötzlich Heimweh. Nach meinem Hund, der bei meinem Partner ist. Nach meinem eigenen Bett. Der Unordnung in meiner Küche. Den dreckigen Fenstern, die sich offenbaren, wenn die Sonne reinscheint. Der indischen Nachbarin mit dem fiesen Hund, die mich ignoriert, seit ich sie einmal völlig unbefangen gefragt habe, wie alt sie bei ihrer wirklich beeindruckenden Biografie aus mehreren Doktortiteln und Abschlüssen eigentlich ist. (Habe es dann gegoogelt. Sie ist 42.)

Der Regen prasselt unaufhörlich an meine Fensterscheibe (Hamburg, bist du's??). Immer wieder hasten meine Finger online auf die Flüge-Seite und suchen nach einem Rückflug. Ich fühle mich wie eine Süchtige, die sich selbst den Alkohol verbietet, und murmele immer wieder: Ich. Muss. Da. Durch. Ich. Muss. Da. Durch. Ich bleibe jetzt hier. Passende Flüge gibt es (zum Glück?) keine, außer mit zweimal umsteigen für 250 Euro. So dringend ist meine Not dann doch nicht. Und: Ich muss da durch.

Am zweiten Morgen traue ich mich nachmittags endlich, den Vermieter anzurufen und mein düsteres Mietapartment gegen ein größeres oben im Dachgeschoss umzutauschen. Schon geht es mir besser. Ich habe mich im ersten einfach nicht wohlgefühlt, jetzt habe ich das Gefühl, ich kann wieder frei atmen, und genieße das Licht, das durch die Dachfenster fällt. Es trifft nicht nur aufs Reisen zu: Fühlst du dich irgendwo wohl, verändert das alles. Statt auf eine einen Meter entfernte Hausfassade und eine Gasse, in die kaum Licht fällt, zu schauen, blicke ich jetzt über die Dächer dieser schönen Stadt, sehe den Kirchturm unter dem wolkenverhangenen Himmel und die angrenzenden Dachterrassen. Von hier oben fühlt sich das Leben in Porto ganz anders an, es ist fast, als hätte ich einen neuen Weitblick gewonnen, der mir vorher gefehlt hat. Einen Blick, mit dessen Hilfe ich auch über meinen eigenen Tellerrand schauen kann.

Ich verfüge nun über zwei kleine Zimmer sowie eine große Dachterrasse, und die Küchenzeile ist nicht mehr in Reichweite vom Bett, sondern befindet sich neben einer großen, gemütlichen Couch. Dieses Apartment mag vielleicht etwas dekadent für mich allein sein, der Extrabetrag schmerzt auch ganz schön im Geldbeutel, aber so glücklich, wie es mich augenblicklich macht, ist es mir das wert. Wohnen ist so wichtig, vor allem, wenn man eine ganze Woche irgendwo allein verbringt, ist meine erste Erkenntnis. Es gibt niemanden, mit dem man sich gemeinsam über den Krach, die unfreundlichen Nachbarn, die dünnen Wände oder die Kälte im Zimmer aufregen kann, niemanden, zu dem man sagen kann: Rufst du beim Vermieter an? Weil man selbst sich nicht traut. *Es ist das schöne Außen, was mir Stabilität gibt, weil in meinem Inneren gerade so viel Unsicherheit herrscht.*

Ich laufe beschwingt durch die Altstadt und schicke Freunden Sprachnachrichten, wenn mir nach reden ist. Den Großteil des Tages weiß ich aber immer noch nicht, wohin mit mir. Ich hätte viel zu tun, möchte die Stadt erkunden, ein Buch schreiben, in meinem E-Mail-Postfach wartet Arbeit auf mich, ich kann die Cafés erkunden und habe zwei Bücher zum Lesen mit. Aber was ich die meiste Zeit des Tages fühle, ist Langeweile. Genervt von mir selbst beschließe ich, meinen Tagen hier Struktur zu geben, und plane meine Reise deswegen nun doch durch. Einen Tag will ich ins Museum, einen anderen ans Meer, will die Flower Street sehen und über den

Fluss nach Gaia. Vielleicht habe ich am Wochenende sogar mal das Bedürfnis, mich in eine Bar zu setzen oder in einen Club zu gehen. Die laute Straße, in der sich mein Apartment befindet, ist gepflastert mit Möglichkeiten. Die Shoppingstraße ist nicht weit, die berühmte Bücherei, die schönsten studentischen und veganen Cafés, alles ist in meiner Nähe. Ein paar Möwen kreisen über der Dachterrasse, und das erste Mal, seit ich hier bin, bricht die Sonne durch die Wolkendecke und beleuchtet die umliegenden Dächer und Hausfassaden in warmen Farben. Porto macht es einem eigentlich leicht, sich wohlzufühlen. Mit der schlechten Laune der ersten zwei Tage ist jetzt Schluss. (Falls es für dich normal ist, irgendwo allein hinzureisen, wirst du spätestens an dieser Stelle hochgradig von mir genervt sein. Glaub mir: Ich war es auch.)

Ich habe noch vier Tage. Ganz allein mit mir. Ich stelle mich meiner eigenen Herausforderung, wiederhole ich wie in einem motivierenden PEP-Talk seit zwei Stunden in meinem Kopf. Ich habe jetzt eine Unterkunft, die mir zusagt, einen Balkon, auf dem ich meinen morgendlichen Kaffee genießen kann, heute ist gutes Wetter. Der Tag ist noch nicht rum. Ich schnüre meine Boots und gehe los.

Am nächsten Morgen wache ich von den Sonnenstrahlen auf, die meine Nasenspitze kitzeln, und sehe mich in meinem Apartment um. Ich fühle mich mit einem Mal ganz bei mir. Als wäre ich mitten in einer Meditation. Als hätte ich mich eingefunden in den Rhythmus dieser Stadt. Ich bin genau im richtigen Moment am richtigen Ort. Wehmütig schließe ich noch einmal meine Augen. Ich denke oft darüber nach, dass wir die guten Momente nicht erkennen, wenn sie da sind, sondern meist erst im Nachhinein. Jahre später fällt uns auf: »Mensch, war das ein guter Urlaub«, »Die Wohnung damals, das war wirklich die schönste, in der ich je gewohnt habe« oder »Meine Studienzeit war die beste Zeit in meinem Leben«. Ohne in dem Moment, in dem wir mittendrin stecken, zu realisieren, dass das hier gerade die beste Zeit ist. Im Auslandssemester in Schweden habe ich mich so unwohl und unverstanden gefühlt, wie am falschen Platz in der Welt, unheimlich einsam in all dieser Dunkelheit und bei minus siebzehn Grad – heute glaube ich, dass keine Zeit mich so geprägt hat wie diese. Dass es besonders wichtig war, die Dunkelheit und Einsamkeit durchlebt zu haben. Es ist eigentlich verrückt, dass uns solche Erkenntnisse erst hinterher kommen. Könnten wir das Leben nicht viel mehr genießen, wenn wir genau das schon in der jeweiligen Situation erkennen würden? Genau so versuche ich, die Woche Porto ab heute zu sehen: Balsam für die Seele. Eine erzwungene Auszeit. Eine Zeit, auf die ich zurücksehen und mir denken werde: Mann, wie frei ich war.

Als ich um halb acht auf die zweite, noch höhere Dachterrasse steige, um mir bei Eiseskälte den Sonnenaufgang anzusehen, laufen mir vor Freude Tränen die Wangen runter, ohne dass ich es groß bemerke. Mein Gesicht wird immer nasser, während ich meinen Schal enger ziehe und die Kapuze meines Hoodies über meinen Kopf schiebe. Es hat vier Grad, ich bin nur auf Socken, mein Gesicht ist klatschnass, meine Haare sind zerzaust, während die Farben am Himmel von Dunkelblau und Lila zu einem brennenden Rot wechseln, immer oranger werden, bis es kurz darauf hell ist. Als wäre nie etwas gewesen.

Ein paar Stunden später sitze ich unten am Douro und schließe die Augen. Möwen kreischen über mir. Der Fluss rauscht. Hier am Ufer bin ich umringt von Menschen, die in den umliegenden Cafés die Sonne genießen und sich bei dreizehn Grad aus ihren Jacken schälen. Ich beobachte die tuckernden Schiffe, das verdrängte Flusswasser, wie es sich teilt und die aufgewirbelten Wogen sich nach ein paar Sekunden hinter dem Schiff wieder glätten. Die Wasseroberfläche glitzert so, dass es in den Augen blendet. Ich sitze und atme einfach nur und taste im Geiste die Sonnenflecken auf meinem Gesicht ab. Ich kriege schnell Sommersprossen, alles auf meinem Gesicht kribbelt. Im Januar. Wie schön ist das?

Abends bin ich das erste Mal diese Woche noch nach neunzehn Uhr unterwegs. Die letzten Tage habe ich spät gefrühstückt, mittags gesnackt, früh zu Abend gegessen und war spätestens um halb sieben im Apartment. Es gab höchstens noch einen Abstecher zum Supermarkt für Wasser, Tomaten und Maiswaffeln. Das war's.

Heute traue ich mich mal, abends auszugehen. Ich laufe wieder runter zum Fluss und setze mich auf einen der Außenplätze des *Café do Cais*. Draußen sitzen erscheint mir einfacher, als sich allein an einen Tisch in einem vollen Lokal zu zwängen, da nehme ich die Kälte lieber in Kauf. Hier werden allerdings nur Snacks statt der vollen Karte serviert. Ich widerstehe dem Drang, den jungen Kellner am Kragen zu mir heranzuziehen und zu zischen: »Kasimir. Ich reise allein. Das ist eh schon schwierig genug. Also lass mich doch bitte essen, wo und was ich will.« Stattdessen säusele ich, »Snacks are fine«, und nehme das verkürzte Menü entgegen. Es gibt Pommes und Bier, ich lese und betrachte in meinen Denkpausen die angestrahlte Brücke über Porto. Inzwischen ist mir eiskalt, meine Finger zittern. Ich ziehe meinen Poncho enger, tunke meine Pommes in die Knoblauchsoße, aber ich bleibe.

»Wow, ich wünschte, ich hätte deinen Mut!«, lese ich, als ich später mit tauben Händen meine Nachrichten durchgehe. Wie ich hier so sitze, bei sieben Grad und mit pommesfettverschmierten Fingern, muss ich herzlich und laut losprusten. Es ist schön hier, keine Frage. Und ich habe eine gute Zeit. Aber mutig fühle ich mich ganz und gar nicht.

Die alte Holzbahn rattert und quietscht, als sie sich am nächsten Mittag schwerfällig wieder in Bewegung setzt. Das Wasser des Douro zieht am Fenster an mir vorbei. Porto liegt ein Stück den Fluss entlang im Landesinneren, zum Atlantik raus sind es keine zwanzig Minuten. Die Tram füllt sich und hält, fährt wieder an, manchmal direkt am Wasser entlang, dann so nah an der ersten Häuserreihe, dass ich die Häuser berühren könnte, würde ich meine Hände ausstrecken. Um ihr Aussteigen anzukündigen, zieht die ältere Frau neben mir an einer Leine, die um die Klingel und durch den Wagen gespannt ist. Ich bleibe bis zur Endstation auf den roten Polstern sitzen.

Die Atlantikküste vor Foz ist von riesigen Felsen durchzogen. Surfer gibt es hier keine. Ich laufe durch den Sand, weiche einigen Wellen aus, lese ein paar Seiten auf hoch gelegenen Steinen und setze mich dann in eines der im Januar komplett leeren Restaurants. Ich bestelle Pasta und Portwein, und weil der mir nicht schmeckt, später auch noch ein Bier und dann ein zweites. Ich betrachte die Wellen, wie sie sich hier brechen und wieder aufrollen, die Felsen bedecken und wieder freigeben. Möwenkreischen und Wellenrauschen sind alles, was ich höre. Ich sitze, denke und verliere meinen Blick in den Wellen. Kein gesprochenes Wort stört die Stille, und in meine Gedanken kehrt eine tiefe Ruhe ein. Ich bin einfach nur bei mir. Ich denke an meine Freundin, an unsere gemeinsame Zeit, die zu kurz war, und was ich ihr alles noch sagen würde, wenn ich könnte. Erst als es langsam dunkel wird, packe ich zusammen.

Es tut gut, hier allein zu sein. Es gibt mir die Möglichkeit, die Knoten in meinem Kopf mit etwas Abstand zu betrachten und für ein paar Tage einfach mal gar nichts zu tun. Einfach nur zu sein. Es gibt wohl nicht den einen, den richtigen Weg zu trauern. Klar ist nur, dass man ohne diese Person zurückbleibt, allein weiterleben muss. Die ganze Rückfahrt in der Tram schreibe ich mit dem aufgeschlagenen Notizbuch auf meinen Knien meine Gedanken einfach raus.

Es ist mein letzter ganzer Tag in Porto, dabei bin ich doch gerade erst angekommen. Plötzlich habe ich das Gefühl, meine Woche vertrödelt zu haben. Ich habe noch ein Ticket für eine Schifffahrt auf dem Douro offen und wollte in Gaia durch Weinstöcke spazieren. Ich habe zwar zwei Bücher ausgelesen, habe viele schöne Cafés entdeckt, meine Akkus aufgeladen, nachgedacht und mich vom emotionalen Stress des letzten Jahres erholt. Aber sonst habe ich nicht viel gemacht. Die meiste Zeit habe ich auf dem Dach die Sonne genossen.

So eine Dachterrasse ist etwas Feines: Sie lässt einen klarer sehen, ich fühle mich nicht so erdrückt von den engen Gassen hier, von den Häuserfronten, die bedrohlich in die Höhe aufeinander zuzuwachsen scheinen, von den Gesprächen, die keinen Ausweg zulassen, und allem Negativen, das mich runterzieht. Hier oben fühle ich mich wie befreit, so wie sonst nur im Flugzeug, über den Wolken, weit weg von Problemen, Sorgen und Handyempfang. Hier ist alles ganz weit entfernt, nur die Sonne und ich, über mir der Himmel und zu meinen Füßen die Dächer der Stadt.

Ich beschließe, den letzten Tag noch mehr in mich aufzusaugen als die Tage zuvor, und schalte dafür mein Handy aus. Kein Kontakt zur Außenwelt, kein Teilhaben am Leben von anderen, hier ein Like für ein Foto, da ein Abhören einer Sprachnachricht. Nur mein Leben, mein Hier und Jetzt. Meine Kamera ist aufgeladen und bereit, meinen Tag für mich und für später einzufangen. Ich gehe auf der Rua das Flores frühstücken und buche mir anschließend einen Local, einen Guide, der mit mir eine private Fototour macht. Wir laufen über die Brücke, hoch auf ein Militärmonument, wieder zurück, die Gassen entlang, runter zum Fluss, auf die nächste Aussichtsplattform, kommen an Cafés vorbei, und André besteht darauf, mir einen Kaffee auszugeben.

Ich habe die ganze Woche noch nicht so viel geredet wie in den letzten drei Stunden. Faszinierend finde ich, dass man sich seinem Gegenüber auf Reisen immer irgendwie anpasst – sein Englisch ist gebrochen, ich versuche, genauso zu reden, damit er mich versteht. Bruchstückhaft und nur Hauptsätze. Es macht Spaß, wir lachen, fachsimpeln über Kameras und Touristen. Ich mag André. Für die drei Stunden möchte er nur zwanzig Euro, er macht immer nur private Touren. Ich finde es überhaupt nicht angemessen und gebe ihm anschließend weitere dreißig als »Tip«. Am Abend bin ich bei über 20000 Schritten. Mein Rücken schmerzt, mein Nacken könnte eine Massage vertragen, und ich verziehe mich glücklich unter eine heiße Dusche.

»Mit wem soll man denn dann seine Erlebnisse teilen?«, hatte ich die Frage meiner Freundin wieder im Kopf. Ich wusste jetzt meine Antwort. Ich würde ihr erzählen, welch unheimliche Kraft es haben kann, wenn Erinnerungen nur einem selbst gehören. Meine Zeit in Portugal werde ich für immer ganz für mich haben. Konnte man sich einsam, aber glücklich fühlen? Als das Wasser auf mich herabprasselt, kommen mir, fast unbemerkt, die Tränen.

3

Gern allein?

Wie wir uns besser kennenlernen

Zurück aus Portugal bestellte ich mir einige Bücher über das Alleinreisen. Viele davon hatten Frauen mittleren Alters geschrieben, alleinstehend, erfolgreich, die meist nach Kündigung oder Scheidung (oder beidem) die Welt auf eigene Faust bereisten. Jedes der Bücher feuerte ich nach rund sechzig Seiten in die nächste Ecke (sehr dramatisch) und bei nächster Gelegenheit auf das »Zu verschenken«-Regal im Erdgeschoss unseres Hausflures. Die Bücher strotzten nur so vor Selbstbewusstsein. Mich schüchterten sie einfach ein. Ich dachte an mich, wie ich draußen vor Restaurants in der Kälte gebibbert hatte oder vor Sonnenuntergang zurück in meinem Apartment gewesen war. Ich konnte mich nicht mit der in den Büchern dargestellten Selbstverständlichkeit des Alleinreisens identifizieren. Mir waren sie unsympathisch. An den Büchern war nichts falsch, das muss ich mir im Nachhinein eingestehen – es war meine Unsicherheit, die sich in ihnen spiegelte, die mir zeigte, wie anders sich so ein Trip für andere Frauen gestaltete. Das waren Gefühle und Erlebnisse, zu denen ich einfach keinen Zugang hatte, um die ich sie vielleicht beneidete. Ich hatte selbst viele Bekannte, die vom Alleinreisen schwärmten, aber für mich war es gar nicht so leicht. Ich musste mich eingrooven und bei vielem echt überwinden.

Ich wollte ein ehrliches Buch lesen, in dem Menschen mir erzählen, dass sie zwischendurch auch mal alles scheiße fanden. Dass ihnen die Tränen kommen, während sie das Gesicht an die kalte Fensterscheibe der Straßenbahn lehnen. Dass sie, statt das Beste aus der Stadt zu machen und wirklich viel zu sehen, einfach nur stundenlang orientierungslos durch die Gegend wandern, ohne danach zu wissen, wo sie eigentlich gewesen sind. Oder sich im Hotelzimmer verstecken. Vielleicht bin ich auch einfach nur ein Weichei. Aber dann möchte ich bitte von anderen Weicheiern lesen und nicht von selbst ernannten Gurus für alles. Ich setze mich hin und beginne, die ersten Zeilen hiervon zu tippen. Und schreibe alles runter, was sich in meinem Kopf befindet.

Ich führte zu dieser Zeit eine Fernbeziehung. Die Wochenenden verbrachten wir zusammen, unter der Woche arbeitete ich dafür lang. Allein auszugehen fühlte sich für mich komisch an und war deswegen nie etwas, was ich überhaupt in Erwägung zog. So, als würde ich keinen Tisch im Restaurant besetzen dürfen, weil die eben für Doppelbelegungen gemacht sind. Ich bildete mir ein, dass mich alle anderen anstarren und über mich nachdenken würden. Und überhaupt wusste ich auch gar nicht, was ich in einem schicken Restaurant mit mir allein anfangen sollte. Draußen, am Wasser, kam es mir passender vor, nebenbei mein Buch zu lesen. Ich teilte mir die Welt in »hier fühlte ich mich allein wohl« und »hier nicht« ein. Aber woher kam dieses Unwohlsein? War allein zu sein in manchen Situationen kein normaler Zustand? Warum war es so etwas Ungewöhnliches? Woher kam unser Wunsch nach Zweisamkeit und Begleitung?

Ich denke zurück an die Aussage meiner Mutter (»… wirst du mal alleine enden«), dann an die Frage meiner Freundin (»Was willst du da alleine?«). Von klein auf lernen Frauen, dass sie allein unvollständig sind. Auch wenn die Realität heute anders aussieht, steckt das genetische Erbe dieses Gedankenguts tief in uns drin. Es hat sich eingeprägt. Es sind ausgetretene Pfade im Gehirn, die wir einfach immer wieder gedanklich entlangtrampeln, weil sie eben da sind. »Häufig assoziieren wir mit dem Wort Alleinsein Einsamkeit und ungewolltes Alleinsein – Menschen, die ausgestoßen sind, nicht populär sind oder keinen Anschluss gefunden haben. Viele Kontakte gelten in unserer sehr extrovertierten Gesellschaft als Zeichen für Beliebtheit und Status. Das war auch schon im Mittelalter so. Alleine waren nur Heilige, die sich als Eremiten zurückziehen wollten, oder wer psychisch krank war. Heute leben wir in einer Gesellschaft, die *overconnected* ist, in der viele Kontakte als Messlatte für Beliebtheit und Erfolg stehen«, erklärt Psychologin Ursula Wagner.[1]

Unsere Gesellschaft tendiert außerdem dazu, Paare zu überhöhen und Singles eher mitleidig zu betrachten. Meine Eltern bekamen eine Wohnung, nur weil sie heirateten und Kinder bekamen, und vielleicht taten sie es nur deswegen. Können wir uns sicher sein, dass Menschen wirklich eine freie Wahl treffen, wie sie ihr Leben verbringen, wenn wir ihnen das Gefühl geben, dass sie keine haben? Solange man mit einem Partner auf einer Familienfeier auftaucht, könnte man womöglich von Arbeitslosigkeit oder Heroinsucht erzählen, alle wären dennoch zufrieden mit einem, schreibt Silvia Follmann in ihrem Buch *A Single Woman.*[2] Ich musste sehr darüber lachen.

Vor allem Singlefrauen haftet das Image der bemitleidenswerten Einsamkeit an, die es tunlichst zu vermeiden gilt und die Männern eher weniger zuteilwird. »Wieso bist du denn noch Single?«, wird auf Feiern gefragt, als wäre es eine lustig-gesellige Frage, die man sich eben so stellt. In ihr schwingt immer auch ein »Will dich etwa niemand?« und ein »Ändere diesen Zustand doch bitte endlich, so kann ich nichts mit dir anfangen« mit. Garniert wird die Frage gerne mit einem mitleidigen Blick, ein bisschen von oben herab, einem dankbaren Seufzen und einem Schielen zum eigenen Ehegatten, der sich irgendwo in der Ecke betrinkt. Jemanden haben, wie einen Schutzschild, manchmal egal, wen. Hauptsache, kein Freiwild sein. Als wäre ich alleinstehend ein schüchternes Reh auf einer leeren Lichtung im Scheinwerferkegel, den Wölfen zum Fraß ausgesetzt. Eine Frau, allein, Hilfe. Wie retten wir sie bloß?

Frauen gelten in unser patriarchalischen Gesellschaft seit jeher als das den Männern untergeordnete »schwache« Geschlecht. Frauenrechtlerin Olympe de Gouges (1748–1793), die im Zuge der Französischen Revolution und sich auf die Grundprinzipien von Gleichheit und Freiheit berufend im Jahr 1791 dieselben Rechte und Pflichten, die Männer besaßen, auch für Frauen einforderte, bezahlte dies mit dem Gang aufs Schafott. Sie war die Erste, die sich auflehnte, viele folgten ihr nach. Connie Palmens Werk *Die Sünde der Frau* handelt von ihnen: von Marguerite Duras, Marilyn Monroe, Jane Bowles oder Patricia Highsmith. Von Frauen, die sich den gesellschaftlichen Konventionen entzogen, um »die Schranken des Anstandes, ihres Geschlechts und der herrschenden Moral«[3] zu durchbrechen. Sie flohen aus einer männlich dominierten Welt, die sie nicht leben ließ, wie sie wollten, die sie aber auch nicht durchbrechen konnten. Es war ein Auflehnen, das gesellschaftliche Selbstzerstörung und Ausgrenzung zum Preis hatte. Das, was zur sozialen Norm erhoben wird, bedeutet auch: Wer ausschert, hat nicht verstanden, worum es geht. Und wird gemieden.

Der Weg zur Selbstbestimmung war auch in Deutschland weit (und ist es immer noch): Erst 1918 erstritten sich Frauen ihr Wahlrecht, seit 1977 dürfen sie ohne die Erlaubnis ihrer Männer arbeiten gehen. Nicht einvernehmlicher Sex innerhalb einer Ehe gilt sogar erst seit Juli 1997 (!) als Vergewaltigung, zuvor war er eheliche Verpflichtung, meistens die der Frau. Während ich diese Zahlen recherchiere, empfinde ich große Dankbarkeit für alle Frauen vor uns, die diesen Weg für mich und euch geebnet haben. Die, wie auch Kimberlé Crenshaw als Begründerin des intersektionalen Feminismus oder Marsha P. Johnson, ihr Leben dem Kampf für Gleichberechtigung verschrieben haben.[4] Früher war eben nicht alles besser. Früher konnten Frauen sich vor allem nicht selbst versorgen und nur schwer allein leben und überleben. Auf keinen Fall so, wie es uns heute möglich ist.

Die Ehe war da eher eine Zugewinngemeinschaft, Frauen heirateten jemanden, der sie vielleicht liebte, vor allem aber jemanden, der sie finanziell unterhalten konnte. Sie selbst hatten oft keine Wahl. »Weil man das eben so machte.« Einer sorgte für den Unterhalt und eine für das Essen auf dem Tisch. (Achtung, Klischee!) Heute können Frauen sich selbst um ihre finanzielle Unabhängigkeit kümmern, wenn man von der immer noch vorhandenen Gender-Pay-Gap mal absieht (achtzehn Prozent in 2022![5]), und für das Essen sorgt im Zweifel der Lieferservice vom Ende der Straße. Wir sind heute, zum Glück, mehr als unsere Fähigkeiten in der Küche (ich persönlich habe keine, aber der Raum ist ganz schön) oder als Ehefrauen und Mütter. Und auch wenn das heute so ist, steckt das patriarchalische Modell trotzdem noch tief in unserer DNA. Wir sehen es an unseren Großeltern, lebende Abbilder aus einer Zeit, in der keine Beziehung zu haben existenzielle Sorgen bedeutete, weil sie dazu diente, Existenzen und die Nachfolge zu sichern. Unsere Freiheit ist eine, die sie nicht kennen, auch, weil sie sich diese nie erlauben konnten.

Daher fühlt sich allein zu sein auch erst so seltsam an. Es ist wie ein zu klein gewordener Kokon, aus dem wir uns befreien müssen, alte Haut, die wir ablegen, um uns ein anderes Leben zu erlauben – wenn wir das denn wollen. Wir sind alle anders, und so sollten auch unsere Lebensentwürfe sein.

Der Wegfall gesellschaftlicher Zwänge und das Nachlassen traditioneller Werte, die Ehe oder Partnerschaft ab einem bestimmten Alter quasi verordnet haben, tragen heute zu den hohen Single-Zahlen bei.[6] Darüber hinaus sind Frauen heute finanziell unabhängiger und nicht mehr auf eine Partnerschaft angewiesen. Dass »Emanzipation nur dann möglich ist, wenn Frauen finanziell unabhängig sind und an dieser finanziellen Unabhängigkeit eben auch eine geistige hängt«, sagte schon Hedwig Dohm vor über hundert Jahren.[7] Ich arbeitete bewusst oder unbewusst schon früh daran, verbrachte die Sommer meiner Jugend mit Ferienjobs, verkaufte während der Abizeit Erdbeeren und Spargel auf einem Hof, finanzierte damit mit achtzehn mein erstes eigenes Auto. Ich wollte schon immer nur eins: unabhängig sein. Es bedeutete für mich, frei zu sein. Und heute lassen wir uns zum Glück aus anderen Gründen auf eine Partnerschaft ein: Liebe, gegenseitige Bereicherung, eine erfüllende Beziehungsqualität und die gemeinsame Entwicklung mit dem Partner stehen im Vordergrund.[8]

Für ein soziales Wesen ist es natürlich völlig normal, sich nach menschlichen Bindungen zu sehnen. Ich liebe die Liebe. Unsere Körper und Gehirne verleiten uns quasi dazu, indem sie Oxytocin als Bindungshormon ausschütten. Nähe und Berührungen machen süchtig. Es geht vielmehr darum, *auch* allein sein zu können. Nicht davon abhängig zu sein, dauerhaft geliebt zu werden – weil wir uns selbst genau diese Liebe schenken. Weil wir auch mal allein am genau richtigen Ort für uns sind.

Ich bin sogar der Meinung, dass uns die ständige Anwesenheit von Gesellschaft, egal welcher Qualität, davon abhalten kann, uns komplett zu entfalten, unsere eigene Kraft und Power zu entwickeln, endlich mal unsere Träume um- oder uns mit unseren Wünschen und Bedürfnissen auseinanderzusetzen. Oder aber wir halten uns selbst davon ab. Denn in sozialen Kontexten gehen wir immer Kompromisse ein, manchmal auch unbewusst.

Ich sah das an einer engen Freundin, die seit Jahren davon träumte, ein eigenes Modelabel zu gründen – sich stattdessen aber jeden Abend von Date zu Date schleppte. Sie kreiste nur um die Männer in ihrem Leben, chattete stundenlang, statt sich Zeit für ihre Ziele zu nehmen. Wenn wir uns unterhielten, schüttelte sie nur den Kopf und erklärte: »Mache ich vielleicht doch erst nächstes Jahr. Habe gerade wirklich keine Zeit dafür.« Die Männer konnten nichts dafür, dass sie sich mit ihnen ablenkte. Sie setzte einfach ihre Prioritäten falsch, wie sie eine Weile später selbst erkannte. Der falsche Partner, die falsche Gesellschaft kann uns absichtlich oder unabsichtlich davon abhalten, Dinge zu tun, die relevant für unsere Zukunft sind, die uns weiterbringen oder glücklich machen. Es ist bequem, mit jemandem zusammen zu sein, manchmal ganz egal, mit wem. Wir lieben es, begehrt und geliebt zu werden, es ist die Luft, die wir zum Atmen brauchen, und für manche ein echter Vollzeitjob.

Meine Freundin Melina beendete eine Beziehung und setzte direkt im Anschluss ihren Traum um, eine eigene Wohnung zu kaufen. Bis dahin hatte sie sich nach den Lebensplänen ihres Partners gerichtet, der nicht vorhatte, in Europa zu bleiben, und sich seinen Träumen untergeordnet. Allein konnte sie sich dann endlich einmal mit der Frage beschäftigen, wo und wie das Leben war, das sie glücklich machte, und das dann einfach angehen, ohne sich nebenbei mit einem fragilen männlichen Ego beschäftigen zu müssen. »Ich habe einfach genug von Penissen, die nehmen immer so viel Platz ein«, sagte sie ein paar Monate später zu mir. »Frauen nehmen nie so viel Platz ein, obwohl sie es könnten.« *Obwohl sie es könnten.* Wir halten uns zurück.

Es gibt mehr Lebensweisen als die monogame, heteronormative Beziehung, als den direkten Weg zu Kindern, Haus und Ehe. Frauen haben heute viel mehr als früher die Wahl, wie sie leben und lieben wollen, sie können in Ruhe überlegen, welcher Lebensentwurf für sie passt. Wir sind die erste Generation, die sich frei entscheiden kann. Das Leben, das wir führen können, liegt frei wählbar vor uns.

Wir können uns sogar absichtlich entscheiden, allein zu leben, unsere Zeit allein zu verbringen, allein auf Reisen zu gehen. Wir können uns, auch allein, ein schönes, wertvolles Leben gestalten. Vielleicht braucht es dafür gar nicht so viel. Und vor allem braucht es dafür vielleicht ja gar nicht diese perfekte bessere Hälfte, von der immer alle reden. Vielleicht braucht es dafür nur uns selbst. Und manchmal müssen wir dieses Leben noch vor anderen verteidigen, ja, oder haben Bedenken vor Ausflügen oder Aktivitäten allein, wegen der Angst, von anderen schief angeschaut zu werden, aus Sicherheitsgründen oder vielleicht einfach aus zu befürchtender Langeweile.

Die Kernbotschaft dieses Buches – zu lernen, allein zu sein, diesen Zustand positiv für sich zu besetzen – ist jedoch nichts, was sich explizit oder ausschließlich an Singles richtet. Da ich in den Geschichten, die ich hier erzähle, oft in keiner festen Partnerschaft war, ist das zwar meine Perspektive, das hat sich jedoch einfach so ergeben. In langjährigen Beziehungen ist die Kunst des Gerne-mit-sich-Seins aber mindestens genauso wichtig. Denn wie schön ist es, in einer Beziehung sein zu dürfen, bei der man weiß, dass jeder seine Zeit allein auch genießt. Mir ist es wichtig, hier noch einmal zu erwähnen: Der Aufruf, sich allein eine schöne Zeit zu machen, ist niemals Beziehungsbashing. Ihr wisst, ich liebe die Liebe. Es ist vielmehr ein: »Hey, kann alles andere nicht gleichwertig schön sein?« Und dann ergeben sich Erlebnisse, die man vielleicht sonst nie haben würde.

Ich habe in den letzten vier Jahren einige Reisen allein unternommen, aber an die Woche in Porto denke ich immer noch als eine meiner intensivsten Reisen zurück. Wahrscheinlich, weil ich dazu neige, Erinnerungen zu romantisieren und die Dinge zu verklären. Ich bin generell jemand, der sich immer eher an die guten als an die schlechten Aspekte erinnert. In vielerlei Hinsicht fatal: Ex-Freunde, die mir das Herz rausgerissen und zertrampelt haben, empfinde ich auf einmal als »eigentlich doch ganz nett«, das Marathontraining, das mir den letzten Nerv geraubt hat, »ist doch gar nicht mal so anstrengend gewesen«. So wird auch meine Reise nach Porto, je öfter ich über sie nachdenke, in meiner Erinnerung immer schöner und bunter, gelassener und leichter. Zwei Monate später schon erzähle ich von dieser Erfahrung als »beste Woche meines Lebens«. (Genau …). Die Abende alleine mit Pizza, Lasagne und Einsamkeit verdränge ich. Vielleicht ist es logisch, dass es neben selektiver Wahrnehmung auch so etwas wie eine selektive Erinnerung gibt. Selbstschutz fürs Gehirn wahrscheinlich. Vielleicht aber auch, weil es ein Startschuss war. Eine Einladung, mich auf meine ganz eigene Reise zu begeben. Vielleicht die zu mir selbst.

Egal weswegen: Diese Zeit allein prägte sich mir tief ein. Ich glaube, dass das die Zeit, die wir allein verbringen, immer ganz besonders tut. Möglicherweise, weil wir sie eben nur für uns erleben,

Dinge nicht direkt kommentiert werden, sondern nur in unserem Kopf sind. Vielleicht weil wir nicht nur erleben, sondern direkt beginnen zu verarbeiten, weil wir all unsere Gedanken ganz bei uns lassen, sodass sie sich tiefer und tiefer bohren können. Meine Erinnerungen ließen mich von innen heraus strahlen. Ich war stolz darauf, mich getraut zu haben, überhaupt losgezogen zu sein.

Lange überlege ich, wohin meine nächste Reise allein gehen könnte. Und dann kommt sie kurz darauf, ohne dass ich damit gerechnet habe.

4

Ein unfreiwilliger Trip allein – Edinburgh, Schottland

Einsamkeit aushalten lernen

Unser Kurztrip nach Edinburgh im April war seit Weihnachten geplant. Zu zweit. Alles stand fest, nur plötzlich zwischen uns beiden nichts mehr. Es ist der Abend vorher, als ich von ihm eine Nachricht kriege. Er kommt nicht mit. Er schafft es nicht. Zu viel Stress, sein Urlaub wurde gestrichen, weil ein Projekt sich verzögert. »Lass uns eine Pause machen«, hatte er mir ein paar Tage zuvor mitten in unsere Fernbeziehung hineingeschrieben, »ich glaube, wir stecken gerade fest«. Ich schluckte meine Tränen runter. Aber da war diese gebuchte Reise, die noch im Raum stand, die mir Hoffnung gab. Ich hatte zwei Flüge nach Edinburgh gebucht, ein Apartment für uns und zwei Konzerttickets für Bastille. Eine Reise, die sich ein bisschen wie unsere letzte richtige Chance anfühlte. Und jetzt die Absage. Wenn man etwas schaffen möchte, schafft man es auch, denke ich. Was ich ihm antworte, ist nur: »Okay.« Bevor ich doch melodramatisch auf ihn einprasseln lasse, was ich mir alles dazu denke (absolut nicht hilfreich), lege ich mein Handy weg. Es ist nicht irgendeine Reise, es war eine Reise zu seinem Geburtstag. Und er will es nicht schaffen, sich nicht die Zeit dafür nehmen, seinen Geburtstag lieber ohne mich verbringen. Ich habe damit gerechnet – aber irgendwie auch nicht. Ich hoffe bis zuletzt auf ein Auftauchen am Gate in letzter Minute, in Zeitlupe und so, eine Versöhnung und drei schöne Tage in Schottland. (Manchmal glaube ich anscheinend, mein Leben sei ein Film …) Na ja. Anscheinend steht mir stattdessen eine weitere Reise allein bevor.

Er war schon vorher klar in seiner Kommunikation gewesen, aber ich hatte ihm nicht glauben wollen. Ich stellte Fragen, dabei hatte ich die Antworten schon. Das mache ich oft: So lange warten, bis ich etwas knallhart ins Gesicht gesagt bekomme. Als bräuchte ich diesen Dolchstoß in Worten serviert, um jemandes Taten wirklich Glauben zu schenken. Dabei müssen wir nur hinsehen, wie Menschen sich verhalten, welchen Aufwand sie betreiben, um mit einem zu sein. Und unserem Gefühl vertrauen. Man muss keine Fragen mehr stellen, wenn man die Antworten längst vor sich hat.

Es ist 22 Uhr am Vorabend, als ich seine endgültige Absage erhalte. Der Flieger geht um sechs. Nach seiner Nachricht buche ich meinen Sitz im Flugzeug gegen Aufpreis um, von 23 C auf 4 F. Die Reihe ist noch frei. Ich zahle dreizehn Euro extra, um dort vorne sitzen zu können und neben niemand anderem sitzen zu müssen. Ich weiß, dass es mich verrückt machen würde, wenn ich über den Wolken zu heulen anfange und dabei interessiertes Publikum habe.

Als um 3:39 der Wecker klingelt, überlege ich ernsthaft, einfach liegen zu bleiben. Ich habe keine Sekunde geschlafen. Bemerkt jemand, wenn ich einfach in Hamburg bleibe? Ist es das wirklich wert, jetzt, für so einen kurzen Zeitraum? Ich habe ein Déjà-vu zum Porto-Trip. Versteht mich nicht falsch, ich liebe Reisen, ich bin absolut dankbar, mir so etwas leisten zu können, und ich würde solch eine Gelegenheit nicht einfach so wegschmeißen. Aber in diesem Moment, an diesem Morgen, in dem ich gleich durch die Dunkelheit zum Flughafen muss, fühle ich nichts als Herzschmerz. Und jeder, der schon einmal verliebt war, sitzen gelassen wurde, kennt dieses dumpfe Gefühl im Kopf. Der Schlag ins Gesicht, von jemandem nicht gewollt zu werden. Das stundenlange aus dem Fenster Sehen, in der Hoffnung, doch noch ein parkendes Auto am Ende der Straße zu entdecken. Ich würde mich so verhalten, wieso verhältst du dich nicht auch so? Großer Fehler. Weil du halt nicht ich bist. Sondern ganz anders. Alles in mir tut an diesem Morgen weh.

Ich bleibe liegen, starre an die Decke und überlege, wie bei der Porto-Reise, wie ich mich entscheiden würde, würde nicht der Druck der Menschen auf meinen Schultern lasten, die fragen würden: »Wolltest du nicht nach Edinburgh?« Manchmal lasse ich mich viel zu sehr von solchen Gedanken, vom Außen, einnehmen. Aber ich sollte nur mir selbst gegenüber Rechenschaft ablegen müssen, und auch absagen und hierbleiben wäre völlig okay. Deswegen überlege ich, wie ich mich entscheiden würde, wenn niemand etwas wüsste. Wenn es keinen Druck gäbe, sondern nur mich. Meine Antwort ist: Ich würde fliegen. Trotzdem. Für die Erfahrung. Für das Konzert. Weil ich schon seit Ewigkeiten mal Schottland bereisen wollte. Eigentlich egal mit wem. Dieser Gedanke überzeugt mich, mein pochendes Herz für ein paar Minuten zu ignorieren und meinen müden Körper in die heiße Dusche zu tragen.

In Hamburg hat es dieser Tage zwischen vierzehn und dreiundzwanzig Grad, Aprilwetter, so eins für Jeansjacke und T-Shirt darunter. Ich ziehe mich an und tappe los, durch die kalte Dunkelheit, die etwas in mir erstarren lässt. Meine Füße setze ich wie mechanisch einen vor den anderen. Ohne meinen Kopf auch nur einmal anzuschalten, schaffe ich es, dreißig Minuten später am richtigen Gate zu stehen.

Beim Einsteigen reißt die gute Frau im blauen Kostüm mir übermotiviert meinen Handgepäckkoffer aus den Händen, und ich merke es kaum, kann deswegen gar nicht erwidern, wie unnötig das ist, da ich ja meine Sitzreihe für mich habe. Kann sie den Liebeskummer und das Gefühl, verlassen worden zu sein, vielleicht auch kurz mitnehmen und einchecken, Hauptsache, weit weg von mir? Nee? Okay, schade. Ich besteige den kleinen Flieger. Inzwischen ist mir alles einfach nur egal.

Während des 1,5 Stunden langen Fluges nicke ich immer wieder unangenehm weg, lehne erst an der Fensterscheibe, zucke immer wieder zusammen, weil mein Kopf auf die Brust oder zu weit in den Nacken fällt. Die freie Reihe und die Investition der dreizehn Euro zahlen sich für mich absolut aus. Edinburgh ist in tiefen Nebel getaucht, und die Rollbahn kommt erst Sekunden, bevor wir aufsetzen, zum Vorschein. Wie machen diese Piloten das?

Ich bin wütend auf ihn, wütend darauf, dass er mich hier allein zurücklässt, wütend auf uns und dieses Ende, das sich schon lange abgezeichnet hatte. Nicht nur unsere Wohnorte lagen zu weit voneinander entfernt, auch wir taten das inzwischen. Durch meine Kopfhörer plärren *You're somebody else* von Flora Cash, *What's Good* von Fenne Lily und *Perth* von Bon Iver. Ich habe ein großes Talent, mich selbst mit trauriger Musik noch trauriger zu machen, mich regelrecht darin zu suhlen. Als ich nach der Landung mein Handy wieder anschalte, finde ich noch ein paar Nachrichten von ihm, in denen er mir eine gute Zeit wünscht, und mir kommen so sehr die Tränen, dass ich kaum noch etwas sehen kann. Es ist meine erste Reise allein, auf der ich nicht allein bin, weil ich mich aktiv dafür entschieden habe. Es ist ein unfreiwilliger Solotrip. Im Gepäck: Liebeskummer. Ich bekomme gar nicht mit, wie ich aus dem Flugzeug stolpere, über das Rollfeld den Linien folge, durch die Passkontrolle gehe und auf mein mir entrissenes Handgepäck warte.

Am Gepäckband werde ich von einer Followerin angesprochen und wische mir hastig die Tränen weg. Sicherlich bemerkt sie meine verweinten Augen, aber sie ist so taktvoll, es nicht zu erwähnen. Ich scherze ein bisschen mit ihr, biete ihr spontan meine zweite Bastille-Karte an und wir steigen zusammen in die Airport-Tram. Der Nebel zieht sich durch die ganze Stadt, vierzig Minuten sind es mit der Tram in die Innenstadt. Ich verabschiede mich von Marsha und mache mich auf den Weg zu meinem Apartment, um den Koffer abzustellen. Es hat fünf Grad und Sprühregen, meine Frisur löst sich auf, mein Mantel weicht durch, und meine Finger, die den Koffergriff umklammern, frieren ab. Ich habe, naiv, wie ich bin, nicht damit gerechnet, Mitte April Schal oder Handschuhe zu brauchen. Beziehungsweise ein Outfit für eine Nordpolexpedition. Gleichzeitig bin ich von dieser Stadt völlig geflasht: Der Nebel kriecht immer noch tief zwischen die Häuserschluchten, einfach absolut jedes Haus ist wunderschön und alt, und die ganze Stadt sieht aus wie eine Filmkulisse. (Mein Leben ist doch wie ein Film! Endlich!) Dass J. K. Rowling hier auf die Figurideen zu Harry Potter kam, kann ich mir lebhaft vorstellen. Ich bin halb erfroren und fasziniert.

Diese klamme Kälte, die mich trotz meiner vielen Lagen an Klamotten bis auf die Haut durchdringt, ist nicht zu beschreiben. Als ich mich gesammelt habe, bin ich doch auf eine traurige Art glücklich, jetzt hier in Schottland zu sein. Drei kurze Tage, ganz für mich. Denn am Alleinreisen ist auch schön, dass mich niemand verurteilt, wenn ich doch nichts aus dem Trip mache oder es nicht als Glück empfinde, stundenlang rumzuhetzen und jeden Zentimeter der Stadt abzusuchen. Das Beste aus der Zeit zu machen. Bekommt ja eh niemand mit. Ich verbringe die ersten Stunden nach der Landung nur damit, in zwei verschiedenen Cafés zu sitzen und diese Empfindungen hier zu tippen, während vor dem Café ein Schotte im Karorock Dudelsack spielt und regelmäßige Harry-Potter-Touren vorbeikommen. Der Nebel hält sich wacker zwischen den alten Mauern. Als mein Laptopakku gegen dreizehn Uhr zur Neige geht, ziehe ich los, um einen Adapter zu kaufen (natürlich vergessen), und hüpfe dann spontan in einen Edinburgh-Tour-Bus, um mir die Stadt aus der Wärme eines Busses heraus anzugucken. Es regnet inzwischen Bindfäden, aber auch das stört mich nicht weiter. Ich weiß gar nicht, ob diese Stadt bei Sonne überhaupt so eine Wirkung hätte.

Alle Menschen um mich herum unterhalten sich in derbem Schottisch, welches ich kaum verstehe, und auch hier sind die meisten zu zweit unterwegs. Ich sitze mit meinem Laptop dazwischen, allein. Es ist seltsam, schon seit der Verabschiedung von Marsha mit so gut wie niemandem geredet zu haben – gleichzeitig rede ich zu Hause an einem Dienstag im Homeoffice ja häufig auch den ganzen Tag mit keinem Menschen. So betrachtet fühlt sich die Situation gleich viel normaler an.

Allein fühle ich mich aber auch verletzlicher. Als wäre ich all den Widrigkeiten, dem Leben hier einfach ausgesetzt. Müsste mich wirklich mit mir selbst beschäftigen. Niemand da, der Pläne macht, Vorschläge bringt. Niemand, der es mir abnimmt, zu navigieren oder ein gutes Mittagslokal auszusuchen. Es fühlt sich irgendwie rein und echt an, hier in der Fremde so sehr für mich selbst verantwortlich zu sein. Ich setze mich mit mir und meinen Bedürfnissen auseinander. Es ist unbequem und gleichzeitig ganz schön. Dennoch vermisse ich meinen besten Freund.

Allein reisen zu müssen, ohne es gewollt zu haben, lässt einen auf merkwürdige Art und Weise spüren, dass wir Gesellschaft nicht immer haben können, wenn wir sie wollen, dass nicht jeder Mensch mit uns sein möchte, nur weil wir mit ihm sein wollen, dass wir ein Nein und Ablehnung akzeptieren müssen, auch wenn alles in uns dagegen rebelliert. Es regnet die ganze Zeit, und irgendwie passt das zu meiner Stimmung. Was wäre jetzt gerade anders, wenn ich jemanden dabeihätte, überlege ich immer wieder. Der ganze Trip wäre ein anderer. Hat man das erst mal verstanden, lösen sich der ganze Zauber und das »Was wäre wenn« schnell wieder auf.

Es gibt dieses »Du-machst-mich-komplett«-Versprechen der westlichen Welt, das uns einredet, dass wir auf der Suche nach unserer besseren Hälfte sein müssen, damit wir uns aneinanderpappen können wie Yin-Yang-Symbole, und dass es diesen einen Menschen gibt, der all unsere Makel und Schwächen mit seinen Stärken ausfüllt und mit dem wir uns perfekt ergänzen und dann bis in alle Ewigkeit glücklich zusammenleben. Kann ich daher wirklich genug sein, nur weil es mir allein gut geht? Wie sehr hängt die Liebe mit einem guten Leben zusammen? Und ist eine Beziehung oder Gesellschaft ein Synonym für ein gutes Leben?

Unsere Erwartungen an die romantische Liebe wurden nicht zuletzt von den Romcoms unserer Jugend in schwindelerregende Höhen geschraubt. Nach Jean-Francois Lyotards' These vom Ende der großen Erzählungen, nach einem Ende einer Glaubwürdigkeitsära der Politik und Philosophie und nach der beständigen Individualisierung der Gesellschaft ist es vielleicht die letzte große übrig gebliebene Erzählung, die alles überlebt hat: die der romantischen Liebe.[9] Sie ist der Fokus, auf den wir unsere Fantasien projizieren. Der Erzählung über die Liebe wird Stringenz abverlangt, damit sie wahr und groß und gut sein darf. Nur weil ein Mensch nicht für immer im eigenen Leben bleibt, heißt das nicht, dass die Erlebnisse nichts wert waren. Es ist schwierig, in einer Gesellschaft zu leben und sich gleichzeitig von ihr freizumachen. Wir bekommen das so lange eingeredet, bis wir es glauben. Dabei waren es meist die Zeiten ohne Beziehungen, die mich beruflich weiterbrachten, in denen ich selbst vorankam oder es schaffte, mich zu lösen, wenn ich feststeckte. Ich liebe die Liebe so sehr, dass ich mich immer auch irgendwie in ihr verlor.

Sicherlich gibt es Personen, die perfekt zu uns passen. Zu einem späteren Partner sagte ich mal: »Mit dir zu sein fühlt sich wie allein sein an«, weil ich mit ihm komplett ich selbst sein konnte, und das war für mich ein wirklich großes Kompliment. Aber selbst eine Person, die absolut perfekt zu uns passt, macht uns deswegen nicht vollständig. Das machen wir immer noch selbst. Wir müssen nicht erst durch die Gesellschaft eines anderen zu jemandem werden, wir sind schon jemand, sind schon vollständig, dafür müssen wir nicht auf vier Beinen durch eine fremde Stadt wie Edinburgh unterwegs sein.

Denn wenn wir glauben, dass wir zwingend einen anderen Menschen im eigenen Leben brauchen, müssen wir uns vorher die Frage stellen: Ist in einer Beziehung wirklich alles besser? Wenn ich Paare sehe, frage ich mich manchmal: Würde ich gerne diese Beziehung führen? Mal ganz ehrlich und nüchtern betrachtet? Die Antwort ist meistens nein.

Viele Frauen, die ich in meinem Leben kennenlernte, waren zu dem Zeitpunkt entweder in einer Beziehung oder befanden sich auf der Jagd nach einer. Vielleicht war auch ich das oft, ohne es zu bemerken. Ich scannte Clubs nach Menschen, die ich mochte (okay, seien wir ehrlich: Männern, die ich heiß fand), sobald ich sie betrat. Im Spanischen gibt es sogar ein Wort dafür, ich habe es erst vor Kurzem gelernt: Putivuelta.[10] Es ist so passend, dass ich es in meinen Wortschatz aufnehmen musste. Und doch fand ich immer dann jemanden, wenn es gerade eigentlich gar nicht passte. (Ich habe ein ganzes Buch darüber geschrieben, es trägt den melodischen Titel *Vom Nichts suchen und Alles finden.*) Sicherlich aber nicht dann, wenn ich Putivuelta im Club machte.

Ich bezeichnete Männer bedenkenlos als meine bessere Hälfte, wartete auf sie und auf das erquickende Gefühl, dass sie mich vollständig machten, hangelte mich von einer kurzen Sache in die nächste, Hauptsache, etwas fühlen. Vor allem, gewollt zu werden. Von wem war erst einmal ganz egal. Es ist die Sucht nach einer Beziehung: »Die Beziehungsabhängigkeit umfasst ein weites Spektrum. Dieses reicht von Wünschen, sich an andere Menschen anzulehnen und sich ihnen weitgehend zu überlassen, bis hin zu quälenden Abhängigkeiten emotionaler und finanzieller Art. Das zugrunde liegende Gefühl ist, ohne die andere Person nicht existieren zu können. Die Symptome einer Beziehungsabhängigkeit sind die oft geradezu verzweifelte Suche nach Zuwendung und Unterstützung sowie die Angst, verlassen zu werden«, sagt Psychoanalytiker Udo Rauchfleisch dazu.[11]

Wenn ich so zurückblicke und mit mir selbst mal hart ins Gericht gehe: Egal ob es um männliche Aufmerksamkeit, Aperol Spritz oder offene Chipstüten geht, ich besitze wirklich keinerlei Selbstkontrolle. Manchmal schrieb ich Männern nur, weil mir gerade langweilig war und ich ihnen irgendein Geständnis abringen wollte (zum Beispiel, dass sie mich vermissten). Manchmal wollte ich Leute nur kurz von mir überzeugen und verlor dann das Interesse. Weil es mir mehr ums Gewinnen ging. Das ist auch der Grund, aus dem wir desinteressierte Menschen durchaus attraktiver finden können: weil sie unser Jagdbedürfnis wecken. Das Bedürfnis, immer gewinnen zu wollen, hört anscheinend bei Phase 10 nicht auf. Meine Freundin dagegen fing immer dann an, ihre Beziehungen zu sabotieren, wenn alles zu schön war, weil ihr langweilig wurde. Wir wollten beide das Gleiche: Aufmerksamkeit und Bestätigung. Wir wollten Menschen davon überzeugen, dass wir liebenswert sind. Wir wollten es in ihren Augen sehen und in ihren Bemerkungen spüren: Du bist toll. Du bereicherst mein Leben. Auf Bestätigung zu hoffen ist menschlich, was soll ich sagen. Wir sitzen alle im selben Boot. Das zu erkennen hilft, den nächsten Schritt klarer zu sehen. Die eigenen, ungesunden oder toxischen (ich mag das Wort gar nicht, aber es passt) Charakterzüge erkennen, die wir alle in uns tragen. Die wir uns in unserer Kindheit oder durch spätere Erlebnisse angeeignet haben und nun gar nicht so einfach loslassen können. Um weniger von äußeren Faktoren wie Bestätigung oder Gesellschaft abhängig zu sein, kann es helfen, sich durch vergangene Erlebnisse zu wühlen und sich selbst zu befragen: Was ist denn da, was mich davon abhält, einfach richtig zufrieden und mit mir zu sein? Danach hilft ein kurzer Reality Check: Will ich die Person gerade wirklich? Oder ist mir nur langweilig? Will ich einfach nicht allein sein? Oder nur kurz den anderen von mir überzeugen und gemocht werden? Jeder von uns hat Muster, in die er oder sie, einmal reingetappt, immer wieder zurückfällt. Wenn man sich über diese Mechanismen klar ist, die sich im eigenen Kopf abspielen, ändert das alles. Für mich tat es das.

Klar ist es schön, wenn Menschen einen mögen. Wer mag das nicht? Aber auch Ablehnung ist okay: Wir mögen ja auch nicht jeden, dem wir begegnen. Es gibt kein Richtig oder Falsch. Nur unpassende Sets aus Topf und Deckel. Übertragen wir es mal auf Freundschaften: Wenn wir freundschaftlich jemanden kennenlernen und es nicht matcht, beziehen wir das nicht auf uns selbst, sondern erkennen klar, dass man halt nicht mit jedem easy befreundet sein kann – dafür braucht es mehr. Warum erheben wir es dann im ersten Stadium des Kennenlernens eines potenziellen Partners auf ein nahezu sportliches Niveau, dessen Aufmerksamkeit um jeden Preis zu gewinnen?

Also wiederholen wir jetzt alle: Menschen müssen mich nicht mögen. Ich mag mich, und ein paar ausgewählte Freunde vielleicht auch, und das reicht vollkommen. Alles andere ist ein Bonus, aber kein Muss. Vor allem können wir niemanden zwingen, uns zu lieben, sich in uns zu verlieben oder bei uns zu bleiben (glaubt mir, ich habe es versucht). Es war eine harte Zeit. Ungewollte Trennungen und daraus resultierender Liebeskummer sind daher auch immer eine Form der Trauer. Das liegt gar nicht mehr so auf der Hand, manch einer mag zu sich selbst im Spiegel sagen: »Reiß dich zusammen und hör auf zu heulen, es ist ja immerhin niemand gestorben.« Doch, irgendwie schon. Daher ist jede Emotion okay und darf gefühlt werden: Trauer, Wut, Verständnislosigkeit, Unsicherheit. Verlassen zu werden ist ein Kontrollverlust, der uns den Boden unter den Füßen wegzieht. Übrig bleibt eine Leere, die wir neu ausmalen müssen.

In der Psychologie gibt es dafür die Bezeichnung der »uneindeutigen Verluste«. Der Begriff beschreibt Verluste, die man nicht greifen kann oder die nicht endgültig erscheinen, wie verschwundene Kinder oder Menschen, die ins Koma fallen. Wenn sich in einen Verlust auch Hoffnung mischt und er nicht als endgültig akzeptiert und verarbeitet werden kann. Ferner bezeichnet es auch alle möglichen Trauerprozesse, die bei anderen Formen des Abschieds oder bei radikalen Veränderungen im Leben stattfinden, wie Trennungen. Immer dann, wenn wir nicht klar erkennen, dass wir trauern dürfen, Trauer also eine angemessene Reaktion ist.

Die Trennung und der Abschied, den ich hier auf dieser Reise in Schottland durchmachte, waren für mich einer dieser uneindeutigen Verluste. Es war nicht nur eine Trennung, es war der Verlust von Hoffnung und einer gemeinsamen Lebensperspektive. Ein Trauerprozess kann allerdings erst dann einsetzen, wenn der Moment des Erkennens eintritt, dass etwas unwiederbringlich vorbei ist. »Trauer ist eine gesunde Reaktion unseres Organismus, der sich schützen will, um Ruhe und Zeit zu haben, die Wunde heilen zu lassen und zu verstehen, wer wir waren, wer wir jetzt sind und in Zukunft sein werden«, sagt Psychotraumatologin Dr. phil. Heike Goebel.[12] Das Alleinsein ist die Folge davon. Es für mich anzunehmen heißt, mich mit der Trauer in mir auseinanderzusetzen. Mir zu erlauben, um etwas, wie einen beendeten gemeinsamen Lebensabschnitt, trauern zu dürfen. Etwas gehen zu lassen.

Ich kenne viele Frauen, die einen Mann erst so richtig loslassen können, wenn der nächste passende Partner im eigenen Leben auftaucht. Brauchen wir immer jemanden, auf den wir uns konzentrieren können? Andere Menschen beeinflussen uns dauerhaft, aber wer bin ich ohne sie? Mit einer Beziehung erschafft man sich eine Identität. Mit ihr assoziieren wir etwas Vollendetes, Fertiges. Ohne sie sind zumindest Frauen für andere weniger greifbar, schaut man sich die Vorurteile an, die mit dem Singlestatus einhergehen: Frauen sind trostlos, Männer selbstbestimmt, Frauen sind wählerisch, Männer wissen, was sie wollen. Frauen sind dramatisch. Irgendwer hat mal gesagt: »Wer denkt, dass Frauen dramatisch sind, sollte mal ein Geschichtsbuch lesen.« Vielleicht ist das der beste Satz, den ich je gelesen habe. In einer Beziehung zu sein oder es nicht zu sein ist niemals persönlicher Erfolg oder Misserfolg. Es ist eben einfach so.

An meinem zweiten Morgen in Edinburgh frühstücke ich im *Café Papii* und gehe zur Harry-Potter-Trail-Tour, wandere wie eine Rentnerin mit auf dem Rücken verschränkten Armen über den Friedhof, auf dem Rowling sich die Inspiration für die Namen ihrer Figuren holte, gehe nachmittags in eine Kunstgalerie und ins Edinburgh Castle, trinke ein Pint in einem Pub und mache mich abends fertig, um allein auf das Konzert zu gehen, für das ich hier bin. In der Menge finde ich zufällig Marsha wieder und drücke sie kurz an mich. Als bei *Oblivion* alle die Feuerzeuge und Handylichter rausholen, bekomme ich eine Gänsehaut. Ich bemerke, dass ich zittere.

Als ich an diesem Abend durch Edinburgh streife und sehr spät in der eiskalten Dunkelheit an vollen warmen Restaurants vorbeilaufe, in denen Paare hinter beschlagenen Glasscheiben bei einem

Glas Wein sitzen und sich unterhalten, tut das auf eine Art weh, die ich kaum mit Worten beschreiben kann. Ich habe mir schon Knochen gebrochen oder eine Sehne am Knie gerissen, habe Jobs verloren und Niederlagen eingesteckt, aber es gibt kaum etwas, was je so wehgetan hat wie das. Wie das Wissen, eine Lücke im Leben zu haben, die niemand einfach so ausfüllen wollte. Und vielleicht für immer allein zu bleiben. Mir laufen die Tränen in solchen Sturzbächen die Wangen runter, dass ich kaum noch meine Umgebung wahrnehme, kaum sehe, wo ich hingehe, alles rausweine. Am Ende nicht weiß, wie ich nach Hause gekommen bin. Vielleicht ist es der Moment, in dem ich realisiere, dass ich jetzt wirklich allein bin. Dass es kein »Wir« mehr gibt. Dass all das vorbei ist. Und dass das okay ist. Ich werde schon okay sein.

Allein sein, wenn man es eigentlich nicht will, wenn da eigentlich jemand ist, den man gerne um sich hätte, ist wahrscheinlich die schlimmste Form des Alleinseins. Es fiel mir schwer, unfreiwillig ohne die Liebe sein zu müssen. Erst da fing ich an, die Liebe zu mir selbst zu entdecken. Denn ich hatte keine Wahl: Ich kann niemanden zwingen, mit mir zusammen sein zu wollen. Lieben ist freiwillig. Trauern auch. Solange wir die Entscheidung des anderen nicht akzeptieren und die Hoffnung nicht loslassen, leben wir weiterhin in einer Übergangssituation, was viele Singles auch jahrelang tun. Es wurde Zeit, aus dem eigenen Selbstmitleid auszusteigen. Leichter gesagt, als getan, aber als ich das erkannte, als es wirklich in mir sackte, wurde alles wieder leichter. Warum sollte ich mit jemandem zusammen sein wollen, der nicht mit mir sein will? Wie wenig wertschätzend meiner eigenen Person gegenüber ist das bitte? Wenn man erst einmal bereit ist, sich selbst ohne diese traurigen Augen zu sehen, in denen alles bemitleidenswert ist, kann das Alleinsein eine unheimliche Kraft entwickeln.

Ich ging die Schritte ab, die man nach einer Trennung abgehen sollte: Ich igelte mich ein, ich weinte, ich lenkte mich ab, ich suchte mir neue Projekte, ich traf mich wieder mehr mit Freundinnen, und ich lag ganze Tage mit Eis und Schokolade im Bett. Irgendwann datete ich wieder fleißig (auch darüber gibt es ein kurzweiliges, sehr pinkes Buch: Es heißt *Tinder Stories*). Liebeskummer tut weh, und jeder, der etwas anderes sagt, lügt. Es war ein psychischer Schmerz, der sich in einen körperlichen ausweitete. Ich kam tagelang nicht aus dem Bett. Und dann irgendwann, an einem Tag ein paar Monate später, war dann wirklich, einfach so, alles wieder okay.

5

Aarhus, München, Sommer

Den größten Spaß mit mir selbst haben

Es ist komplett windstill hier in meiner Stadt an der Elbe. Ich beobachte einen Schweißtropfen, der meine Beine hinabläuft, dann einen Schmetterling, der sich majestätisch auf dem Balkongeländer niederlässt und seine Flügel ausbreitet. Der April ist vorbei, Schottland mit seinen sieben Grad ebenso. Ich bin der festen Meinung, dass der Sommer alles besser macht. Auch Liebeskummer und allein zu sein.

Als ich es mir eines Abends zu Hause gemütlich mache und durch die viel zu vielen Newsletter scrolle, die sich in meinem Postfach jede Woche ansammeln (hat das jemand von euch im Griff, alle regelmäßig zu kündigen?), sehe ich in einer Benachrichtigung, dass meine Lieblingsband Rise Against in Aarhus, Dänemark, spielt. Von Hamburg aus ist das nur ein Katzensprung. Ich denke kurz nach, kenne aber auf Anhieb niemanden, der die Liebe zu dieser Band mit mir teilt. Niemand in meinem Freundeskreis hört Rise Against (ich glaube, ich brauche neue Freunde …). Und ich will niemanden überreden, mitzukommen. Wo waren wir gerade: Man kann niemanden zwingen, etwas zu lieben, richtig? Also mache ich etwas, was ich noch nie zuvor gemacht habe: Ich kaufe mir genau eine Konzertkarte. Ich hatte sonst immer zwei gekauft, wenn mich etwas interessierte, und dann rumgefragt, wer mitkommen will, manchmal sogar beide wieder verkauft, wenn ich niemanden fand. Diesmal nicht. Mein Herz klopft. Warenkorb, Zahlungsdaten. Gekauft. Ich werde allein auf ein Konzert gehen, das vier Autostunden von Hamburg entfernt stattfindet. Alles in mir kribbelt vor Aufregung.

Die ersten Jahre, in denen ich meinen Führerschein besaß, fuhr ich äußerst ungern Auto. Erst mit Mitte zwanzig änderte sich das, als ich in der Festivalsaison häufiger das Fahren übernahm, weil ich damals nichts trinken wollte. Niemand aus meiner Clique wollte zelten (ganz schön dekadent), vor allem, da Wochenendfestivals wie das Hurricane oft in strömendem Regen absoffen. Also übernachteten wir meistens in nahe gelegenen Pensionen oder Ferienhäusern. Nichts trinken zu wollen hieß natürlich automatisch: »Du bist dann die Fahrerin, ja?« (Äh, klar, nichts lieber, als um vier Uhr nachts eine betrunkene Horde total übermüdet ein paar Dörfer über Landstraßen zu einer Pension zu kutschieren. Klingt auf jeden Fall sicher und nach einer guten Idee.) Ich wurde überredet und sagte Ja. Am ersten Abend hatte ich die ganze Zeit Angst vor dem Moment, zurück zum Parkplatz zu gehen und mich ans Steuer des Autos meiner Freundin zu setzen. Ich hatte kaum Fahrerfahrung, vor allem verunsicherte es mich, wenn ich dabei Blicke in meinem Rücken spürte. Jetzt musste ich performen. Schon Stunden vorher schüttete ich wie ausgetrocknet literweise Redbull und Cola light in mich rein. Ich startete das fremde Auto, konzentrierte mich, und als ich stolz parkte, und das einen zweiten und einen fünften Abend genauso machte, merkte ich: Gar nicht mal so schlimm. Es war der Sommer, in dem ich mich Ängsten stellte. Vielleicht mochte ich daran vor allem, nicht den anderen, sondern mir selbst etwas zu beweisen. Die anderen bekamen meine Unsicherheit ja gar nicht wirklich mit.

Jetzt, zwei Jahre später, freue ich mich richtig auf den bevorstehenden Roadtrip zum Konzert meiner Lieblingsband. Ich kaufe noch ein paar Snacks ein und fahre anschließend hinter Hamburg auf die A7, die Stunden später, einfach so, in Aarhus endet. Ich muss kein einziges Mal abbiegen oder mich auf eine Route konzentrieren, bin komplett damit beschäftigt, die Fahrt und meine Playlists zu genießen. Schließlich parke ich meinen Leihwagen in einem zentralen Parkhaus und laufe durch das diesige Aarhus. Es ist ein regnerischer, kalter Junitag. Allein sauge ich diesen Tag auf wie ein Schwamm, ohne meine Gedanken direkt wieder nach draußen zu entlassen. Ich kann sie ganz für mich behalten. Mein Herz klopft mir bis zum Hals, als ich mich allein auf den Weg zur Konzerthalle mache. Was folgt, ist das kleinste Rise-Against-Konzert, auf dem ich je war, die intimste Stimmung und die beste Akustik. Ich hole mir eine Cola an der Bar und lächele den Männern zu, die neben mir auf ihre Getränke warten, dann drängele ich mich bis ganz nach vorne in die Menge. Ich tanze, ich schreie, hole mir blaue Flecken, irgendein halbhoher Däne tritt mir schmerzhaft auf den Fuß und grinst mich entschuldigend an. Verschwitzte Arme berühren sich, ich schlinge meine nassen Haare zurück in einen hohen Zopf und stopfe mein Handy in meine Bauchtasche, bevor es mir aus der Hand gerissen und zertrampelt wird. Kurz vor Mitternacht verlasse ich die Konzerthalle. Es ist immer noch hell in Dänemark. Heute ist Sommeranfang, gerade erst fängt es an zu dämmern. Den ganzen Weg zurück zum Parkhaus schwebe ich quasi durch die Stadt.

Es mag drei oder vier Uhr nachts sein, als ich wieder in Hamburg parke, den Motor abstelle und mich zurück in die Sitze des Wagens sinken lasse. Ich schließe die Augen. Höre die Musik weiter in meinen Ohren, fühle die tanzende Masse an mir, die lächelnden, glücklichen Gesichter. Nicht einmal an diesem Abend habe ich eine Begleitung vermisst. Ich bin so stolz, diesen Abend nicht verpasst zu haben, dass ich noch mindestens eine halbe Stunde glücklich und reglos im Wagen sitzen bleibe. In mich reinfühle. Auch am nächsten Morgen verbringe ich eine halbe Ewigkeit damit, durch die Videos auf meinem Handy zu scrollen und in mich reinzugrinsen. Diese Erinnerung würde mir niemand je wieder nehmen können. Wenn man sich Dinge allein zutraut, stehen einem die Möglichkeiten des Lebens in einem viel größeren Spektrum offen.

Ich date mich durch den Sommer, veranstalte ein wunderschönes Wohnzimmerkonzert in meiner Wohnung, verbringe meine Wochenenden mit Freundinnen auf Festivals und die lauen Abende in meinem neuen Kajak auf der Alster. Der Sommer zieht nur so an mir vorbei, es ist, als würde er nur aus Highlights bestehen. Ich bin ein Teil von diesen Tagen, die irgendwie auch nur an mir vorbeirauschen, sauge sie auf, aber behalte sie nicht. Gläser, die aneinanderknallen. Ich gehe abends aus, stehe morgens um fünf schon wieder an der Alster und sehe mir den Sonnenaufgang an, beantworte Nachrichten auch noch nachts um zwei. Die Welt ist auf einmal so bunt und lebendig.

Als der September einkehrt, bin ich ein paar Tage beruflich allein in München und verbringe meine Zeit dort mit Paul, den ich am ersten Abend über Tinder matche. Ich lerne sogar seine Mitbewohner kennen, und wir gehen zusammen essen und danach aus. Am letzten Abend sitze ich bei einem Glas Wein in seiner WG. Wir reden über meine Woche in München und über dieses Buch hier, das ich irgendwann mal schreiben will. Zu lernen, gern allein zu sein, ist ein Thema, das mich beschäftigt, vielleicht schon immer.

»Weißt, Luisl, ich bin einfach so ein megag'selliger Typ, ich liebe es, immer viele Menschen um mich zu haben. Klar kann ich auch allein sein, aber das ist jetzt nicht so meine erste Wahl.«

»Ich glaube, wenn du allein reist, so wie ich gerade die Woche allein in München verbringe, bist du weniger allein.«

»Aber du verbringst die Woche doch nicht allein, gerade hängst du doch mit uns rum«, unterbricht er mich.

»Ja, genau, weil … Du bringst dein Zuhause nicht mit. Ich habe niemanden von meinen Freunden mit hier. Und genau das meine ich damit – ich bin allein, aber doch viel weniger allein, weil ich so viel offener für neue Menschen bin. Wäre ich mit einer Freundin hier in München, würde ich sicher nicht mit euch hier abhängen.«

»Oh doch, bring ruhig nächstes Mal deine Freundinnen mit …« Er lacht.

»Nee, ernsthaft. Würde ich einen Mädelstrip machen …«, ich setze dieses schlimme Wort mit den Fingern in ironische Anführungszeichen, »… würden wir unter uns bleiben. Eben unser Ding machen. Euch niemals kennenlernen.«

»Dann bin ich froh, dass du allein hier bist.«

»Ja, ich auch.«

»Martin kommt heute bestimmt nicht mehr nach Hause«, erzählt Paul später am Abend und deutet auf das leere Zimmer des Mitbewohners. »Er ist bei seiner Freundin. Da gibt es gerade wieder ordentlich Drama. Er schafft es einfach nicht, sich zu trennen.«

»Wieso?«, frage ich interessiert.

»Mitleid oder so? Irgendwie hängt er da fest. Er weiß, dass er es machen will, aber er schiebt es raus. Allein würde er so viel schaffen, stattdessen kümmert er sich um diesen Klotz am Bein. Ich glaube, er will auch einfach nicht allein sein.«

»Du magst sie wohl nicht?«

»Sie ist halt so ’ne richtige Handbremse. Sie hemmt ihn. Die brauchen keinen Beziehungscoach, die brauchen einen Trennungscoach. Er redet ständig davon, wie unglücklich er ist. Aber es ist halt bequem, alles so zu lassen, wie es ist.«

»Vielleicht muss man erst unglücklich genug werden, um allein sein zu wollen«, sage ich, ohne vorher darüber nachzudenken. Ich werde nachdenklich. Was hält uns davon ab, zu gehen? Müssen wir wirklich erst unglücklich genug werden, um allein sein zu wollen?

An diesem Abend finde ich keine Antwort mehr darauf. Ich war jetzt ein halbes Jahr Single, habe gerade erst wieder angefangen zu daten, fing an, mich wieder mit mir selbst auseinanderzusetzen. Es wurde der schönste Sommer, an den ich mich erinnern konnte. Vielleicht genau deswegen: weil ich das erste Mal seit vielen, vielen Jahren, einfach so, ganz allein war. Es war ein erster Versuch, ein

Ausblick auf die Möglichkeiten, die ich mir selbst eröffnen kann, wenn ich mich traue, allein loszuziehen. Vielleicht muss man sich erst erlauben, auch allein glücklich sein zu wollen. Abenteuer am Wegesrand mitzunehmen, auch wenn sie nicht direkt auf ein Ziel hinführen. Einfach mal für eine Weile nichts zu suchen. Einfach nur Spaß zu haben. Mit sich selbst. Ja zum Alleinsein zu sagen. Vielleicht ging an dieser Stelle meine Geschichte erst so richtig los.

6

Ein verpasster Flug und vier neue Freundinnen auf Ibiza

Wie man Menschen kennenlernt

Ich steige Ende September in das wartende Auto vor dem Flughafen, werfe meinen Rucksack auf die Sitzbank neben mich und strecke meine Hände und Haare aus dem Fenster, als der Fahrtwind der Autobahn uns erfasst. Es muss kurz nach sieben sein. Ich kam direkt aus einer Bar in Barcelona, in der ich die ganze Nacht mit alten Freunden getanzt hatte, und war mit dem ersten Flieger zu einem Job nach Ibiza übergesetzt. Das hier war nur ein kurzer Umweg auf dem Weg nach Hause, der sich ergeben hatte. Ich war zu einem Presse-Event eingeladen worden. Vielleicht hätte ich die Nacht davor schlafen sollen. Vielleicht sind es meine Übermüdung und der leicht duselige Kopf, vielleicht der zartrosa Sonnenaufgang, vielleicht der nette Fahrer, der mir einen schwarzen Kaffee reicht – aber ich bin vom ersten Moment an in Ibiza verliebt. Wie schade, dass ich nur heute bleibe – heute Abend geht es schon wieder heim. Das Event findet auf einem Katamaran statt, mit ein paar bekannten Gesichtern aus der Branche. Ich grüße hier und da, umarme jemanden, stelle mich an der Bar an. Man kennt sich eben.

Der Sangria schwappt durch meinen Körper, im selben Rhythmus, in dem die Wellen unten an den Bug des Schiffes klatschen.

Alles an mir fühlt sich schwer an, nachdem wir fünf Stunden in der prallen Sonne auf dem Katamaran getanzt haben. Ich betrachte meine Arme, als würden sie nicht zu meinem Körper gehören, die gebräunte Haut, die ausgebleichten Armhaare. Ich weiß nicht, ob es der Schlafentzug ist oder der Sangria, aber aus einer spontanen Laune heraus beschließe ich, meinen Flug zu verschieben und allein noch ein paar Tage hierzubleiben. Allein auf Ibiza. Warum auch nicht? Ich war noch nie auf Ibiza. Mit einem halb zugekniffenen Blick auf meinen Kontostand beschließe ich, etwas für mich Ungewohntes zu probieren. Ich steuere ein Hostel an und buche für diese und die nächste Nacht ein Zimmer in einem Schlafsaal. Ich habe noch nie in einem Hostel übernachtet und mir ein Dorm mit völlig Fremden geteilt. Meine Freundin Janne schwärmt immer davon, und an diesem Abend überkommt mich die Lust, es ihr gleichzutun. Es einfach mal zu versuchen. Das Hostel ist einer dieser übermäßig bunten Orte, in denen sich ein Street-Art-Künstler ausgetobt hat und nichts im Interieur zusammenpasst. Ich fühle mich mutig und abenteuerlustig, als ich an der Rezeption meine Kreditkarte durch das Lesegerät ziehe und fünfzehn Euro pro Nacht abgezogen werden.

Als ich mit klopfendem Herzen im zweiten Stock das gebuchte female dorm betrete und realisiere, was da vor mir liegt, bin ich schlagartig wieder nüchtern. In Zimmer 204 ist der Boden quasi vollständig mit getragener Unterwäsche und auseinanderquellendem Gepäck bedeckt. Auf den nicht einmal sechs Quadratmetern stapeln sich drei Doppelstockbetten, fünf Betten scheinen belegt. Überall türmen sich die Rucksäcke, der Raum ist kleiner als mein Badezimmer zu Hause, und es riecht penetrant nach Schweiß. Ich habe kein Schloss für das kleine Schließfach im Zimmer dabei, weil ich nicht wusste, dass ich eins brauchen würde. Ich hatte nicht darüber nachgedacht, wie man unter Fremden die eigenen Sachen aufbewahrt. Man sollte sie wegschließen. Natürlich.

Ich kann das hier nicht, denke ich, schmeiße meine Sachen auf das freie Bett und verlasse den Raum im gleichen Atemzug wieder.

Ich muss hier raus. Mich verlässt augenblicklich der Mut, und aufsteigende Panik schnürt mir die Kehle zu. Meine Schultern sind leicht nach vorne eingefallen, mein Blick geht Richtung Boden, während ich in das Treppenhaus steuere. Ich sehe nicht einmal auf, bis ich die Liegen am winzigen Pool im Innenhof erreiche. Kahle graue Wände, ein unansehnlicher Pool, unbequeme Stühle und irgendwo in der Ecke ein Techno-DJ. Die kleine Outdoor-Area mutet einem Innenhof in Berlin an. Mein Kopf tut weh, während ich überlege, was ich jetzt für den restlichen Tag mit mir anstellen soll. Es ist erst sechzehn Uhr. Niemand ist da, der einen Plan für mich hat. Kurz fühle ich mich allein. Zu allein. Die Hitze macht das Nachdenken nicht einfacher.

Ich ringe mit mir, während der Brasilianer auf Weltreise neben mir am Pool nicht aufhört, auf mich einzureden, und mich ausfragt. Ich würde gerade gern unsichtbar sein. Als würde mein Körper immer noch nicht wieder zu mir gehören, merke ich, wie ich mich von ihm verabschiede, ins Zimmer steuere, meine Tasche nehme und das Hostel möglichst unbemerkt wieder verlasse. Als wäre mein Geist noch dabei, mich zum Bleiben zu überreden, aber mein Körper schon nicht mehr Teil des Gesprächs.

»Didn't you just arrive? Why are you leaving?«, fragt die kleine blonde Frau, die sich gerade im Bad meines Zimmers Glitzersteine ins Gesicht klebt, und ich stammele irgendetwas Unverständliches davon, dass mir wohl das falsche Zimmer gegeben wurde. O Mann. Auch an der Rezeption schleiche ich mich vorbei, will vom Rezeptionisten auf keinen Fall bemerkt werden. Ich habe das Gefühl, ihn zu enttäuschen. Ich habe ein schlechtes Gewissen, mich unwohl zu fühlen. Als würde ich ihn und alle hier in diesem bunten Wirrwarr aus Menschen und Gesprächen damit persönlich beleidigen.

Nach den verlorenen dreißig Euro bezahle ich kurz darauf weitere 284 für meine neue Unterkunft, ein Hotel direkt am Strand. Als ich das Zimmer öffne, strahlen mir mindestens zwanzig Quadratmeter und zwei Queensizebetten nebeneinander entgegen. Es fühlt sich an, als würde ich eine ganze Suite beziehen. Hell und türkis eingerichtet, mit einer kleinen Küchenzeile und einem Arbeitsplatz. Der Blick ins Grüne statt auf den Pool gefällt mir außerordentlich gut: So gibt es zwischendurch Ruhe statt Electro-Dauerbeschallung. Ich packe aus.

Irgendwo in meinem Gepäck finde ich ein angefangenes Buch, mit dem ich mich hier in San Antonio an den Strand lege. Nach Seite drei fällt mir der Kopf in die Seiten, und ich lasse ihn einfach liegen. Genieße die warme Luft auf meiner Haut, den leichten Windzug. Die Gespräche um mich herum, die nah, aber gleichzeitig genau richtig weit entfernt klingen. Ich habe das Gefühl, Teil des Miteinanders hier zu sein, ohne es sein zu müssen. Die letzten Tage waren voller Eindrücke, ich war keine Sekunde für mich. Hier habe ich das Gefühl, runterfahren zu können. Ich grabe meine Zehen in den Sand, kralle meine Strandtasche fest, in der alle meine Wertsachen sind, und schlafe mit dem Kopf in meinem Buch ein.

Dieses Alleinsein hier fühlt sich für mich wie eine regelrechte Pausetaste an. Endlich kann ich in Ruhe verarbeiten, was ich diesen Sommer erlebt habe, mal runterkommen. Weil sonst viel zu schnell das Gefühl entsteht, in einer Achterbahn zu sitzen und das Leben nur an sich vorbeiziehen zu sehen. Dass alles so schnell passiert, dass man mental kaum hinterherkommt.

Wir leben in einer Welt chronischer Reizüberflutung: Jeden Tag ballern Massen von Eindrücken über unsere Umwelt oder Social Media auf unser Gehirn. Wir tauchen im Fünfzehnsekundentakt in die Gefühle anderer ein, ohne sie zu Ende zu fühlen. Der Körper braucht Zeit, diese zu verarbeiten. Das erklärt auch das Phänomen, dass unser Kopf ein paar Tage braucht, um zu verstehen, dass er im Urlaub ist, und sich an ein neues Umfeld zu gewöhnen. Wir brauchen Zeit, um vom Stress im Arbeitsalltag runterzufahren. Erst danach geht die richtige Erholungsphase los.[13]

Denn auch guter Stress ist Stress. Allein sein kann helfen, diesen zu verarbeiten. Sich mal freizubekommen von Alltag und Verpflichtungen, Freunden und To-dos. Sich ein leeres Notizbuch zu nehmen und einfach mal die letzten Monate zu reflektieren lässt häufig wieder klarer sehen. Aufzuschreiben, was gut und was nicht so gut lief, hilft dabei, zurück zu den eigenen Wurzeln zu kommen. Zu Wünschen und Sehnsüchten.

Zu zweit lassen sich drängende Fragen besser wegschieben. Ohne Gesellschaft entsteht ein eigener Resonanzraum, in dem wir uns selbst beobachten und wahrnehmen können. Es fehlt die Projektionsfläche des anderen, die alles zurückspiegelt und vieles direkt beantwortet. Übrig bleiben Fragen, die ich mir hier endlich mal wieder stelle. Wie haben sich diese letzten Monate, der Sommer angefühlt? Was macht mich glücklich, was sind meine Ziele im Leben – und warum? Wie will ich mein Leben verbringen? Was möchte ich dieses Jahr beruflich noch erreichen – was vielleicht verändern? Tun mir alle Menschen gut, die ich gerade um mich habe?

Zum ersten Mal betrete ich an diesem Abend wie selbstverständlich ganz allein ein Restaurant, setze mich an einen freien Tisch am Fenster und frage nach dem Menü. Es ist wirklich so, wie alle sagen: Niemand beachtet mich. Ein älteres Paar ein paar Tische weiter lächelt mir aufmunternd zu und wendet sich dann wieder ab. Ich lasse mich vom netten Kellner beraten, was seiner Meinung nach das beste vegetarische Gericht auf der Karte ist. Das mache ich immer gerne, um etwas Neues zu probieren und mich überraschen zu lassen. Meine Devise: Egal was er vorschlägt, ich sage Ja. Erfreut über mein Interesse und meine Offenheit verwickelt er mich für ein paar Minuten in ein Gespräch über die Vorzüge der hiesigen Küche. Essen zu gehen ist ein kommunikativer und sozialer Akt, für manch einen wäre es vielleicht körperliche Folter, allein an einem Tisch in der Öffentlichkeit zu sitzen und zu essen. Mir gefällt es eigentlich ganz gut.

Später setze ich mich mit meinem Notizbuch in eine der Bars und beobachte nur das Treiben, bestelle mir einen Cocktail mit buntem Schirmchen und sauge die Menge auf, von der ich mal kein Teil sein muss, aber es sein könnte, wenn ich wollte.

»Hey, da bist du ja!« Kira schließt mich herzlich in die Arme, wir hatten uns am Vortag auf dem Katamaran kennengelernt. Wir stehen in der Altstadt Ibizas, an deren Rand mich mein Taxifahrer rausgelassen hat. Die Abendsonne ist schon aus den schmalen Gassen verschwunden und lässt die weißen Fassaden und uns in bläulichem Licht zurück.

Kira und ich essen an diesem Abend zusammen (teuer), gehen auf ein paar Drinks in eine Bar (noch teurer) und landen irgendwann auf einer Hausparty von ein paar Frauen, die Kira eingeladen haben, dort zu übernachten, in einer Villa direkt in erster Reihe am Hafen. Sie kannten sich von anderen Presse-Events. Die Nacht wird lang, und ich übernachte mit ihr dort, in einem freien Raum ganz oben neben der Dachterrasse, obwohl ich gar nicht weit entfernt ein Zimmer bezahlt habe (nein, sogar zwei, ich hätte das Geld genauso gut verbrennen können). Die Truppe ist lustig, und am nächsten Morgen hole ich spontan meine Sachen und ziehe komplett dort ein.

In Frankie bin ich direkt verliebt. Sie ist so eine Frau, mit der es bei mir auf den ersten Moment klickt. Ich liebe ihren schwarzen Humor und wie unbeeindruckt sie davon ist, dass die anderen den ganzen Tag Fotos von sich in den verschiedenen Ecken und Winkeln der Villa machen. »I am way too hungover for this shit«, raunt sie mir am Morgen nach der Party zu und schwingt ihre nackten Beine auf die Küchentheke, um die übrig gebliebenen Kuchenreste vom Vortag zusammenzukratzen. So geht es ein paar Tage lang: Ich mixe die Drinks, wir essen uns durch die Restaurants der Stadt, ich ziehe meine Stiefel an, alle anderen ihre High Heels, wir bezahlen zu viel für Club-Eintritte, wir ziehen gemeinsam los, kommen getrennt zurück, meistens, weil ich mich irgendwann abkapsele, einmal finde ich eine von ihnen schlafend vor der Villatür, weil sie sich nicht mehr erinnern konnte, dass sie den einzigen Schlüssel zum Haus hat, und trage sie lachend huckepack nach oben. Ich hatte mir hier zuerst eine ruhige Zeit allein gemacht und meinen Sommer Revue passieren lassen, jetzt verbringe ich spontan mehrere Tage mit einer Mädelsgruppe, die jeden Abend in kurzen Röcken zum nächsten Club stiefelt. Allein zu reisen hieß nicht, allein bleiben zu müssen. Für mich hieß es, offen zu sein. Und spontan. Was ich da noch nicht weiß: Mit Frankie wird mich in der Zukunft eine enge Freundschaft verbinden, sie wird sogar eine Zeit lang nach Berlin ziehen, wir werden zusammen reisen, Silvesterpartys und Thanksgiving-Dinner gemeinsam feiern. Auf Ibiza schließen wir, eben weil ich allein bleibe, aber nicht nur allein sein will, eine Freundschaft, die diese Reise überdauern wird.

Trotzdem ärgere ich mich über mich selbst, weil ich so viel Geld ausgegeben habe. Doch ich sammele mich schnell wieder und erinnere mich an die Theorie der »Sunk Cost Fallacy«, von der ich mal in einem der Bücher Rolf Dobellis gelesen hatte.[14] Kurz: »Das Geld ist eh verloren.« Ob wir in einem schlechten Kinofilm sitzen bleiben, nur weil wir schon Geld dafür bezahlt haben, in etwas weiterhin investieren, obwohl es keinen Ertrag mehr bringt, oder in einer Beziehung bleiben, weil sie schon sieben Jahre andauert: All das bedeutet, dass wir aufgebrachte Zeit oder Kosten mit in unsere Entscheidungen einberechnen. Egal wie lange etwas schon dauert oder wie viel Geld reingesteckt wurde und vielleicht verloren ist, sollten wir die Vergangenheit ignorieren und uns viel eher fragen: Ergibt etwas in genau diesem Augenblick für mich noch Sinn? Ich merkte mir: Immer aus dem Jetzt heraus entscheiden. Vorherige Aufwendungen: egal. (Notiz: nächsten Monat nur trockene Nudeln und Brot.)

Genauso wenig Sinn ergibt es, sich über verprasstes Geld zu ärgern, wenn die Sache sowieso schon durch ist. Ich habe meine Situation so angepasst, dass ich mich hier wieder wohlfühle. Ich habe mich vorgewagt und gemerkt, dass das nichts für mich ist, ich habe etwas ausprobiert und bin an meinem eigenen Mut gescheitert. Und wäre ich im Hostel geblieben, hätte ich Frankie nicht kennengelernt. Aber dafür vielleicht jemand anderen. Jede unserer Entscheidungen hat am Ende vielleicht doch einen Sinn.

Dieser Trip ist es meine erste wirklich schöne Erfahrung, in die ich komplett allein geraten bin. Porto und Schottland waren schön und aufregend, aber auch von Trauer und Liebeskummer geprägt. Sie waren Versinnbildlichungen meiner Einsamkeit. Aber diese knappe Woche auf Ibiza bleibe ich zum ersten Mal ganz bewusst allein, weil ich es schön finde und mich von neuen Menschen mitreißen lassen will. Ich warte nicht auf irgendetwas, sondern mache mir die Situation so schön, wie sie gerade ist. Ich gebe zwar zu viel Geld aus und schmeiße meine Pläne mehrmals über den Haufen, aber auch noch Jahre später bin ich überzeugt, dass es das so was von wert war: Es war wichtig für mich. Ein Wendepunkt, der mir Energie und Selbstvertrauen gab. Ich lernte und begann, allein zu sein und Entscheidungen allein zu treffen positiv für mich zu besetzen. Ich lernte, offen zu sein und einfach mal Ja zu sagen. Menschen neu kennenzulernen. Das geht am besten, wenn man in Hostels eincheckt und nicht gleich wieder auscheckt, sondern sich einfach mal darauf einlässt und bleibt (meine Hostel-Zeit beginnt später, ich berichte noch).

Alleine zu sein muss nicht langweilig oder einsam sein, lernte ich hier. Es kann eine Chance sein. Das Konzerterlebnis in Aarhus markierte den Anfang des Sommers, Ibiza das Ende. Es war ein Sommer, in dem ich lernte, allein Spaß zu haben. Direkt im Anschluss zog ich spontan nach Berlin, datete und stolperte in eine wirklich schöne Beziehung. Während ich das hier schreibe, denke ich an Barfußtanzen auf diesem großen Platz in Bordeaux. Meine Erinnerungen tragen mich zu seinem Strahlen, zum Knattern des Oldtimers, zum Leben auf dem Land, zu einem großen Feld hinter Backsteinwänden, zu Wärme, Umarmungen. Ich fühle nur Gutes, auch noch, als ich die Augen wieder aufmache. Die Welle, die mich jetzt durchströmt, ist warm und zufrieden.

Zweieinhalb Jahre vergingen. Ich blieb zwar zu Anfang in Berlin nicht lange allein, aber war es irgendwann wieder. Und begann das Leben als Reise zu verstehen. Schöne Kapitel haben immer einen Anfang und oft auch (leider?) ein Ende. Okay. Weiter geht's.

7

Einsamkeit

Unfreiwillig eingesperrt: Die Höhen und Tiefen des Alleinlebens

Ich schaffe es gerade so ins Badezimmer und mir ein Glas Wasser aus der Küche zu holen, bevor ich wieder wie ohnmächtig zurück auf mein Bett sinke. Im Frühling, ein Jahr nach Pandemiebeginn, fange ich mir das Virus ein, das seither die ganze Welt lahmlegt. Ich habe mehrere Tage lang keine Kontrolle über meinen Körper, kann die Arme kaum heben. Der Weg durch meinen acht Meter langen Flur dauert ewig. Als ich endlich wieder im Bett liege und minutenlang nach Luft ringe, verliere ich den Glauben daran, dass ich jemals wieder hier rauskommen werde. Glaube, dass mein Körper hiermit einfach aufgibt. Dass es das jetzt war.

Ich kann mich nicht erinnern, wann ich zuletzt ein menschliches Gesicht gesehen habe. Ich taste die Zimmerdecke meines Schlafzimmers Zentimeter für Zentimeter mit meinen Augen ab. Ich war immer unter Menschen, wenn ich das sein wollte, jetzt kann ich es zum ersten Mal nicht sein. Zwangsweise an ein Bett gefesselt, das sich anfühlt, als würde es immer größer werden. Die Leere erdrückt mich. Niemand darf zu mir, ich darf nicht raus. Ich könnte es körperlich nicht einmal. Was würde ich für ein vertrautes Lächeln geben. Für die Umarmung eines lieben Menschen. Aber alles, was ich vorfinde, ist eine halbwarme Suppe auf meiner Türschwelle und sieben Anrufe in Abwesenheit. Ich mache die Augen wieder zu. Ich glaube, ich habe mich noch nie so einsam gefühlt.

Der Weg kurz an die frische Luft eine Woche später fühlt sich wie ein Marathon an. Stufe für Stufe gehe ich, bleibe stehen und atme immer wieder so tief ein, wie ich kann. Manchmal fühlt sich das wie Ertrinken an. Jedes Husten wie ein Messerstich über den Rücken in die Lunge. Ich bewege mich in Zeitlupe. So viel Lust aufs Leben, aber Geist und Körper gehören gerade einfach nicht zusammen. Die Tränen hören nicht auf, als ich längst wieder im Bett liege. Meinen Teller mit dem bestellten Curry muss ich nach zwei Bissen auf dem Laken beiseiteschieben, danach drei Stunden schlafen. Zu anstrengend, für den Moment, für meinen Körper. Als ich wieder aufwache, ist alles längst kalt. Es war das Erste, was ich seit mehreren Tagen versucht hatte zu essen.

»Geht es dir denn heute wenigstens besser?« Die Frage kommt täglich aus vielen verschiedenen gut gemeinten Ecken. Die Nachrichten stapeln sich im Eingang. Und ich spüre den Druck in dieser Frage, die eigentlich nur mal etwas Gutes hören will. »Nein«, antworte ich. Mehr nicht. Ich bin ehrlich, vor allem zu mir selbst: Da ist so viel mehr, was ich gerade noch nicht in Worte fassen kann. Oder will. Ich suche die Zimmerdecke nach Antworten ab. Als wäre etwas in mir kaputtgegangen. Und etwas anderes aufgewacht. Das hier wird mich noch lange begleiten, und ich weiß noch nicht, auf welchen Wegen genau. Morgen ein neuer Tag. Jeden Tag wie ein Versprechen an mich selbst.

Die Einsamkeit überfällt mich im Anschluss wie Panikattacken. Es ist ein kaltes Gefühl, das in mir hochkriecht und mir die Kehle zuschnürt. Ich betrachte mein fahles Gesicht im Badezimmerspiegel. Sehe mir in die Augen. Leere. Es ist ein merkwürdig verlassenes Gefühl, seinen Körper nicht mehr von innen zu spüren. Als hätte ich die Verbindung zu mir selbst verloren. Nur zwei Monate später werde ich an einem Strand stehen und aufs Meer blicken. Daran glaube ich da noch nicht. Leben scheint so weit weg. Ich weiß nicht, wie viele Wochen im Anschluss vergehen.

Einsamkeit ist vielleicht die am weitesten verbreitete Krankheit in unserem Land und ein Teil des Alleinseins, den wir hier bisher noch kaum betrachtet haben. Siebzehn Prozent aller Deutschen fühlen sich häufig oder ständig einsam, dreißig Prozent zumindest manchmal.[15] Ein Drittel aller Befragten braucht laut eigener Angaben andere Menschen, um sich gut zu fühlen. Als Topgründe für das Gefühl der Einsamkeit werden dabei unter anderem die eigenen aktuellen Lebensumstände, spontane Stimmung, die eigene Laune, aber auch unpersönliche Kommunikation genannt.

Innige zwischenmenschliche Beziehungen sind der Hauptgrund für ein gutes Leben, sagt eine Harvard-Grant-Studie.[16] Umgeben von Gesellschaft werden wir weniger krank und leben länger. Einsamkeit verkürzt hingegen die Lebenserwartung: Eine Studie der WHO zeigt auf, dass Menschen »mit wenigen Bindungen mit zwei- bis dreimal höherer Wahrscheinlichkeit innerhalb der nächsten neun Jahre sterben als solche mit vielen Kontakten«.[17]

Ich denke an meinen letzten Partner und an seine Familie, die innigste Verbindung, die ich je miterleben durfte. Ich konnte es nicht genau erklären, aber die Liebe, die dort durch die Räume floss, die wiederkehrenden Umarmungen, die Wertschätzung füreinander, das machte etwas mit mir. Nicht bei meinem ersten Besuch und bei keinem danach hatte ich mich fremd gefühlt. Es war, als würde ich einfach dazugehören. Als hätte ich mit einem Mal eine weitere Familie dazugewonnen. Ich verband in meinem Kopf meine Erinnerungen an all die unterschiedlichen Familienkonstellationen, an Freundschaften, an Beziehungen, die ich kennengelernt hatte. Sich nah sein. Wie erschafft man sich das?

Und wie ist es, dauerhaft allein zu sein, wenn man das nicht selbst gewählt hat, sondern es ein Zustand ist, mit dem man eben klarkommen muss? Wenn wir es uns, obwohl es so gesund für Psyche und Körper ist, anderen nah zu sein, nicht aussuchen können?

Im Englischen gibt es drei Wörter für Einsamkeit: das schreckliche »isolation«, das edle »solitude« und das bittersüße »loneliness«. Unser heutiges Verständnis des Wortes »einsam« verdanken wir der

Bibelübersetzung von Martin Luther. Im Mittelalter bedeutete einsam noch dasselbe wie das lateinische Wort »unus«, also Einssein. Eine göttliche Eigenschaft: eins, mit sich identisch, vollkommen sein.[18] Einsamkeit, als Verschmelzung mit Gott (Einssein) war hier ein anderes Wort für Erlösung. Luther verwendete es gleichbedeutend zu »solus« und gab ihm damit eine andere Bedeutung. Der Inbegriff menschlicher Existenz und tiefen Unglücks, hoffend auf Gottes Hilfe.[19] Thomas Wolfe schreibt in seinem Essay über die Einsamkeit: »Die Grundüberzeugung meines Lebens besteht in dem Glauben, dass Einsamkeit, weit davon entfernt, nur ein seltenes und seltsames Phänomen zu sein, die zentrale und unvermeidliche Tatsache menschlicher Existenz darstellt.«[20]

Wir stehen dauerhaft in sozialen Beziehungen zu anderen. Unser Selbst spiegelt sich in drei Gestalten: in intimer, relationaler und kollektiver Form. Biografische Veränderungen, wie eine Trennung oder ein Umzug in eine fremde Stadt, können große Vereinsamung auslösen. Oder eben eine Pandemie. Die Pandemie spaltet uns in die Einsamen und die, die das Beste daraus machen, in Menschen, die Motivation aus dem »Nichtsmüssen« ziehen, und die anderen, die das Fehlen von Möglichkeiten stillschweigend erdrückt. Durch die Pandemie ist Einsamkeit in den Blickpunkt gerückt, heute wird mitunter von einer wachsenden »Einsamkeitsepidemie« gesprochen.

Menschen, die das Gefühl haben, dass andere sie nicht wertschätzen, neigen zu ungesünderem Leben und geben weniger gut auf sich acht. Andere suchen im Übermaß Streit: Konflikt als Ersatz für Kontakt.[21] Auch Menschen, die an chronischen Schmerzen leiden, die nicht mehr einfach so Teil einer Gesellschaft sein können, sich zurückziehen und isolieren müssen, machen einen großen Teil der Einsamen aus. Weil sie ein Leben sehen, das ohne sie stattfindet, das sie nicht mehr versteht oder mit einem »das wird schon wieder« abspeist. Dies verfestigt die Isoliertheit. Ebenso isoliert uns die digitale Vernetzung immer mehr voneinander, im sozialen und emphatischen Kontext. Gleichzeitig ermöglicht sie aber all jenen

Menschen, die am realen sozialen Leben gar nicht teilnehmen könnten, weil sie wegen Krankheit oder Behinderung das Haus nicht verlassen können, wieder mehr Teilhabe und ein Vernetzen mit Gleichgesinnten, was dazu führt, dass sie sich weniger einsam fühlen.

Ich friere in der Altbauwohnung, dabei ist die Heizung voll aufgedreht. Die Rohre knacken, während das durchrauschende Wasser den Heizkörper füllt. Auf dem Fensterbrett brennen ein paar Kerzen, eine so schief, dass ich vor meinem geistigen Auge schon sehe, wie der Kaktus daneben in Flammen aufgeht. Die losen Blätter halten sich nur mehr an dünnen Fäden am Baum vor meinem Fenster fest. Ich beobachte eine Weile, wie sie sich in dem schwachen Wind wiegen, dann wieder zum Stillstand kommen, den Blick auf die gegenüberliegenden Fenster verbergen und wieder freigeben. Das ganze Jahr über blinkt in einer der Scheiben einer dieser hektischen rot-grün-blauen Leuchtkränze, wie man sie von Fahrschulschaufenstern kennt. Ich ertappe mich dabei, mich zu fragen, welche Art Mensch da wohnt. Ich weiß es nicht.

Sowieso sind meine Nachbarn mir relativ fremd. In der Großstadt geht dieser »Gemeinsinn«, das Bedürfnis, sich nah zu sein, schnell verloren. Anonymität legt sich wie ein kalter Mantel über die Häuserschluchten großer Städte, gerade weil mehr Menschen auf engerem Raum leben. Das Zusammenleben ist wahlloser, kälter, ja – einsamer. Gleichzeitig kann man nirgendwo so gut allein sein, ohne sich isoliert zu fühlen, wie im Gedränge einer Großstadt. Großstädte sind Auffangtiegel der einsamen Seelen. »Wer die Freiheit liebt, liebt die Einsamkeit«, singt die Band Provinz.

Die Einsamkeit, sie bleibt erst einmal. Sie bleibt mit mir hier in dieser Wohnung, die sich manchmal zu groß anfühlt, um ihrer Herr zu werden, und manchmal zu eng, um darin Luft zu bekommen.

Erst seit ich für dieses Buch recherchiere und mich durch vier Jahre Notizen und Erinnerungen wühle, kann ich in Gesprächen sagen: Ich fühle mich manchmal einsam. Zeitweise werde ich dafür von meinen Gesprächspartnern schief angeguckt. Es ist ein hilfloser

Blick, der sagt: »Und was soll ich da jetzt tun?«, oder: »Diese Ehrlichkeit habe ich nicht erwartet, und ich weiß gerade nicht, wie ich mit ihr umgehen soll.« Für mich allerdings fühlt es sich wie der Schlüssel an, einzugestehen, dass dieses Gefühl völlig okay ist. Und dass ein anderer gar nicht mehr dafür tun muss, als zu sagen: Okay. Es auszusprechen nimmt dieser Einsamkeit schon einen Großteil ihrer Macht, und zurück bleibt nur ein Schulterzucken. Ja, dann ist das eben gerade so. Negative Gefühle dürfen neben den positiven in uns existieren.

Allein zu sein muss allerdings nicht bedeuten, auch einsam zu sein. Und mit den fortschreitenden Frühlingstagen zog sich die Einsamkeit der Erkrankung nach und nach wieder aus mir zurück. Ich kam zu neuen Kräften, schlief lang und kümmerte mich gut um mich. Arrangierte Osterglocken auf meinem kleinen Küchentisch und telefonierte so lange mit Freundinnen, bis mir die Puste ausging. Ich schmiedete Pläne und war bereit für neue Erlebnisse. Da war so ein Durst nach Leben, der erst einmal für eine Weile nicht gestillt werden konnte. Und ich genoss die Zeit mit mir vielleicht von Tag zu Tag und von Jahr zu Jahr mehr.

Was dir gegen Einsamkeit helfen kann

- Herausfinden, woher das Gefühl kommt und ob du gerade konkret etwas dagegen unternehmen oder es akzeptieren kannst.
- Dich Aktivitäten zuwenden, die in dir Glücksgefühle auslösen – für mich ist das unter anderem schwimmen.
- Dich mit Freund*innen austauschen.
- Eine Gewichtsdecke über dich breiten.
- Wissen, dass du nie allein bist – Tausenden anderen geht es gerade genauso wie dir.
- Eine Therapie anfangen, falls das Gefühl tiefere Ursachen hat.
- Selbstständig Sport treiben oder dich in einem Verein anmelden.
- Unter Menschen gehen, neue Leute kennenlernen.
- Alles aufschreiben, worüber du dir den Kopf zerbrichst.
- Dating-Apps für Freundschaften ausprobieren.
- Nachbarn deine Hilfe anbieten oder ein Ehrenamt übernehmen – etwas Sinnstiftendes zu tun, hilft extrem, den Fokus von sich selbst weg auf andere zu lenken, und kann sehr glücklich machen oder dir eine neue Aufgabe geben.
- Einen Hund klauen beziehungsweise für ein paar Tage aus dem Freundeskreis ausleihen (oder einen eigenen adoptieren, das sollte aber natürlich gut überlegt sein).
- Etwas tun, was Vorfreude in dir weckt, wie eine künftige Reise zu planen.
- Tagträumen von all den Menschen, die du noch nicht kennst, und all den Orten, die du noch nicht gesehen hast – generell bewusst machen, wie viel da noch kommt, was du jetzt noch nicht greifen kannst.

8

Allein wohnen

Wie ich es mir schön mache

Die U-Bahn rattert aus dem Halt Bülowstraße, und ich sehe die Häuserfluchten Schönebergs in den kleinen beschlagenen Glasscheiben vorbeiziehen. Es sind die kleinen Details einer Stadt, die nur einem selbst gehören, weil Besucherinnen so etwas in der Flüchtigkeit nicht wahrnehmen. Die Stadt kennt keinen Horizont. Stattdessen bleibt der Blick immer auf etwas gerichtet. Gedanken prallen von kahlen Häuserfassaden ab und kommen wie ausgeworfene Boomerangs zurück. Sie können sich nicht weiter ausbreiten. Vielleicht ist es deswegen so heilsam, an Stränden zu stehen. Am Nollendorfplatz steige ich aus.

In einem nahe gelegenen Café höre ich ein Gespräch, vielleicht ein erstes Date. Die Unterarme der beiden liegen ein bisschen zu unkomfortabel auf den Tischen, ich beobachte hochgezogene Schultern, verstohlene Lächeln. Vielleicht sehen sie auch so aus, als wären sie einfach ein bisschen zu lange allein gewesen. Die Cafés haben gerade erst wieder aufgemacht und erlauben endlich wieder eine Freizeitgestaltung abseits vom Spazierengehen. Paare, die sich in den letzten zwölf Monaten kennengelernt haben, konnten nur auf einen winzigen, abgespeckten Teil der Freizeitgestaltung zurückgreifen und nicht die üblichen Erlebnisse und Erinnerungen erschaffen. Man traf sich zu Hause zum Kochen statt in schönen Restaurants, ging höchstens von der Küche in den Park, statt von einem Konzert oder einem Museum zum nächsten. Unfreiwillig eingesperrt. Während ich meinen Blick durch das Café schweifen lasse und die beiden betrachte, frage ich mich: Lernen sich Paare gerade richtig kennen oder wissen sie vielleicht gar nicht, wer der andere eigentlich ist? Sind wir gerade überhaupt nicht wir selbst – oder mehr als je zuvor?

Die Wohnung ist leer und kalt, als ich zurückkomme. Vielleicht fühle ich mich deswegen oft so unbehaglich im Altbau, weil es mich hier Kraft und Energie kostet, die Luft zwischen den dünnen Wänden ganz allein mit meiner Wärme zu füllen. Circa die Hälfte meiner engen Freundinnen und Freunde lebt mit Partnern zusammen oder in WGs, die andere Hälfte wie ich allein, aber die meisten sind in festen Beziehungen. Im 19. Jahrhundert lebten alle Menschen noch in vielköpfigen Haushalten. Man schätzt, dass höchstens ein Prozent Singlehaushalte waren[22] (klar, weil es gesellschaftlich und finanziell gar nicht anders ging). Heute lebt knapp die Hälfte der Leute allein.[23] Es ist ein Samstagmorgen, an dem ich überlege, wie gern ich kurz brunchen gehen würde. Ich schicke eine Nachricht in die Gruppe. Die meisten lassen sie unbeantwortet, eine Freundin schreibt, sie sei verreist. Weil niemand mich begleiten will, gehe ich allein los. »Der beste Weg, einen Freund zu haben, ist der, sich selbst einer zu sein«, sagt Ralph Waldo Emerson.

Frauen wird von der Gesellschaft (wer ist das eigentlich? Großtante Gisela?) weniger als Männern zugestanden, das Alleinsein als ganz normalen Zustand zu betrachten und das auch genießen zu dürfen. Sie werden eher für ihren Status entwertet und im Märchen als Hexen, als verschroben oder als verrückte Katzenfrauen skizziert. Konträr zu diesem Bild verfügen die meisten Frauen jedoch »über eine hohe Singlekompetenz – also ein enges soziales Netz, in dem sie Nähe und Austausch finden. Ob es darum geht, für sich allein zu kochen, Urlaubspläne zu schmieden oder generell für sich zu sorgen: Frauen haben offenbar eine größere Begabung, sich auch allein wohlzufühlen«.[24] Vielleicht kommen sie auch eher allein klar als Männer, weil sie gelernt haben, sich um sich zu kümmern, und sich verletzlicher zeigen dürfen. Männer fühlen sich schneller isoliert und wünschen sich eher als Frauen eine Beziehung, da es Zuneigung gibt, die in vielen Männerfreundschaften nicht existiert.[25] Die Emanzipierung von Frauen zu fördern bedeutet auch gleichzeitig, Männern Verletzlichkeit zu erlauben, um Eigenschaften und Wege außerhalb der Fassade von vermeintlicher (»männlicher«) Stärke und Autonomie zu finden.

Tatsächlich sind Frauen nicht nur »singlefähiger«, allein lebende Frauen haben auch ein größeres soziales Netzwerk.[26] Allein lebend hat man jedoch ein höheres Risiko, an einer Depression zu erkranken, denn hier wohnen Freiheit und Einsamkeit Wand an Wand.[27]

Die seit den Fünfzigerjahren konstant steigende Anzahl an Singlehaushalten in den deutschen Großstädten wird immer wieder kritisch beäugt und als Grund für Einsamkeitsepidemien angegeben.[28] Ich würde die Forschungslage dazu spannender finden, wenn nicht so viele Studien in dem Zusammenhang den Verlust traditioneller Rollenbilder und Kernfamilien beklagen und als Lösung die Rückkehr zu ebenjenen nennen würden. Wir entwickeln uns weiter, in Beziehungsformen, im Zusammenleben, in unserer sozialen Interaktion. Ich weiß nicht, ob die Anonymität in einer Großstadt uns sucht oder wir sie. Das Leben allein wird von vielen unfreiwillig, von vielen anderen jedoch auch freiwillig gewählt. Rückschritt kann da nicht die Lösung sein. Einsamkeit muss anders gelöst werden können.

Die Einsamkeit unserer Generation, unserer Gesellschaft ist sowieso in weit mehr als in einem »Wie wir wohnen« begründet. Sie ist viel mehr als eine Statistik vor allem ein Gefühl. Vielleicht sind wir deswegen allein, weil wir uns hinter unseren Bildschirmen verstecken und sie all unsere Mimik und Gestik schlucken lassen, während wir Emojis in die Tasten hauen. Ausdrücke gehen zwischen getippten Abkürzungen verloren. Es mag sich anfühlen, als läge eine gewisse Ironie darin, dass wir besser vernetzt, aber auch einsamer sind als je zuvor. Wir müssen nicht miteinander reden, wenn wir das nicht wollen.

Meistens, wenn ich traurig bin, habe ich in Wirklichkeit einfach nur Hunger oder zu wenig geschlafen, sollte mich mal wieder beim Sport auspowern oder bin umgeben von zu viel Chaos. Ein Snack und ein Nap, zum Sport gehen, mal ordentlich aufräumen und durchputzen und nebenbei mit meiner besten Freundin telefonieren, ein Hörbuch durchhören und früh schlafen gehen verbessern in 85 Prozent der Fälle meine schlechte Stimmung. Für die restlichen fünfzehn Prozent braucht es Strategien, die mich so comforten, dass sofort alles okay ist. Ich liebe es, mir Abende allein richtig schön zu machen. Mir das immer gleiche Gericht beim vietnamesischen Restaurant in meiner Straße zu bestellen (Erdnusscurry mit Tofu) oder selbst zu kochen und Folgen einer Serie zu gucken, die ich fast mitsprechen kann. Es dauert eine Weile, bis meine Altbauwohnung sich aufgeheizt hat. Aber sobald es so weit ist, sobald ich die Musik aufgedreht und Pasta auf den Herd gestellt habe, weiß ich wieder, warum ich es lieben gelernt habe, allein zu wohnen. Ich finde es großartig, mit der Fußspitze die Tür hinter mir zuzuschieben, meinen Hund zu begrüßen und zu wissen: Hier gibt es heute nur noch uns zwei. Es ist okay, ab und an zu vermissen, jemanden zu haben, mit dem man sich ein Zuhause teilt. Vor allem, wenn man krank ist, wenn man sich hilflos fühlt. Das ist der Preis, den ich für die ganzen Annehmlichkeiten zahle, die das Alleinleben für mich bereithält. Ich kann drei Abende am Stück Pasta kochen, durch die Küche tanzen, um sechs Uhr morgens genauso wie kurz vor Mitternacht. Meinen Pappmüll im Flur stapeln und neben meinem Laptop im Bett einschlafen. Ich habe meine Yoga-Ecke in meiner Wohnung eingerichtet, die ich nie wegräume, und lasse den Wäscheständer vielleicht manchmal etwas zu lange stehen. Ich habe akribische Putzanfälle. Es gibt allerdings auch niemanden, der mich anmeckert, wenn am Abend immer noch die Müslischüssel auf dem Küchentisch steht. Ich muss mich selbst darum kümmern, es mir schön zu machen. Vor allem aber tanze ich durch die Wohnung. Eigentlich ständig. Es war mein Weg, mich mit dieser Wohnung, mit meiner Umgebung, mit mir selbst zu verbinden. Mich lebendig zu fühlen.

Allein leben hat mich vieles gelehrt. Und ganz nebenbei habe ich auch verstanden: Was du nicht an deine Freunde kommunizierst, das findet nicht statt, das kann nicht gehört oder gewusst werden. Wenn du nicht nach Hilfe fragst, bekommst du auch keine. Du allein steuerst das, was du erlebst, du bist selbst für alles Gute, was dir hier passiert, verantwortlich. Und das fühlt sich für mich, neben der Einsamkeit mit all ihren Zwischentönen, wirklich, wirklich gut an.

Mit einem realistischen Blick schaue ich mittlerweile auf die zweieinhalb Male zurück, die ich bisher mit Männern zusammengewohnt habe. Es war zeitweise schön und definitiv gesellig, aber einfacher oder romantischer war es nicht. Einer lief mir jeden Tag wütend hinterher, weil irgendwo in der Wohnung ein einzelnes Haar von mir herumlag (ich habe lange dunkle Haare, die sich ab und zu von meinem Kopf auf die nächstgelegene Stelle am Boden bewegen und für die du mir bei unserem ersten Date unzählige Komplimente gemacht hast, das ist dir früh aufgefallen, Sherlock.). Ein anderer kritisierte meinen Einrichtungsgeschmack, meinen Hund oder meine Art, die Spülmaschine einzuräumen (meine Lieblingskritik). Ich stellte fest: Nicht nur Haare haben ihre schönen und nervigen Seiten. Männer genauso. Und ich muss sagen: Aufs große Ganze betrachtet ist es allein vielleicht nicht immer lustiger. Einfacher aber definitiv.

Das fällt mir immer dann auf, wenn ich sonntagmorgens um sieben Uhr zu lauter Musik den Boden im Bad schrubbe oder den Topf von gestern noch mal nehme, weil ich eh wieder nur Nudeln kochen möchte. Wenn ich tagelang meine Teetasse nicht wechsele, liegend auf dem Boden arbeite oder denselben Song zwei Stunden am Stück höre – eben Dinge tue, die man nur tut, wenn man alleine ist. Manchmal weiß man gar nicht, wie schön das Leben ist, wenn man nicht dabei beobachtet wird.

Zeit mit sich selbst zu verbringen kann anfangs eine regelrechte Offenbarung sein. Manchmal weiß man inmitten von WG-Leben, Beziehung und ständiger Gesellschaft gar nicht, wie gern man eigentlich mit sich allein ist. Versteht mich nicht falsch, ich mag meine Freunde. Aber in einer WG ist man eben selten allein, und damit auch nie wirklich losgelöst und frei. Absprachen, achtgeben, Rücksicht nehmen. Allein wohnen bedeutet für mich also auch: Alles ist möglich. Und alles kann wann, wo und wie ich es will stattfinden.

Allein zu wohnen ist allerdings auch etwas, was man finanzieren können muss. Man kann sich weniger leisten, wenn man sich die Miete mit niemandem teilt und alle Kosten allein trägt. Ich würde gern zentraler wohnen, und während ich durch Angebote scrolle, muss ich feststellen, dass das außerhalb jedes vertretbaren Budgets liegt, etwas, das nicht unerwähnt gelassen werden sollte. Also bleibe ich hier, in der kleinen Altbauwohnung mit den hohen Decken am Rand von Berlin. Es sind andere Kompromisse, die man eingehen muss.

Ich habe endlich gelernt, es mir nur für mich selbst schön zu machen. Kaufe frische Schnittblumen und richte sie auf meinem Wohnzimmertisch an, kaufe für mich den guten, teuren Kaffee, weil ich das schätze, und komme in eine aufgeräumte Wohnung nach Hause. Ich sehe meinen ganzen Alltag immer als Date mit mir, romantisiere Kleinigkeiten. Ich esse nicht einfach nur, sondern ich koche mir etwas Schönes. Ich habe gelernt, nicht nur für Besuch zu leben. Sondern erst einmal für mich selbst.

Aufräumen, wegschmeißen, neu dekorieren, dir einen Abend für dich planen oder Gesellschaft einladen. Guck dich mal um: Was kannst du jetzt machen, um dich sofort mit dir selbst wohlzufühlen? Oder ist alles um dich herum deine schönste Wohlfühlatmosphäre? Vielleicht heißt das, mal eine Woche niemanden zu sehen oder sich jeden Abend zu verabreden. Wie du dein »Alleinsein« oder »Alleinleben« gestaltest, wie viel Einsamkeit du fühlst, wie schön du es dir machst, entscheidest nur du.

So. Lust auf weitere Alleine-Reisen-Stories? Diesmal renne ich auch nicht aus dem Hostel direkt wieder raus. Versprochen.

9

Weit weg – nach Cancún, Mexiko

Eine Welt voller Menschen, die allein sind

»Muss das sein, so weit weg und ganz alleine?»«, fragt mich meine Mama wieder und wieder am Telefon, und noch einmal, als ich am Tag vor meiner Reise bei ihr in der Einfahrt aus dem Auto steige, um ihr meine Hündin zu übergeben. Die sprintet direkt in den großen Garten und schließt sich den anderen Hunden an, ohne mich eines weiteren Blickes zu würdigen.

Die letzten Wochen waren hart, und ich habe mich noch lange nicht davon erholt. Nach meiner Covid-Erkrankung arbeitete ich drei Wochen lang wieder in meinem Agenturjob und ging jeden Abend direkt um achtzehn Uhr zu Bett. Mein Körper war erschöpft und schrie nach Schlaf. Die Einsamkeit, das Virus, das Eingesperrtsein – das alles hat psychisch etwas mit mir gemacht. Und für den Moment weiß ich nur, ich will Abstand zwischen mich und diesen schwarzen Fleck in meinem Kopf bringen, den ich noch nicht ganz erklären kann. Das soll meine erste längere Reise allein werden.

Gestresst zu sein ist zum Statussymbol geworden. Wir sind die Generation »Busy«, die Stress und einen vollen Terminkalender zu haben glorifiziert. Ein volles E-Mail-Postfach zeigt uns, dass wir gebraucht werden. Aber wenn man mal davon zurücktritt, mal das eigene Hamsterrad verlässt, muss man sich eingestehen: Wenn ich das heute nicht mache, geht die Welt auch nicht unter. Mich braucht hier gerade niemand, zumindest nicht so sehr, dass ich von niemandem ersetzt werden könnte. Die Erkenntnis ist nicht leicht anzunehmen, doch schließlich sehe ich es ganz klar: Das Einzige, das ich mir schuldig bin, ist, gesund zu werden. Denn Stress wirkt nach, so auch der der durchgemachten Erkrankung. »Körperliche und emotionale Stresssymptome klingen nicht sofort ab, es braucht Zeit, bis der Mensch wieder sein normales Gleichgewicht gefunden hat. Nach hohen Stressphasen kann das sogar mehrere Wochen dauern. Sind die Erholungsphasen nicht mehr ausreichend, geraten sogar normale Alltagsbelastungen zum Stressfaktor.«[29]

»Habe ich mir diese Auszeit überhaupt verdient?«, rätsele ich trotzdem noch. Kein Wunder: Wir wachsen in einer Gesellschaft auf, in der uns eingebläut wird, dass wir uns alles irgendwie verdienen müssen. Dass wir erst einmal etwas leisten und erbringen müssen, bevor wir etwas Schönes bekommen dürfen, dass wir es uns verdienen müssen, geliebt zu werden, oder dass wir uns zurechtmachen oder irgendwie gut genug sein müssen. Spoiler: Das ist Quatsch. Du musst dir Gutes nicht verdienen.

Ich hatte beschlossen, meine eigene Gesundheit zu priorisieren, und mich vier Wochen unbezahlt freistellen lassen. Das konnte ich finanziell stemmen, und ich wusste, wie gut es mir tun würde. Ich war weder mental noch körperlich in meiner besten Verfassung. Ich suchte Abstand, räumlich wie zeitlich, und Zerstreuung. Vor allem wollte ich Distanz zwischen mich und all die Erinnerungen bringen, die mich in meiner Wohnung immer wieder einholten, nachdem ich vier Wochen in ihr gelegen hatte und dachte, dass es das jetzt für mich war. Nur widerwillig betrat ich sie, konnte zeitweise nicht mehr in mein Schlafzimmer gehen, hatte das Gefühl, es würde mich retraumatisieren. Es war die schlimmste Einsamkeit, die ich je gefühlt hatte. Selbst während ich das aufschreibe, bekomme ich eine Gänsehaut am ganzen Körper. Mentale Gesundheit ist nicht linear, nicht greifbar oder erklärbar. Ich war gerade nicht okay, und ich war zumindest stolz darauf, dass ich mir das ohne Umschweife eingestehen konnte. Abstand hilft mir oft. Er hilft mir, die Dinge klarer und rationaler zu sehen, sie eher von außen zu betrachten, das große Ganze zu sehen. Während wir uns noch mitten im Karussell befinden, werden wir nur durchgeschüttelt. Wir müssen aussteigen und ein paar Schritte gehen, uns dann noch einmal umdrehen. Aus den Details, in denen wir uns verlieren, einmal rauszoomen. Und dann ist alles nur noch winzig klein. Ich wollte für eine kleine Weile so weit weg wie nur irgend möglich.

»Muss es nicht. Aber vielleicht ist es das Beste, das ich gerade für mich machen kann«, antworte ich meiner Mama also.

Nicht nur für das Runterfahren von emotionalem Stress, auch für die Kreativität brauchen wir ihn, diesen Leerlauf. Einfach mal nichts tun. Diese Reise für mich beginnt aus Erschöpfung und aus der Suche nach Ablenkung heraus, sie hat einen ganz anderen Anlass als alle Reisen, die ich zuvor allein unternommen habe. Ich will endlich wieder Lebensfreude spüren. Lebendigkeit. Es geht nach Mexiko.

Erst gestern habe ich den Flug gebucht, direkt für den übernächsten Tag. Habe meinen Rucksack gepackt: ein paar kurze Kleider, meine Yogasachen, eine lange Hose und meine Regenjacke. Außerdem das winzig kleine Mikrofaserhandtuch, zwei Bikinis, meinen nagelneuen Reisepass und alle Dokumente in Kopie. Sonst hatte ich nicht sehr viel dabei.

»Du bist allein?«, erkundigt sich der junge Mitarbeiter am Morgen danach am Schalter in Frankfurt und schlägt meinen Reisepass auf. Seine dunklen Haare sind zu einem Dutt gebunden.

»Ja«, nicke ich.

»Und wann geht's zurück?«

»Weiß ich noch nicht. Ich habe nur den Hinflug. In einen Monat vielleicht?« Ich beobachte, wie er seine Augenbraue hochzieht und mich erstaunt, aber auch belustigt mustert.

»Und wo ist dein Aufgabegepäck?« Ich drehe mich um und präsentiere ihm den Rucksack auf meinem Rücken.

»Ich glaube, man braucht weniger, als man denkt«, füge ich hinzu und nehme meinen Boardingpass an mich, während er lacht. Eigentlich habe ich nur keine Kraft, so viel zu schleppen. Außerdem geht es ins Warme (diesmal wirklich).

In meinem grünen Cordhemd, das ich über der Taille geknotet habe, stehe ich später am Gate und blicke auf das bauchige, riesige Flugzeug vor der Fensterscheibe. In elf Stunden würde es mich in Cancún wieder ausspucken, mit nur einer gebuchten Übernachtung und vier Wochen Zeit. Ich wollte atmen, Menschen sehen, zur Ruhe kommen, meinen Kopf sortieren. Durch die Zeitverschiebung der Welt zu Hause völlig entfliehen.

»Bist du alleine? Können wir dann tauschen?« Ich sehe zu der jungen Frau hoch, die sich neben mir im Gang aufgebaut hat. Ich hatte mich gerade auf 20 C gesetzt und mein Gepäck verstaut. »Du, meine Freundin und ich, wir würden gerne zusammensitzen, aber ich sitze neben dir, und sie sitzt dahinten.« Vage deutet sie irgendwo ans Ende des Flugzeugs. »Kann sie herkommen und du gehst auf ihren Platz? Ist auch ein Gangplatz. 32 D.«

»Klar«, murmele ich, ohne weiter darüber nachzudenken, und raffe mein Zeug zusammen. Der Mann in Reihe 32 ist bereits eingeschlafen und zwingt mich mit seinen langen Beinen und seinem komplett auf die Lehne meines Sitzes genickten Kopf, mich in die äußerste Ecke meines neuen Sitzes zu quetschen. Das war nicht der klügste Tausch, überlege ich. Vielleicht hätte ich auf meinem Platz bestehen sollen. Habe ich nicht, ich habe nicht einmal eine Sekunde lang gezögert oder meine Optionen abgewogen, sondern bin direkt aufgestanden. Schließlich bin ich allein. Da muss man zurückstecken. Oder?

Elektronische Musik und völlige Dunkelheit wabern um das Hostel auf Isla Mujeres, als ich um neunzehn Uhr ankomme. In den Palmen unten am Strand glitzern schwach ein paar Lichterketten. Still und schwarz liegt das Meer direkt dahinter. Zwölf Euro die Nacht zahle ich hier für ein Bett im gemischten Dorm, Frühstück inklusive. Alles ist sauber und aufs Maximum klimatisiert. Es ist die zweite Hostel-Erfahrung meines Lebens. Ich möchte unter Menschen sein, aber vor allem wenig Geld ausgeben. Im Eingang des Schlafsaals begrüße ich zwei junge Frauen, die sich in einer Sprache unterhalten, die ich nicht kenne, japanisch vielleicht, und werfe meine Reisetasche auf ein freies Bett in der hinteren Hälfte des Raumes. Die hellen Holzkabinen sind durch Vorhänge voneinander getrennt und haben geräumige Staufächer an den Fußenden, inklusive eigener Steckdosen. Hier gefällt es mir. Eine kalte Dusche später steige ich das erste Mal seit Monaten wieder in die hellblaue Levis Jeansshorts vom letzten Sommer, die auffällig locker sitzt. Ich hatte die letzten Wochen vor Erschöpfung kaum essen können.

Barfuß tapse ich durch die Dunkelheit, die Steintreppen runter, über die sandigen Wege zum Strand und trete an die fast leere Bar. Es hat auch so spät noch über 32 Grad. Die Luft kribbelt. Ich beobachte die fremden Gesichter, die mir entgegenkommen. Zwei junge Männer stürmen lautstark an die Theke und kriegen leuchtende Augen, als sie mich am hinteren Ende entdecken, allein mit meinem Drink. »Hey, how you doing girl?« Innerhalb von Sekunden haben wir uns vorgestellt und die wichtigsten Basics ausgetauscht. Namen, woher wir kommen, wie lange wir reisen. Bis auf diese Infos tragen wir hier alle nicht viel Vergangenheit oder Charakteristiken mit uns herum. Gemachte Erfahrungen und alles, was unser Leben bisher geprägt hat, haben wir mit der Entscheidung, nur mit Handgepäck zu reisen, irgendwie zu Hause gelassen. Das merkt man uns an.

Die beiden haben keine Ahnung, wie lange ich nicht mehr allein irgendwo unterwegs war. Dass ich heute Morgen erst von zu Hause los bin, und wie einfach sie mir den Start in dieses Abenteuer machen. Ich verstehe in ihrem starken texanischen Dialekt nicht jedes Wort, aber das ist auch egal. Wir grinsen uns an. »You look like a Disney prince«, sage ich zu einem von ihnen. Ich bin in beide längst verliebt. Brianna, eine kleine Brasilianerin aus unserem Zimmer, schließt sich uns an, und nach den letzten Wochen und siebzehn Stunden Anreise haut mich schon der erste Drink so aus den Latschen, dass ich direkt danach ins Bett falle und zufrieden meine allererste Nacht in einem Hostelbett verbringe.

Einer der beiden Franzosen im Zimmer schnarcht so laut, dass ich gegen halb sechs aus dem runtergekühlten Zimmer flüchte und mich auf eines der Betten am Strand fallen lasse. Es ist noch bewölkt, als die Dunkelheit rund um die Insel sich gegen sechs Uhr endgültig verzieht. Am Ende des Stegs, der weit aufs Meer rausragt, macht eine junge Frau in knallpinken Shorts Yoga. Ich sitze am Strand auf einem großen Sonnenbett und bekomme Frühstück serviert. Nach meiner Erkrankung und der Einsamkeit dieser unwirklichen Pandemie nimmt mich dieser erste Morgen so weit weg von zu Hause so mit, dass mir Tränen die Wangen runterlaufen, während Obst, Kaffee und Pancakes rund um mein Buch auf dem Tisch drapiert werden. Es ist der erste Tag, an dem sich Leben wieder nach Leben anfühlt. Diese bunten Farben. Diese warme Luft.

Brianna schlendert erst Stunden später aus unserem gemeinsamen Zimmer und umarmt mich, als sie sich neben mich setzt. Ihre schwarzen, seidigen Haare glänzen im Sonnenlicht, während sie die Reste meines Frühstücks mit den Händen von meinem Teller pickt.

»Du siehst blass aus«, sagt sie zu mir. Sie mustert mich interessiert über den Rand ihrer riesigen Sonnenbrille hinweg. Ich habe in den vier Wochen, die ich nur im Bett gelegen hatte, fast sechs Kilo abgenommen. Wahrscheinlich ist in meinem Körper kein einziger Muskel mehr vorhanden. Aber so von Menschen und ihrer Lebendigkeit umgeben zu sein gibt mir neue Kraft. Am zweiten Abend finde ich das Schnarchen des Franzosen – Pierre, wie ich inzwischen gelernt habe – sogar irgendwie beruhigend. Es erinnert mich an meinen Hund, und damit an zu Hause.

»… mich kostet hier zu sein viel weniger Energie, als in Berlin meinem Alltag nachzugehen, meine Wohnung in Ordnung halten zu müssen, Arbeit, daneben Freunde und Verpflichtungen und soziale Kontakte. Ich hatte das Gefühl, ich brauche gerade diesen Abstand und diese Auszeit, um meinen Kopf zu entwirren. Hier bin ich weit weg, hab nur die Sonne und mich«, schließe ich meine Erzählung an Brianna gerichtet ab.

»Ich glaube nicht, dass wir uns erklären müssen. Nur du weißt, was gerade gut für dich ist, vor allem, wenn du alleine bist«, entgegnet die. »Nur du kannst auch entscheiden, dich rauszuziehen, wenn etwas gerade nicht gut ist. Mach einfach dein Ding. Es hatte einen Grund, dass du hergekommen bist. Den hat es immer.« Ich nicke.

»Im Urlaub bekommt unser Gehirn neuen Input: Wir essen andere Dinge, hören eine andere Sprache, erleben eine andere Umgebung. Das regt die Kreativität an«, sagt Urlaubsforscherin Jessica de Bloom.[30] Geistiger Müßiggang wie das Tagträumen sei laut ihr wichtig, damit Erinnerungen sich aufbauen können und der eigene Kopf Gelerntes sortieren kann. Andere Forscher, wie etwa der bekannte Psychologe Erwin Pöppel, sehen gerade das Nichtstun und den Leerlauf im Gehirn als eigentliche Quelle der Kreativität an. »Sowohl neue Eindrücke als auch geistige Ruhepausen nähren den Einfallsreichtum.«[31] Ich hatte hier beides. Alleinsein schafft Leere und damit neuen Raum für Kreativität; Einsamkeit und Faulsein umschmeicheln die Fantasie. In unserer gestressten, produktiven und durchoptimierten Gesellschaft unterschätzen wir die Bedeutung von Ruhe und davon, einfach mal faul sein zu dürfen.

Nur einen Moment später werde ich in ein neues Gespräch verwickelt. Ich höre nur zu, die Worte plätschern so vor sich hin. Auch die nächsten Tage trage ich mich durch mittlerweile bekannte Lächeln und fremde Energie, fühle mich wohl und geborgen, gerade weil ich hier ganz allein bin. Nichts muss. Ich kann einfach nur sein. Wir bewegen uns anders, wenn wir einander fremd sind. Die Einsamkeit, die ich gefühlt habe, kann ich nicht mehr rekonstruieren. Sie ist gegangen, wie sie gekommen war, mir eigentlich unbekannt, nur ein Gast auf Zeit. Die Fremdheit gegenüber dem eigenen Sein weicht dem gewohnten Vertrauen. Jeder Atemzug geht tiefer. Ich fühle wieder besser in mich hinein und mich der Welt um mich herum endlich wieder nah. Allein, aber niemals allein. Ich bin immer von Menschen umgeben. Als unsere Gläser aneinanderstoßen, lache ich laut auf. Flugmodus an.

10

Die Verbindung zu mir

In Verbindung mit anderen

»Quiero un boleto para Playa«, sage ich ein paar Tage später vorsichtig durch das kleine Fenster der ADO-Busstation, und der Mitarbeiter stellt mir das Ticket für den Neunuhrbus aus. Es ist 8:58 Uhr.

»Ahora? Donde?«, frage ich also mit leicht panischer Stimme, und er fuchtelt unwirsch in Richtung der Bussteige. Ich verlasse Isla Mujeres, in Playa del Carmen wartet eine kleine Unterkunft auf mich. Mein Gepäck zusammenraffend und Brianna im Schlepptau eile ich los, um auf einen sehr entspannten Fahrer zu treffen, der an seinem Bus lehnt und raucht. Er fährt eh nicht ganz pünktlich. Damit hätte ich wohl rechnen müssen. Inzwischen habe ich mich eingefunden. Hostelbetten fühlten sich schon nach ein paar Nächten wie ein neu gefundenes Zuhause an. Trotzdem will ich ein paar Tage in einem Apartment für mich sein.

Als wir in Playa aussteigen, bleibt Brianna erwartungsvoll neben mir stehen. »Can I stay with you?«, fragt sie. Sie braucht mich mehr als ich sie, das wird sich für immer durch unsere Verbindung hier ziehen. Sie ist nur hier, weil sie Zeit totschlägt, um danach ihre Familie in den USA besuchen zu können. Eine erforderliche Art zweiwöchige Quarantäne, die Brasilianer zu dieser Zeit absolvieren müssen, zum Beispiel auf Partys in Mexiko, statt direkt ins Land einzureisen. Deswegen ist Brianna hier, in diesem Urlaubsort irgendwo in Mittelamerika. Eine verrückte Zeit. Widerwillig sage ich Ja.

Brianna hat ein temperamentvolles, fröhliches Gemüt. Aber ich wäre so gern eine Zeit lang mit mir und meinen Gedanken allein. Wie lernt man, Nein zu sagen, wenn man die Gefühle anderer Menschen nicht nur nicht verletzen will, sondern diese Person auch noch gerne mag?

»Wir sehen uns nur jetzt und danach vielleicht nie mehr wieder«, beteuert sie und blinzelt mich entschuldigend an, als wäre damit klar, dass wir für den Moment zusammengehören. In dieser Formulierung hat es für mich etwas Bedrohliches. Ich weiß nicht, was ich darauf antworten soll. Sie hat recht, vielleicht sehen wir uns nur jetzt und hier in Mexiko und anschließend nie mehr wieder. Aber was bedeutet das für diesen Moment?

Die amerikanischen Fast-Food-Ketten, die sich hier aneinanderreihen, wirken merkwürdig deplatziert in dieser hitzigen, staubigen Stadt, zwischen den Straßenständen, an denen Tacos gebraten werden und an deren Spießen sich merkwürdige Tiere drehen.

»Du bist immer pünktlich und läufst schnell, aber gleichzeitig bist du so chaotisch«, beschreibt Brianna mich, während wir unser Gepäck verstauen. Ich nicke. Brianna faltet ihre Sachen säuberlich zusammen, bevor sie abends ins Bett geht. Meine liegen auf einem Haufen über meinem Rucksack oder am Fußende, ich schlafe mit angezogenen Beinen, den Rest habe ich mit Schwung in den Schrank geworfen und dann schnell die Tür geschlossen. Es stört mich nicht weiter. Wir sind zwei junge Frauen, die unterschiedlicher nicht sein könnten.

Am nächsten Tag schlägt sie mir fast den Drink aus der Hand, nach dem ich durstig greife. »You can't accept a drink from a stranger!«, schilt sie mich, als ich den Becher Mezcal in einem Zug halb ausgetrunken habe.

»Why not?«, frage ich unbekümmert und schubse die Limette, die am Rand hängt, zurück zwischen die Eiswürfel. Sie zieht beide Augenbrauen hoch. Was folgt, ist ein Vortrag über Vorsicht, speziell als allein reisende Frau, über das Leben in Mexiko und alles, was sie darüber bereits gehört hat. Ich zucke immer wieder mit den Schultern. Sie hat mit Sicherheit recht. Aber ich vertraue immer meiner Intuition – lieber dem, was ich hier erlebe, statt Berichten aus dem Internet. Und dem Drink an dieser Stelle definitiv. Wir sitzen immerhin schon zwei Stunden neben Pedro auf diesem Steg über den plätschernden türkisfarbenen Wellen und unterhalten uns mit ihm über sein Leben in Mexiko-Stadt.

Bin ich zu naiv? Ich vertraue Menschen schon immer komplett, darauf, dass sie nur das Beste für mich im Sinn haben. Ich kann nicht anders. Das Schönste an diesem Moment mit Brianna ist vielleicht sogar zu merken, dass es noch da ist. Mein Urvertrauen in mich, ins Leben, in Menschen, in meinen Körper. Die tiefe innere Sicherheit. Diese Verbindung zu mir, die ich die letzten Monate im Zuge dieser Infektion verloren geglaubt habe. Sie ist noch da. Sie ist noch irgendwo in mir. Ohne Vorwarnung springe ich kopfüber vom Steg ins kühle Nass, um mein plötzlich heißes Gesicht abzukühlen.

Es ist eine Reise zwischen Gegensätzen, zwischen dem bei mir Bleiben und mich in andere Menschen und in ihre Erfahrungswelten einzufinden, sie kennenzulernen und an mich ranzulassen, für mich ein Richtig und ein Falsch abzuwägen. So langsam komme ich hier an. Komme in mir an.

Aber ich sehe immer noch blass und krank aus neben den vielen braun gebrannten Menschen hier. Man sieht mir an, dass ich neu und unbeholfen bin im Alleinreisen. Aiden aus Kalifornien ist schon drei Jahre nicht mehr zu Hause gewesen. Als ich neben ihm am Strand liege, weiß ich noch nicht, dass er 43 und nicht 33 ist, wie er mir gesagt hat. Das finde ich erst einen Tag später raus, als ich ihn auf Bumble entdecke. Wir haben uns längst verabschiedet. Ich muss lachen. Beim Reisen kann man wohl wirklich sein, wer man will. Ohne Rücksicht auf Verluste.

Ethan aus Idaho küsst mich ein paar Tage später und zurück in Tulum-Stadt auf der Dachterrasse des Strawhat Hostels. Vorher hat er mich gefragt, ob er darf. »Can I ask you something I wanted to ask you all evening.« Ich bejahe lachend und mag seine Umsichtigkeit, die keine Selbstverständlichkeit ist. Konsens ist sexy, auch in anderen Sprachen. Ich habe seit einer Ewigkeit nicht mehr so viele Menschen auf einem Fleck gesehen. Ich bin merkwürdig fasziniert von nackten, verschwitzten Armen, die sich im Vorbeigehen streifen, von in die Luft erhobenen Gläsern, von lächelnden Gesichtern, die nicht nur aus Augen bestehen. Ich lehne meinen schweren Kopf an Ethans Schulter, er legt seinen darauf und nimmt mich dann einfach so in den Arm. Zusammen beobachten wir das Geschehen.

Das Schöne ist, dass nichts davon echt ist; nichts würde in der Realität bestehen. Es ist ein oberflächlicher, bunter Rausch, der an Schönheit nicht zu überbieten ist. Wir gehen tief, aber bevor es so tief wird, dass keiner mehr stehen kann, gehen wir lieber weiter. Die Gewässer, in denen wir ineinanderwaten, sind flach. Und warm. Wie das Meer rund um Isla Mujeres. Es ist eine Welt voller Menschen, die allein sind.

Ich bin gern allein hier. Ich verstehe eine Stadt schneller, wenn ich mich nicht darum kümmern muss, dass ein anderer sie auch versteht – oder sich in ihr wohlfühlt. Ich mag es, hier so wenig Geld auszugeben. Ich fahre nur Bus oder trampe, ich schlafe oft in großen gemischten Schlafsälen und esse an Straßenständen. Vieles im Leben ist günstiger, wenn man es durch zwei Personen teilen kann. Miete, Esseneinkäufe oder Hotelübernachtungen beim Reisen. Das macht Alleinsein manchmal zu einem Luxus, allein reisen auch – aber wenn man bereit ist, sich ein klein wenig einzuschränken, muss es das nicht unbedingt sein. Und in Hostels spare ich nicht nur Geld, sondern treffe Gleichgesinnte, wenn ich will.

Ich war losgezogen, um Abstand zu bekommen. Lebendigkeit

wiederzufinden. Leerlauf zu haben. Um mein blasses Gesicht in die Sonne zu halten und mal wieder irgendetwas zu spüren. Kribbeln, Energie, pulsierende Hitze. Ich spüre, allein zu reisen kann heilsam sein. Ich langweile mich hier keine einzige Sekunde.

Ich spreche Fremde an und kenne keine Risiken, egal was passiert, ich sehe sie eh nicht wieder. Ich bin hier eine offenere, selbstbewusstere Version meiner selbst. Bin offener für spontane Ideen Unbekannter, offener, mich in Gespräche einzuklinken, mal nur zuzuhören, mal etwas von meinen Erfahrungen zu erzählen. Ich vertraue fremden Menschen Dinge an, die ich zu Hause engen Freundinnen nicht erzählen würde. Vielleicht ist es das Gefühl, weniger ver- oder an der eigenen Vergangenheit beurteilt zu werden. Es hat etwas Besonderes an sich, Fremden unsere Geschichte anzuvertrauen. Ein bisschen fühlt es sich an, als würden sie sie wie einen Schatz bewahren. Als würde ich mit ihrer Hilfe lernen, mich auch selbst mal wieder von außen zu betrachten. Wie ein neuer Freund, der nichts anderes von uns kennt als diesen Moment.

Unsere Freunde sind nicht nur unsere Begleiter im Jetzt, sondern sie sind auch immer ein Spiegel unserer Vergangenheit: Sie zeigen uns, wer wir einmal waren. Ohne sie und allein auf Reisen ist es, als würden wir unser Zuhause auch wirklich zu Hause lassen. Zuhause ist nicht nur ein Ort oder eine Wohnung, zu Hause sind auch die Menschen, die dich in- und auswendig kennen, denen du nichts vormachen kannst, die schonungslos ehrlich zu dir sind. Hier gibt es niemanden, der mich daran erinnert, dass ich Männer nicht nur für ihren spanischen Akzent mögen sollte oder dass ich so viel Tequila nicht gut vertrage. Was erzählst du über dich, wenn niemand dich kennt? Was ist deine Variante der Geschichte? Welche Facette von dir willst du preisgeben?

Das Wasser hier ist anders, meine Haare kräuseln sich vom Meersalz, und die Bräune glitzert jetzt zwischen den Sommersprossen auf meiner Nase. Ohne Gesellschaft von zu Hause unterwegs zu sein ist ein bisschen, als könnte man für den Moment eine komplett neue Person sein. Als könnte man sein, wer man wollte. Als könnte man sich und alle möglichen Facetten seiner eigenen Persönlichkeit, alles, was da noch möglich ist, völlig neu kennenlernen. Eigentlich paradox: Manchmal muss man fort, um zu sich zu kommen.

11

Ich brauche niemanden

Alleinsein als Rückzug aus der Gesellschaft

Viele bleiben in Playa del Carmen hängen, die Stadt ist voller Expats. Leo treffe ich, als wir gemeinsam bei Oxxo vor den Kühlregalen stehen und zufällig nach demselben Wasser greifen. Wir bleiben stehen, unterhalten uns kurz, und als wir feststellen, dass wir beide deutsch sind, verabreden wir uns für den Abend, als wäre damit schon klar, dass wir miteinander Zeit verbringen sollten. Leider ist das wirklich so: Manchmal reicht es, die gleiche Sprache zu sprechen, um sich weit weg von zu Hause für einen Moment heimisch und mit einem anderen Menschen verbunden zu fühlen. Ich habe Lust, mit ihm an diesem Abend Zeit zu verbringen. Er hat eine Art höfliche Verschlossenheit an sich, die mich interessiert.

»I am meeting someone tonight«, informiere ich Brianna, die schon vor Einbruch der Dunkelheit abgeschminkt auf ihrem Teil des Bettes im winzigen gemieteten Apartment sitzt. Sie geht jeden Abend früh schlafen und steht um fünf Uhr auf, um sich auf unserer Terrasse bei ihrer Arbeit in Brasilien einzuloggen. Unsere Tagesrhythmen sind so verschieden wie wir.

»Oh, a date?«, fragt sie.

»No, I don't think so.« Ich schüttele den Kopf.

Beschwingt steuere ich abends die Straßenecke mit dem kleinen

Kiosk an, an der wir uns verabredet haben, und nehme Leo zur Begrüßung herzlich in den Arm. Es fängt an zu nieseln. Leo wirkt merkwürdig hölzern in meiner Umarmung. Schulter an Schulter sitzen wir nach einem ausgiebigen Spaziergang auf den großen Treppenstufen eines Resorts in Strandnähe und unterhalten uns über das, was wir hier machen, was vor uns liegt, das Naheliegendste: unser beider Zeit hier allein.

»Menschen sind oft Zeitvertreib. Ich finde das ist Quatsch. Ich brauche das nicht«, erklärt er. Seine Worte klingen mechanisch, defensiv irgendwie, und er macht nicht mehr den offenen, geselligen Eindruck von heute Nachmittag. Seine Aussagen lassen mich innerlich zusammenzucken. »Ich habe alle Fragen für mich beantwortet, weißt du? In meinem Kopf ist absolut nichts mehr offen. Es ist alles beantwortet. Ich war monatelang ganz für mich. Habe keinen Menschen gesehen.«

»Wieso?«

»Ich brauchte das einfach nicht.«

»Wir Menschen brauchen aber Menschen. Umarmungen.« Ich berühre, wie zum Beweis, mit meinem Finger die Haare auf seinem Unterarm und pikse in seine Haut. Wieder schreckt er, fast unmerklich, vor mir zurück.

»Ich habe das zu meinem Projekt gemacht«, erklärt er mir. »Habe mich zurückgezogen, um nur mich selbst kennenzulernen. Ich habe meine Wohnung kaum verlassen. Keine Menschen getroffen. Luzides Träumen praktiziert, um eigene Welten und Geschichten zu erschaffen.« Wie benebelt starre ich in den Regen, der jetzt rund um uns vom Himmel stürzt und in dicken Fäden vom Vordach hängt.

»Du hast Pandemie schon gespielt, als noch keine war«, sage ich dann vorsichtig.

»Ja, und als sie einschlug, war es für mich keine Veränderung mehr. Das war gut.«

»Wieso wolltest du so allein sein?«

»Um es bis ans Äußerste auszureizen. Was es mit mir macht.«

»Und was hat es mit dir gemacht?« Er starrt ins Leere und antwortet nicht. Ich wende meinen Blick ab. Ich bin mir nicht sicher, was ich sagen darf. Es ist nicht meine Aufgabe, da etwas reinzuinterpretieren. Aber ich mache es doch. Ich kann nicht anders. »Wovor hast du Angst?«, frage ich und weiß, dass mir das nicht zusteht. »Dass Menschen dich verletzen?«, schieße ich noch hinterher. Ich glaube, dass wir, auch allein, immer nur im Kontext miteinander existieren. Dass wir uns guttun. Gesund füreinander sind.

»Angst?«, widerspricht er kopfschüttelnd, und ich merke, wie die Ablehnung mir gegenüber in ihm hochkriecht. Dass ich zu weit in seine Gedanken vorgedrungen bin. In diesem Moment zieht er eine klare Grenze zwischen uns. Unser Gespräch geht nicht mehr viel weiter, erst recht nicht mehr tiefer, kurz darauf verabschiedet er sich hektisch, und ich sehe ihm nach, wie er davoneilt, zurück in sein selbst gewähltes Alleinsein, in eine Welt ohne Gespräche dieser Art. Ich gehe noch ein bisschen spazieren, halte zufällig an einer Bar, deren Musik mich anspricht, genehmige mir einen Drink, beobachte die tanzenden Menschen und denke über dieses kurze Zusammentreffen mit Leo nach.

Auch wenn ich inzwischen gern allein bin, ist es ganz und gar nicht die einzige Art, wie ich künftig meine Zeit verbringen will. Ich bin keine Eremitin. Ich glaube an Balance. Auch wenn Leo in seinen Träumen durch luzide Techniken Welten erschafft und vielleicht Erlebnisse hat, in denen er Antworten findet, hat er für mein Empfinden den Draht zur richtigen Welt verloren. Als ich durch die Stadt voller Menschen und Leben weit nach Mitternacht zurück zu meinem Apartment laufe, blicke ich in lachende Gesichter, habe Augenkontakt zu fremden Menschen. Ich bin allein hier, aber ich mag es dennoch, mich mit den Menschen um mich herum verbunden zu fühlen. Ich könnte es nicht anders.

Im Japanischen gibt es einen Begriff für ein verwandtes Phänomen: Hikikomori. Dieser wurde Ende des zwanzigsten Jahrhunderts vom japanischen Psychiater Tamaki Saitō geprägt und lässt sich mit »die Zurückgezogenen« übersetzen. Eine wesentliche Ursache für das Phänomen, das dort vor allem junge Männer beschreibt, ist der immense Erwartungs- und Anpassungsdruck der japanischen Gesellschaft. Es sind junge Menschen, die an der Schwelle zwischen Jugend und Erwachsensein verloren gehen. Um Beschämung zu vermeiden, werden Begegnungen vermieden.

Wie viel Alleinsein einem Menschen guttut und ab wann man sich einsam fühlt, ist subjektiv und hängt ganz von der individuellen Persönlichkeitsstruktur ab, so Psychologin Ursula Wagner.[32] Hier muss auch zwischen intro- und extravertierten Menschen unterschieden werden. Nicht jeder braucht beständigen Kontakt zu anderen, um sich wohlzufühlen. Alleinsein kann allerdings in soziale Unverträglichkeit umschlagen, wenn es schwerfällt, sich in Gruppenkontexten anzupassen, oder wenn es die eigenen sozialen Fähigkeiten und Kapazitäten beeinträchtigt. »Diese Alarmsignale können der Beginn von Einsamkeit sein oder sogar auf eine Depression hinweisen. Wer nicht mehr mit anderen klarkommt und sich abkapselt, ist auf dem Weg in die Einsamkeit«, so die Psychologin.

Als ich noch eine Weile auf der Terrasse vor dem Apartment sitze, um Brianna nicht beim Schlafen zu stören, ärgere ich mich, dass ich Leo so kritisch gegenübergetreten bin. Ich habe seine persönliche Grenze überschritten, war in meinen Nachfragen übergriffig. Dafür schäme ich mich. Ist es nicht ein Zeichen des Respekts, der Einsamkeit anderer Menschen nicht hinterherzuschnüffeln? Sie sein zu lassen, wie sie sein wollen? Obwohl ich genau das an den Menschen, die ich beim Reisen getroffen habe, so schätze, ist es mir schwergefallen, interessiert zu sein, ohne etwas reinzuinterpretieren, Leo nicht zu be- oder verurteilen, mir generell keine Meinung über ihn zu erlauben. Mich von meinem Ego und meiner Perspektive auf die Welt zu trennen und zu versuchen, seine zu sehen, war eine Aufgabe, die ich aus diesem Gespräch für mich mitnahm. Vielleicht war es völlig normal, dass jeder sich anders im Alleinsein verlor. Vielleicht war ich auch nur ein Spiegel, in den er gerade nicht reinsehen wollte.

Wir wissen nie, was andere durchmachen. Wir wissen immer nur das, was sie uns über sich erzählen wollen. Was sie preisgeben. Ich weiß selbst am besten, dass man Menschen nicht ansehen kann, wie es ihnen innen drin geht, wie es um ihre mentale Gesundheit steht, welch schwere Zeit sie vielleicht hinter sich haben. Die Welt ist nicht schwarz und weiß, sie besteht aus Grautönen, und keiner von uns liegt mit der Art, etwas zu machen, immer nur richtig oder falsch.

Vielleicht habe ich zu viel geredet und zu wenig zugehört. Es ist ein seltenes Talent, Menschen einfach nur sein zu lassen, ohne sie reparieren zu wollen. Ich wollte seine Einsamkeit fixen. Aber er hat keinen Bedarf. Er hat sie für sich ausgewählt. Er wollte allein sein.

Ein paar Tage später verabschiede mich von Brianna, auch ich will das jetzt. Also reise ich weiter: nach Guatemala.

12

Antigua, Guatemala, Eduardo

Wie man auf sich aufpasst

Meine eigene Sicherheit im Blick behaltend nehme ich die teurere Transportmöglichkeit und zahle 35 Dollar für ein Taxi, statt mit den günstigen Chicken Busses von Guatemala-Stadt nach Antigua rauszufahren. Über den Straßen wabern dunkle Schwärme aus Smog. Ich schließe die Fenster des kleinen Fords. Mein Kopf fühlt sich dumpf an, und ich gebe mich ganz dem Rausch der Eindrücke hin, als ich auf der Rückbank des Shuttles sitze und die niedrigen Hausdächer von Guatemala-Stadt an mir vorbeiziehen lasse. Die Fassaden unter den Leuchtreklamen bröckeln, genauso wie die Kanten der Fußwege und die Gesichter der älteren Menschen, die auf Plastikstühlen in den Eingängen sitzen.

Das Adra Hostel in Antigua ist leer. Guatemala wirkt im Gegensatz zu Mexiko wie ausgestorben. Niemand ist auf den engen Straßen zu sehen, als ich meinen Rucksack durch das kleine Gatter zwänge und einchecke. Überdachte Bereiche mit kleinen Sesseln und Sofas umsäumen einen nach oben offenen Innenhof. Über dem die Stadt bewachenden Vulkan zucken im Sekundentakt die Blitze.

In einem Café strecke ich die Beine aus und klappe meinen Laptop auf. Nach den vielen Partys in Mexiko fühlt sich die Stille hier erdrückend an, ein bisschen schwer vielleicht. Ungewohnt. Aber auch gut.

»Could you watch my stuff, just quickly heading to the restrooms?«, frage ich die junge Frau drei Tische weiter, als ich später beim Mittagessen sitze. Sie nickt. Wie verrückt es ist, dass man sein Zeug immer wieder kurz anderen Menschen anvertraut, wenn man allein reist. Die man genauso wenig kennt wie jeden, der jetzt spontan ins Café laufen und sich an den eigenen Sachen bedienen könnte. Trotzdem gibt es einem ein sichereres Gefühl, jemanden danach zu fragen. Da ist sie wieder, die Sache mit der Sicherheit und dem Vertrauen. »Menschen sind nicht so gut, wie du denkst, stupid«, hatte Brianna bei unserem Gespräch mit Pedro am Strand zu mir gesagt.

Mir ist noch nie irgendwo etwas passiert, mit dem ich nicht hätte umgehen können. Ich habe mich unwohl gefühlt, schlechte Tage gehabt, klar. Aber ich habe bisher alles überwunden. Auf eine gute Weise (andere würden sagen, auf eine leichtsinnige) vertraue ich den Menschen, denen ich begegne. Auch gehe ich kurz das Worst-Case-Szenario durch: Wenn ich beklaut werden würde, dann würde ich eben alles neu beantragen (nervig, aber machbar), wenn ich mich unwohl fühle, gehe ich woandershin. Ich kann alles regeln. Ich habe ja mich. Auf dem Weg zurück nicke ich ihr dankbar zu. Ich vertraue und habe darin gelernt, auf mich aufzupassen. Wir alle, auf uns, aufeinander.

Beschwingt steuere ich eine nahe gelegene Tour Agency an und buche einen *volcano hike* für den darauffolgenden Tag. Sechs Stunden soll der Trip dauern. Für den zweitägigen Ausflug rauf auf den Acatenango fühle ich mich nach meiner Erkrankung auf keinen Fall fit genug. Aber die Pacaya-Tour soll eher ein ausgedehnter Spaziergang sein. Den traue ich mir zu.

Am nächsten Tag sitzen im Bus außer mir nur eine Kanadierin und zwei Engländerinnen. Wir alle vier reisen allein. Eine Stunde, nachdem wir losgefahren sind, sehe ich den Fahrer während der

Fahrt die Tür öffnen und interessiert die Fahrbahn unter sich betrachten, um die Fahrertür dann wieder zu schließen. Das macht er ungefähr dreimal, bis er auf der abschüssigen Straße eine Vollbremsung hinlegt. Zerfetzte Teile aus Kautschuk schlittern über den Highway.

Wir sitzen am Straßenrand, an dem das Abwasser runterläuft, mit unseren Rücken zur steilen Felsformation und strecken die Füße auf die staubige Fahrbahn. Rußspuckende Trucks jagen in Höchstgeschwindigkeit vorbei, ohne es sich nehmen zu lassen, den Kopf interessiert aus dem Fenster zu hängen, den Blick für mehrere Sekunden auf unsere kleine Gruppe gerichtet. Es dauert noch eine Weile, wird uns gesagt. Anders, als ich es gewohnt bin, befindet sich kein Ersatzreifen im Kofferraum. Wir sitzen fest. Carly, die Engländerin, schneidet ihre Avocados auf, und gemeinsam löffeln wir sie aus.

Erst kurz vor der Dämmerung kommen wir vor Pacaya an. Ich bin nicht praktisch unterwegs, wie die anderen der Tour. Ich habe keine kühlenden Trekkinghosen oder Wanderschuhe oder so was, sondern besteige den Vulkan in Jeansshorts und Turnschuhen. Über dem Vulkan weht eine leichte Brise, es ist angenehm kühl. Dank der Reifenpanne ist es längst stockdunkel, als wir die Spitze des Vulkans erreichen. Ich blicke auf meine Finger in der Dunkelheit, kann nur ahnen, wo sie sich befinden. Vielleicht bin ich doch nicht so gut darin, auf mich aufzupassen. Vielleicht hatte ich bisher einfach nur immer unverschämtes Glück.

»How was your day, Louisa?«, fragt Eduardo, der Volunteer im Hostel, belustigt, als ich in meinen kurzen Shorts völlig verdreckt weit nach Einbruch der Dunkelheit zurückkomme. Ich war dazu übergangen, Luise hier eher wie Louisa auszusprechen, mit scharfem s und a hinten. Es schien für spanische Zungen einfacher auszusprechen. Ein e am Ende des Namens verwirrt, so mein Eindruck. Dabei ist es mein liebster Buchstabe.

Nachdem ich heiß geduscht habe, setzen wir uns nebeneinander in die Hängematten, und ich berichte ihm von meinem Ausflug, der

Reifenpanne, der Dunkelheit. Bis zu meiner Abreise in drei Tagen werden wir sehr viel Zeit miteinander verbringen.

»Ich werde mir das eh nicht merken«, lache ich und tippe am nächsten Mittag auf die Konjugationen unter »yo quiero«.

»Solltest du aber. Es gibt noch so viel mehr zu sehen von der Welt. Zu lernen, weißt du?«

»Ja, stimmt.« Ich nicke. Eduardo sitzt neben mir auf der Dachterrasse des Hostels und hilft mir beim Spanischlernen. Vielleicht lenkt er mich auch nur davon ab. Dafür bringt er mir Schimpfwörter bei und Slang.

Wir sitzen an der Bar, meinen Laptop vor uns aufgeklappt, und unterhalten uns über den Google Translator, in den wir abwechselnd Sätze eintippen, lachen und antworten. Unsere Konversation ist langsam, wir könnten Englisch wählen, aber wir wollen einander die Sprachen, die wir tatsächlich sprechen, übersetzen. Ich untersuche die Wörter, die die Maschine ausspuckt, sehe mir eines nach dem anderen genau an. Die spanische Sprache baut andere Satzkonstruktionen, und ich versuche mir das, was er mir von sich erzählt, nicht nur inhaltlich, sondern auch sprachlich einzuprägen. Wir bleiben den ganzen Abend hier sitzen. Heute ist mir nicht danach, noch einmal allein rauszugehen.

Es sind tausend kleine Entscheidungen jeden Tag, die man vor allem als Frau für sich und seine Sicherheit trifft. Ich spaziere manchmal stundenlang durch die Dunkelheit, an anderen Orten meide ich dunkle Gassen, nehme im Zweifel lieber ein Uber zurück, wenn ich mich unsicher fühle, schreibe Freundinnen, wo ich bin. Neben diesen ganzen Vorsichtsmaßnahmen sind es für mich aber vor allem meine Intuition und mein Vertrauen, nach denen ich handle. Ich schätze mich als eine Person ein, die sich eigentlich überall wohl und sicher fühlt. Ich habe keine Angst, wenn ich im Dunkeln allein Straßen entlanggehe. Vielleicht liegt das daran, dass ich eher groß bin, vielleicht daran, dass ich nicht besonders ängstlich erzogen wurde oder weil mir auf Reisen noch nie etwas Schlimmes passiert ist. Außerdem habe ich gelernt, auf meine Intuition zu hören und sie niemals zu ignorieren. Manchmal heißt das, zu etwas Ja zu sagen, und manchmal Nein. Ich traue immer meinem Bauchgefühl, wann ich mich sicher fühle und wann es besser ist, doch den Umweg zu nehmen.

Intuition oder Bauchgefühl ist etwas, das man nicht wirklich beschreiben kann. Wir haben es einfach. Es ist da – oder eben nicht. Es ist das Grummeln in der Magengrube, wenn wir dabei sind, etwas zu tun, es ist unser Körper, der uns ein Zeichen gibt. »Zweites Gehirn«, wird der Darm von der Forschung auch genannt. Unser Bauch kann denken und fühlen, manchmal besser als unser Kopf.

Ich hatte das schon immer in mir, es nie richtig lernen müssen – deswegen zuckte ich bei Briannas Warnungen nur beiläufig mit den Schultern. Wenn jemand mich danach fragt, dann erkläre ich es so: Ich glaube, es macht keinen Sinn, sich über Dinge Sorgen zu machen, solange sie nicht passiert sind. Dann sorgst du dich immer zweimal. Vorher und dann, wenn es wirklich passiert. Und statistisch betrachtet macht es wahrscheinlich sogar mehr Sinn, sich nicht um Dinge zu sorgen, als sich um sie zu sorgen. Klar, kann es passieren, dass mir mein Geldbeutel geklaut wird, ich aus dem Café komme und mein Laptop verschwunden ist, ich meinen Zug verpasse, überfallen werde oder mich verlaufe und nicht wieder nach Hause finde. Du kannst dir Strategien zurechtlegen, um dich vorzubereiten, aber es ist sehr wahrscheinlich, dass du sie vergisst, wenn etwas davon eintritt, weil Panik und Schock das Gehirn dann leer fegen. Deswegen ist gut zu lernen, sich zu vertrauen. Ich werde schon mit allem umgehen können, was mir so passiert. Und mit allerhöchster Wahrscheinlichkeit passiert nichts von alledem. Deswegen will ich auch keinen schönen Moment damit verschwenden, mich um theoretische Notfallszenarien zu sorgen.

Eigentlich verrückt, dass ich sorglos durch die Welt spaziere, während jemand anderes sich in jeder Situation Fluchtwege überlegt oder alles Schlimme, was heute noch passieren könnte, im Kopf wie ein Videogame durchspielt. Woran liegt das?

Die Psychologie gibt dazu Auskunft: Forscher António Damásio entwickelte die Theorie der »somatischen Marker«: »Von Geburt an – manche glauben, noch früher – bewertet der Mensch alle Erlebnisse und legt sie im Gehirn als positiv oder negativ ab. So entsteht im Lauf des Lebens ein Erfahrungsgedächtnis, eine duale Landkarte des Anzustrebenden und zu Vermeidenden.«[33] »Wer von klein auf positive Erfahrungen und Vertrauen mitbekommen hat, kann Lebenskrisen ganz anders begegnen als jene, die schon früh Trauma und Verluste erleben mussten«, schreibt Anne Heintze im Buch *Urvertrauen*. Auch wer nur wenig oder überhaupt kein Urvertrauen hat, der kann das entwickeln, was Anne Heintze »Erfahrungsvertrauen« nennt.

Alles, was wir erleben, prägt uns. Wir glauben daran, stark oder schwach zu sein, wir glauben das, womit wir uns identifizieren, wohin wir als Kinder oder Erwachsene geleitet wurden und was wir für Glaubenssätze in uns tragen. Wir sind die Summe unserer Erfahrungen, der Grenzen unseres Denkens und der Menschen, die uns umgeben und uns spiegeln. Wir rationalisieren unser Bauchgefühl im Nachhinein, indem wir uns nach einer Entscheidung unbewusst logische Gründe für sie suchen. Dieser Mechanismus sorgt dafür, dass wir die Welt als schlüssig wahrnehmen. Das Faszinierende an der Intuition, so der Kognitionsforscher und Nobelpreisträger Daniel Kahneman von der Princeton University, ist, dass sie so »schnell und mühelos« funktioniert. »Ganz im Gegensatz zu den anstrengenden und langsamen logischen Denkprozessen der linken Hirnhälfte konzentrieren sich die intuitiven Geistesblitze eher rechts – sowie im Bauch. Denn das um den Verdauungstrakt angeordnete Nervengeflecht liefert nicht unerheblichen Beistand, wenn komplexe Probleme nach einem fixen Entschluss verlangen.«[34]

Wir sehen die Welt, wie wir sind, nicht, wie sie ist. Brianna vielleicht zu misstrauisch, ich zu naiv. Die Psychologen Wolfe und Williams erklären dies mit der sogenannten Abrufflüssigkeit: »Dahinter verbirgt sich die Leichtigkeit, mit der einem die Dinge in den Sinn kommen. Je weniger Mühe ein Gedankenprozess in Anspruch nimmt, desto eher akzeptiert ihn die- oder derjenige auch als wahr, aus deren Kopf er entspringt. Was ohne Mühe in den Sinn kommt, das fühlt sich gut und richtig an.«[35] Egal wie wir die Welt sehen, egal ob wir vertrauen oder nicht vertrauen, ob wir uns in Abenteuer reinstürzen oder vor ihnen zurückschrecken – wir werden immer Gründe finden, dass wir genau damit richtigliegen. Sich das bewusst zu machen und zu lernen, sich auch ein Stück weit rational und von außen betrachten zu lernen kann helfen, gute Entscheidungen zu treffen.

Eduardo und ich laufen schweigend hintereinander durch Antigua, weil die Bürgersteige so schmal sind. Viel können wir uns nicht erzählen, die Sprache ist eine Barriere. Ich lächele ihn an.

Als wir in einer schmalen Gasse an einem Mann vorbeigehen, bemerke ich eine Hand an meinem Hintern. »Hey!«, schreie ich wütend auf und springe zur Seite. Ich habe bisher nur Eduardos besonnene Seite kennengelernt, jetzt rastet er augenblicklich aus. Ich verstehe trotz meines Spanischunterrichts nur »puto«. Nach ungefähr siebzehn Sätzen voller Schimpfwörter ziehe ich ihn am Ärmel seines Leinenhemdes weg. Der andere scheint betrunken. Er sitzt in einem Rollstuhl, geleitet von drei frei streunenden Hunden. »Lass es gut sein, es bringt doch nichts. Lass uns bitte einfach weitergehen.«

»No it's not okay«, widerspricht er. Und damit hat er zweifelsohne recht.

»Are you okay?«, fragt er mich den restlichen Nachmittag immer wieder. Ich nicke und hake mich bei ihm ein. Während wir über das Kopfsteinpflaster trotten, lasse ich die kleine, bunte Stadt auf mich wirken. Antigua wird von großen Vulkanen bewacht, die neugierig über die einstöckigen Hausfassaden schauen. »Thanks for helping out.«

Ich versuche, ihm zu erklären, wie das ist, allein als Frau zu reisen, worauf man vorbereitet sein muss oder soll. Dass ich meistens einen großen Bogen um Gruppen mache, dass ich gern alles zu Fuß laufe, auch nachts, aber mich regelmäßig ermahne, nicht allein durch dunkle Gassen zu gehen und mir im Zweifel einmal zu oft ein Taxi für kurze Strecken nehme. Vor allem hier in Mittelamerika, wo sie bezahlbar sind. Ich erzähle ihm von Brianna in Mexiko und von den Drinks, die sie mich gelehrt hat, nicht anzunehmen, von meinem unbändigen Vertrauen in die Menschen und wie ich lernen muss, einen objektiven Blick auf Situationen zu behalten. Ich fühle mich überall immer unheimlich sicher. Laut Brianna zu sehr.

Am nächsten Mittag verabschieden wir uns, als ich in den Bus nach Panajachel zum Lake Atitlán steige. Zwei junge Russen aus dem Hostel haben mir zwar angeboten, mich mit dem Auto mitzunehmen, aber ich habe dankend abgelehnt. Mit mir selbst und meiner Reggaeton-Playlist in einem gebuchten Shuttle fühle ich mich wohler. Eine kurze, intuitive Entscheidung, mein Bauchgefühl.

»Come back! And please take care, cariño«, ruft Eduardo mir hinterher, als ich in den Bus steige.

»I will«, antworte ich ihm. Ich passe auf mich auf. Muss ich ja. Tue ich immer.

13

Kein Empfang

Mutig sein, kann man das lernen?

Steile Serpentinen schlagen sich ihren Weg in die Felswände. Die Luft, die durch die offenen Fenster des Vans zieht, wird dünn, je höher wir fahren. Ich sehe Großfamilien, die an der Autobahn entlangwandern. Es scheint, als würde das Bergauf kein Ende nehmen, bis wir über dem Nebel sind, der dicht und grau über dem Dschungel hängt. Einen überfluteten Straßenabschnitt und eine Vollbremsung für einen Straßenhund später taucht der See vor uns auf, den ich mir zum Ziel erklärt habe.

Das blaugrüne Wasser glitzert im Sonnenlicht. Die Wasseroberfläche ist still, trotz der Tuk-tuk-Boote, die darüberheizen. Auf den schmalen Holzbrettern zu den Docks sitze ich für eine Weile neben einem jungen Mädchen. Wir lassen die Beine über das klare Wasser baumeln. Mein Rucksack ist nur unwesentlich größer als ihrer, dabei bin ich für einige Wochen unterwegs, sie nur auf dem Weg zur Schule. Die verschiedenen Ortschaften rund um den See erreicht man am schnellsten per Boot. Wir befinden uns hier immer noch 1500 Meter über dem Meeresspiegel. Fast schüchtern liegt der riesige See zu unseren Füßen. Hier wurde eine der letzten Maya-Schlachten gegen die Spanier geschlagen, im See soll eine ganze Stadt versunken sein. Lake Atitlán ist einer der atemberaubendsten Orte, den ich je gesehen habe. Die Ruhe hier ist magisch.

Als das Mädchen in sein Boot steigt und ich weiter meinen Gedanken nachhänge, bemerke ich: Mit jedem Ort, den ich sehe, wird die Welt für mich größer, nicht kleiner. Vielleicht bin ich aus dem wilden Treiben Mexikos geflüchtet, um wieder ein bisschen Ruhe in meiner Seele einkehren zu lassen. Meine Hütte oben in den Bergen über dem See hat weder Strom noch Empfang. Toilette und Duschen sind draußen, und ab sechs Uhr abends gibt es kein Licht mehr. Ich zünde ein paar Kerzen an, lasse mein Telefon wie meinen Laptop einfach ausgehen und verbringe die nächsten Tage nach langer Zeit mal wieder nur mit meinem Notizbuch. Schreibe mit der Hand. Meine Schrift ist wirklich unleserlich geworden. Ich tippe zu viel und berühre zu wenig.

Die Menschen hier suchen nach Antworten. San Marcos La Laguna ist voller barfußlaufender, braun gebrannter Reisender, aufgeladene Steine um die schlanken Hälse geschlungen. Die Energie hier im Ort soll heilend wirken. Ein bisschen habe ich Respekt vor der spirituellen Welt, die mich hier erwartet.

Robin hat breite weiße Strähnen in ihren langen schwarzen Haaren. Vor ein paar Jahren hat sie diesen Ort im Dschungel über San Marcos gegründet. Ihr Körper ist gestählt und in tuchartige Leinengewänder gehüllt. Sie fixiert mich mit ihren wachen, dunklen Augen, während sie mir zuhört. Ohne hinzusehen, nimmt sie meine Hand in ihre und drückt auf einen Punkt zwischen Daumen und Zeigefinger, der sich schmerzhaft anfühlt.

»I feel like you are really aware of your journey. I don't think, that there is much to work on for you mentally. Just try to be present here. Be aware of everything surrounding you. It really is a special place, if you let the energy here guide you. Be present and take up space.«

Ich schlucke und sehe sie an. »Sei präsent und nimm Raum ein.«

Als ich am Abend in meiner Hütte alle Kerzen anzünde, denke ich noch lange darüber nach, was das wohl bedeuten mag. Vielleicht heißt es, einen Raum mit seiner Energie zu füllen, ihn selbstbewusst zu betreten und für sich einzunehmen. Sich für das, was man ist und mag, nicht zu verstecken. Sich Raum zu nehmen für Eigenheiten, eine eigene Meinung, für Ecken und Kanten, für gesetzte Grenzen, wenn man nicht mehr kann, so wie ich mit diesem Urlaub, für den ich hatte kämpfen müssen. Fürs Ausprobieren und alles, was man machen will, sich aber vielleicht nicht direkt traut. Vielleicht heißt es auch, sich selbst als gleichwertigen Teil der Umgebung um sich herum zu fühlen.

Singles nehmen definitiv weniger Raum ein als Paare, und manchmal scheint es, als wäre unsere Welt nur für Menschen zu zweit geschaffen. Wir geben unser Geld für Hochzeitsgeschenke und Babyzubehör aus, aber niemand hat mir bisher etwas zu meinen Buchveröffentlichungen geschenkt, meiner Freundin Melina zur selbst gekauften Wohnung oder Elena zu den Preisen, die sie mit ihrer Arbeit im PR-Bereich schon gewonnen hat. Wenn man sich die Likezahlen auf Instagram anschaut, sind Schwangerschafts-Bekanntgaben und Hochzeitsbilder ganz weit oben. Wir feiern althergebrachte Rituale, aber nicht im gleichen Maße beruflichen Fortschritt, Unabhängigkeit oder alles, was allein erreicht wurde. Wir geben unsere Plätze im Flugzeug her und begnügen uns mit dem schlechteren Tisch im Restaurant. Menschen, die zu zweit sind, haben Vorrang, weil sie in unserer kapitalistischen Welt mehr Umsatz bringen und das ihren Wert, unseren Wert bemisst. Und dann müssen sie es ja schöner haben als ich allein. Oder?

Ich wache auf, noch bevor die Sonne über den Baumspitzen auftaucht. Um halb acht wird hier meditiert, im Anschluss gibt es zwei Stunden Morgenyoga. Erst um halb elf gibt es Frühstück und koffeinfreien Kaffee. Ich nehme den Teller voll Obst entgegen und lasse mich damit im Schneidersitz auf den Bodenkissen nieder. Dreimal am Tag Yoga in verschiedenen Intensitäten sowie die Atemübungsklassen, deretwegen ich mir das Camp ausgesucht habe. Seit der Infektion habe ich das Gefühl, keine Luft mehr zu bekommen. In jeder Hinsicht.

Bei der morgendlichen Yogaeinheit mit Ava fällt es mir schwer, mich zu konzentrieren. Meine Gedanken schweifen ab. Nach zu Hause, zur Arbeit, zu geschobenen Projekten. Zu dieser Erkrankung, die mir noch in den Knochen steckt, meiner Wehrlosigkeit, die mir seither ständig kalt den Körper hochkriecht. Zu Menschen, die ich vermisse. Bleib auf deiner Matte, denke ich immer wieder. Ich denke an Robins Worte zu meiner Präsenz in dieser Welt. Also versuche ich, Gedanken kommen und wieder ziehen zu lassen und vollkommen bei diesem Ausblick auf den See in der tiefen Schlucht vor uns und den Häusern an den Abhängen zu bleiben.

»Denkt an all das, was eure Ruhe stört, was euch beschwert. Alles das ist Lärm. Und dann lasst es los. Stellt euch vor, wie die Gedanken aus eurem Körper fliegen, wie Vögel, fort und über den See hinaus, bis sie kleine Punkte in der Ferne sind. Lasst all das los. Hier bist nur du. Konzentriere dich auf dich.« Ava drückt mir mit den Fingern meinen Rücken ein bisschen gerader, und ich lasse sie machen und bewege mühelos meinen Körper weiter in die Dehnung hinein.

Einen ganzen Tag habe ich mich vor dem Duschen im Dschungel gedrückt. Abends traue ich mich endlich unter die eiskalte Regendusche. Während ich nackt in der halb offenen Holzkabine stehe und mich mit Lorbeerseife einschäume, ruhen die Baumwipfel schweigend vor mir.

Nachts bricht der Himmel über dem Dschungel zusammen, der Regen prasselt wie Schüsse auf das Dach meiner Holzhütte. Unterbrochen wird er nur von gelegentlichen Explosionen, die ich nicht näher einordnen kann, und fernem Getrommel. Nichts davon schafft es, mich zu beunruhigen. Der Dschungel und die Menschen hier werden schon wissen, was sie da tun. Sei es die eiskalte Dusche, die fehlende Erreichbarkeit, der nicht vorhandene soziale Lärm, die beruhigenden Geräusche des Waldes um mich herum – in dieser

Nacht schlafe ich so tief und fest wie sicherlich seit Monaten nicht mehr.

Für den nächsten Mittag buche ich mir eine Massage. Ich bin jetzt schon zwei Tage von der Außenwelt abgeschnitten. Inzwischen fällt mir das kaum noch auf. Während Nyoba meine Schultern massiert, tauchen stechende Schmerzen in meinem Unterleib auf. Sie berichtet mir, dass ich an meinen Schultern und meinen Hüften arbeiten muss. Ich nicke, ohne zu wissen, was das genau bedeutet. Schultern und Hüften also.

»The hips are where we store our trauma«, sagt sie noch und drückt mit ihren Fingern tief in eine Stelle in meiner Hüftbeuge. Mir schießen augenblicklich Tränen in die Augen.

Zusammengesunken sitze ich anschließend auf den Kissen, die den Boden pflastern, und verbringe die nächsten zwei Stunden damit, in den Dschungel zu starren. Betrachte fasziniert die Bewegungen der Blätter und die vielen Bäume an steilen Hängen. Nebel oder Rauch, der schwer darüberhängt, die schwüle Luft, die die Blätter nach unten drückt. Wie in einer Schneise dazwischen der glitzernde blaue See in weiter Entfernung.

Zwei Kolibris versuchen, im Schweben aus den halsförmigen Näpfen großer Pflanzen zu trinken. Ihre Bewegungen sind so schnell, dass es aussieht, als würden sie still in der Luft stehen. Leicht verschwommen. Sieht Bewegung in Lichtgeschwindigkeit aus der Ferne wirklich nach Stillstand aus?

Bis auf das »Gracias« an der Essensausgabe spreche ich die Tage hier kaum ein Wort. Mir ist nicht nach Verbindung mit den anderen. Ich ziehe mich in meine Hütte und in mich zurück. Die Ruhe hier fühlt sich nicht erdrückend, sondern befreiend an. Mein Kopf wird unheimlich still. Ich fühle mich mit der Natur hier um mich herum eng verbunden. Alleinsein verstärkt meinen Istzustand, ich nehme viel stärker wahr, welche Schönheit mich umgibt, weil es nichts gibt, was mich davon ablenken kann. Der Geschmack des Essens kommt mir intensiver vor, ich höre Geräusche deutlicher, weil sich mein Geist besser auf sie konzentrieren kann. Mein Kopf summmt vor stiller, gutmütiger Schwere, mein Gesicht fühlt sich ganz warm an. Wie gut es tut, mal nur in sich zu verweilen, war mir gar nicht mehr klar.

Eigentlich ist es merkwürdig, für andere dauerhaft erreichbar zu sein. Es ist wie ein dauerhafter Strom, unter dem wir stehen. Wie entspannend ist es, mal keine Nachrichten aufploppen zu sehen, die es zu beantworten gilt. Nichts zu haben, auf das man alle paar Minuten schaut, mit aufkeimender Panik, irgendetwas verpasst zu haben. Die Welt läuft nicht weg. Wer sind wir, wenn wir mal wirklich ganz allein sind?

Pado, einer der Guides, bietet mir Tage später an, mich zurück ins Dorf zu bringen, und bittet mich, noch auf die anderen, die heute abreisen, zu warten. Mit gepacktem Rucksack stehe ich vor ihm. »No Gracias«, schüttele ich dankend den Kopf. Ich will allein runterspazieren. Ich werde schon durchs Dickicht finden, solange es immer bergab geht. Nach drei Tagen geht es wieder zurück in die Zivilisation. Ungefähr dreißig Minuten dauert der Marsch über die Dschungelpfade. Auf dem Weg begegnen mir vier streunende Hunde, die gemeinsam unterwegs sind. Ich hüpfe zur Seite und mache ihnen Platz. Ich freue mich darauf, wieder nach meinem eigenen Tagesrhythmus zu leben. In einem Café am Wasser in San Marcos stelle ich meine Tasche ab und entscheide mich dagegen, mein Telefon kurz in die nächste Steckdose einzustöpseln.

»Puedo nadar aquí?«, ist einer der brauchbareren Sätze, die mir Eduardo beigebracht hat. Darf ich hier schwimmen? Als der Besitzer des Strandcafés meine Frage mit Ja beantwortet, lasse ich meinen Rucksack bei ihm stehen, bevor ich mich bis auf meinen schwarzen Bikini aus meinen Sachen schäle und vom Steg in den See springe. »Tschüss, Atitlán«, sage ich kurz darauf zaghaft und steige in den Bus, der mich zurück ins trockene Landesinnere bringt.

Auf dem Rückweg nehme ich den Chicken Bus über Antigua,

um Eduardo noch einmal zu sehen. Ich sage ihm nicht vorher Bescheid, mein Telefon ist immer noch aus, und ihm bleibt der Mund offen stehen, als ich in sein Hostel laufe. Es ist schon dunkel draußen, ich finde ihn in einer der Hängematten vor.

»Hola«, sage ich zaghaft und beobachte seine großen Augen, die sich weiten, seinen riesigen Mund, der sich in ein Lächeln verwandelt.

»Ich habe den Mann wiedergefunden. Diesmal war er nicht betrunken. Er hat sich entschuldigt. Er wusste nichts mehr davon«, erzählt er mir später, als wir bei einer Cola nebeneinander in den zwei Hängematten liegen. Er hält mich an meinem Arm fest, als ob wir sonst zu weit auseinandertreiben würden.

»Du hast ihn darauf angesprochen?«

»Ja natürlich. Wenn sich die Möglichkeit ergab, wollte ich ihn auf sein Fehlverhalten hinweisen.«

»Danke. Das weiß ich sehr zu schätzen.«

Ja: Mit jedem Ort, den ich sehe, wird die Welt größer, nicht kleiner. Es ist nicht so, als würde man sich nach und nach alles erschließen, sondern eher so, als würde man Stück für Stück begreifen, wie viel es da noch zu entdecken gibt – dass wir vielleicht niemals alles sehen werden. Wie sollten wir auch jemals damit fertig sein?

14

Satt an Leben

Allein zu sein ist keine Einladung

Die Rückreise von Guatemala nach Mexiko ist um einiges beschwerlicher als die Einreise aus Deutschland, und nach einer Woche im Dschungel scheine ich auch meinem Passbild nicht mehr sonderlich ähnlich zu sehen. Zwei Beamte und dann noch ein dritter werden gerufen, um zu überprüfen, ob das wirklich ich bin. Erst nachdem auch noch mein Gepäck akribisch durchsucht wurde, darf ich einreisen. Ich wünschte mir kurz, meine dreckige Unterwäsche nicht in letzter Sekunde so prominent in das transparente Reißverschlussfach gestopft zu haben. Es ist mein letzter Stopp, bevor es nach vier Wochen wieder nach Hause geht.

Freude durchströmt mich, als ich nach der Ruhe Guatemalas in den lebendigen Trubel Mexikos zurückkehre. Zufrieden betrachte ich das belebte Hostel und die Gruppe an der Bar, die ich vor ein paar Tagen hier kennengelernt habe. Ich entferne mich kurz von ihnen, um meinen Aufenthalt – zwölf Euro die Nacht inklusive Frühstück – zu verlängern. Auch die anderen machen das. Wir sind acht Leute, alle allein unterwegs. Manche hatte ich schon vor meinem Abstecher nach Guatemala kennengelernt, andere waren neu dazugestoßen. Wir gehen jeden Tag zusammen in ein kleines Fitnessstudio, teilen uns ein Mietauto, um die Cenotes anzufahren, und abends das Mückenspray, wenn wir am Pool sitzen. Wir sind nie vollzählig, aber irgendwer ist immer da. Allein und doch nie allein.

Houssam aus Abu Dhabi grinst jedes Mal überschwänglich, wenn er mich sieht, verfällt in einen Redeschwall, ist aber auch genauso schnell wieder weg. Er hat diese ganz spezielle Energie, die einen Raum füllt und die er überall verteilt. Er strahlt Glück und Liebe aus, wie ich es noch bei kaum einem Menschen erlebt habe, und gibt mir damit unheimlich viel. Ich wollte hier eigentlich für mich sein, dann bin ich in diese tollen Menschen gestolpert und habe mich umentschieden. Vielleicht ist jedes Gefühl nur eine Momentaufnahme. Vielleicht ist das wie mit Dessert: Von guten Dingen passt immer noch etwas rein, obwohl man längst satt ist.

»Flowing solo tonight, took myself out for dinner«, antwortet Leyla, als ich ihr abends schreibe, ob es ihr gut geht, weil ich sie den ganzen Tag nicht gesehen habe. Mir imponiert, wie klar sie sich abgrenzt. Wir können miteinander sein, müssen aber nicht. Ich fühle mich rundum wohl in der Truppe.

Der Kanadier traut sich kaum, ein Wort mit mir zu wechseln, während der Brasilianer mich jedes Mal umarmt, wenn er mich sieht, mich an den Schultern massiert oder nach meiner Hand greift. Der eine ist körperlich, der andere gar nicht. Ich finde das spannend und beobachte, was es vielleicht stellvertretend über unsere Kulturen und unser verschiedenes Aufwachsen aussagt, und auch über die körperliche Nähe, die wir zulassen. Erschrocken zucke ich zusammen, als ohne Vorwarnung ein Arm um mich gelegt wird. »Yeah, you don't like that. You are German. But we Brazilians like to show our affection with physical touch.«

»Aber warum machst du das dann, wenn du weißt, dass ich es nicht mögen könnte?«, frage ich irritiert, bleibe aber in seiner Armbeuge sitzen.

»Na ja. Es ist eben einfach meine Natur.«

Ich erkläre ihm Konsens und wie wichtig das für mich ist. Er winkt ab. »So ein Quatsch. In Brasilien gibt es so was nicht. Wir gehen anders miteinander um. Wir berühren uns halt einfach«, sagt er und drückt seinen Arm um mich ein bisschen fester zu.

»Du, ich mag das aber gerade nicht.« Umständlich nehme ich seinen Arm von meiner Schulter. Ich sehe ihn an, mit einer Ernsthaftigkeit, die auch ihn begreifen lässt. In Gegenwart anderer meine Grenzen klar kommunizieren und abstecken: Als harmoniedürftiger Mensch fällt mir das gar nicht so leicht.

»Also, trinken wir Shots?«, höre ich deutsche Worte neben mir.

»Hm?« Ich löse den Blick von den Buchstaben auf meinem Laptop und sehe in ein erwartungsvolles Gesicht. Ich sitze allein an einem der großen Tische im Hostel in Cancún mit Blick aufs Wasser, in dem Krokodile schwimmen, und versuche, mich auf die letzten Uni-Aufgaben meines zweiten Mastersemesters zu konzentrieren. Die Deadline war vor zwei Tagen. Durch die Zeit in Guatemala bin ich mit allem hinterher – und gleichzeitig unheimlich entspannt. Ruhig und fokussiert. Davon würde die Welt schon nicht untergehen. Vom Pool hört man das Wasser über den Rand schwappen, auf den Schaukeln daneben sitzt eine Gruppe aus Schweden. Überall verteilen sich Menschen und Gesichter, aber ich bin gerade nur für mich. Ich bin vertieft und will das auch bleiben.

»Ich arbeite gerade, tut mir leid.«

»Kannst du das nicht später machen? Wir sind nur einmal hier in Cancún. Ich bin allein hier. Heute ist mein erster Abend – trinken wir darauf?« Er tippelt nervös von einem Fuß auf den anderen. Ich betrachte ihn eingehend – die kurz geschorenen Haare, das deutsche Fußballtrikot, seinen großen, schlaksigen Körper.

»Na ja, beim Reisen, ist man da nicht überall irgendwo zum ersten Mal …«, sage ich ernst und sanft zugleich und halte seinem Blick stand.

»Ich bin Marcel. Ich habe dich vorhin …« Ohne auf eine Einladung von mir zu warten, zieht er sich einen Stuhl heran, setzt sich mir gegenüber und fängt an, auf mich einzuplappern.

»Ähm …?« War mein Alleinsein wirklich eine unausgesprochene Einladung, mir Gesellschaft zu leisten?

Er scheint nett, eloquent in jedem Fall, und ich lasse mich kurzfristig erweichen. »Okay, einen. Aber keinen Jägermeister«, seufze ich (warum nur?!) und klappe meinen Laptop zu. Leider nahm ich mir nicht den kurzen Moment zu überlegen: Möchte ich das, oder mag ich es nur, jemandem zu gefallen? Mag ich den Menschen wirklich, oder will ich nur, dass er mich mag? Oder möchte ich einfach nicht unhöflich erscheinen, schaffe es darum nicht, klarer zu verneinen? Allein reisen, das heißt: Du musst nicht allein sein, wenn du es nicht sein willst – und manchmal bist du es nicht, obwohl du es gerne wärst.

Als Kinder wurden wir dafür gelobt, wenn wir unsere eigenen Bedürfnisse ignorierten, um die von anderen zu erfüllen. Zum Beispiel, wenn wir eine Großtante umarmten und küssten, obwohl wir eigentlich gar keinen Körperkontakt wollten. Wir taten es trotzdem, vielleicht um ihr eine Freude zu machen oder um dann von unseren Eltern mit Zuneigung belohnt zu werden. Wir gingen über unsere persönlichen Grenzen hinweg und wurden dafür gelobt. Wir waren es gewohnt, die Bedürfnisse von anderen zu erfüllen. Die Psychologie hat dafür einen Begriff: Menschen, die so handeln, sind »überangepasst«. Vor allem harmoniebedürftige Personen spüren sich selbst nicht so richtig im Kontakt mit anderen, weil sie sich der Harmonie wegen anpassen.[36] Wie können wir da lernen, unsere Grenzen gesund wahrzunehmen und jemand anderem etwas mal nicht recht zu machen?

Unsere Kindheit ist metaphorisch eine Brille, mit der wir die Welt sehen. Vor allem unsere ersten Jahre und die Erziehung durch unsere Eltern sind maßgeblich dafür verantwortlich, inwiefern wir uns resilient und selbstbestimmt oder überangepasst durch die Welt bewegen. Eltern spiegeln uns unseren Selbstwert. Durch sie lernen wir zu navigieren, sie vermitteln uns, ob wir uns anstrengen müssen, um ihnen zu gefallen, ob sie sich, ohne Gegenleistung zu erwarten, freuen, dass es uns gibt, oder uns eher als Last empfinden.

Wir saugen auf und speichern alles fest und sicher auf der Festplatte in unserem Kopf ab, die nur zu einem Bruchteil fertig ist, wenn wir geboren werden, und in den ersten sechs Lebensjahren durch unser Erleben graviert wird. Wer merkt, dass er vielleicht überangepasst ist, wem es schwerfällt, Grenzen zu setzen, muss erst mal lernen, genauer in sich hineinzuspüren. Die eigenen Bedürfnisse freischürfen unter dem, was von außen daraufgelegt wurde. Und auch wenn vor allem Frauen, die ich kenne, beziehungsweise generell viele harmoniebedürftige Menschen das glauben: Die Hauptaufgabe unserer Leben ist nicht, dass andere sich wohlfühlen.

Also sammele ich mich, bedanke mich für das nette Gespräch und sage, dass ich mich jetzt wieder meiner Arbeit widmen werde. Er respektiert das und geht zufrieden seiner Wege. Ich bin stolz auf mich, nett, aber direkt gewesen zu sein. Ich werde besser darin zu erkennen, was ich will, und das auch zu kommunizieren. In dem Moment, als ich meinen Computer gerade demonstrativ wieder aufklappe, sehe ich aus dem Augenwinkel die große Schwingtür zu den Dorms aufgehen. Eine mir vage bekannte Gestalt betritt den Außenbereich, auf der ich gerade vor ein paar leeren Shotgläsern sitze und mich zwingen muss, meinen Blick genauer zu fokussieren. Es ist Aiden, der Mann aus Kalifornien, den ich in den ersten Tagen meiner Reise kennengelernt hatte. Der Aiden, der sich zehn Jahre jünger gemacht hatte. Er sieht in meine Richtung, erkennt mich – und läuft in einem großen Bogen an mir vorbei. Lachend widme ich mich wieder meiner Arbeit.

Die kommenden Tage steht Marcel immer wieder unerwartet neben mir. Zum Beispiel wenn ich gerade mit Brianna aus dem Pool steige, die ich hier ebenfalls wiedergetroffen habe. Er zieht mich an meinem Unterarm zu sich, krault ungefragt meinen Rücken oder läuft mir auf der großen Barstraße hinterher, um mich zu fragen, wohin ich unterwegs bin. Ich schüttele meinen Kopf und seine warme Hand immer wieder von mir ab, verneine. Zu früh gefreut, er scheint meine Grenzen nicht wahrzunehmen und sie daher auch nicht zu respektieren. Seine Berührungen sind übergriffig, ich wehre mich irgendwann nur noch halbherzig und lustlos. Als würde ich sie kaum noch wahrnehmen.

»What a douchebag«, findet Brianna und rümpft ihr feines Gesicht zu einer angewiderten Grimasse. Ich zucke achtlos die Schultern.

»Er sucht nur Kontakte. Vielleicht ist er einsam.« Es ist wohl nur die eine Seite, zu lernen, seine eigenen Grenzen zu kommunizieren. Denn da gibt es noch die andere, mindestens genauso entscheidende: auf ein Gegenüber zu treffen, das sie auch wahrnimmt und akzeptiert.

Mein Kopf ist so voll von den letzten Wochen, dass ich keine Kapazitäten freihabe, um mich auf Marcel, auf seine Geschichte, auf die Konversation einzulassen. Eigentlich möchte ich nur ein wenig in meinen Gedanken festhängen und den Wellen beim Wachsen zuschauen, dem Treiben am Pool oder Brianna, die sich eine große Schar Brasilianer zu Freunden gemacht hat und den Kopf mit den schwarzen Haaren in den Nacken legt, um herzhaft loszulachen. Ich liebe es, sie zu beobachten und meine eigene Gesellschaft zu genießen. Ich muss mit niemandem sein oder reden, wenn ich das nicht will. Und das muss ich genau so kommunizieren, genauso wie das Nein zu den Berührungen des Brasilianers oder das »flowing solo tonight« von Leyla. Klar kommunizieren, klar dahinterstehen. Nur weil man allein unterwegs ist, muss man deswegen nicht jeden mögen. Ich verabschiede mich von Brianna, die jetzt weiter zu ihrer Familie nach Oregon reist. Und bleibe allein zurück.

Es passt auf Reisen nicht mit jedem Menschen, den man trifft, genauso wie im Alltag zu Hause, daran muss ich mich hier noch einmal erinnern. Die Situation mit Marcel und mein Wunsch nach Ruhe zeigen mir aber auch, dass ich satt bin. Auf eine schöne Art. Wie nach einem langen Tag mit Freunden, an dem man lange draußen gesessen hat. Gefüllt mit neuen Eindrücken, guten Gesprächen. Ich schulde niemandem etwas – keine Antwort, keine Erklärung, keinen Teil von mir. Ich muss kein Gespräch führen, wenn ich keins führen will.

Viele Frauen nutzen in solchen Situationen die Ausrede, »ich habe einen Freund«. Warum sagen wir das – weil die theoretische Existenz eines anderen Mannes mehr respektiert wird als das pure Nein einer Frau? Generell müssen wir nichts, was wir nicht wollen, vor allem aber auch müssen wir uns nichts ausdenken, warum wir etwas nicht wollen.

An meinem letzten Abend auf dieser ersten längeren Reise allein führe ich mich selbst in ein Restaurant aus, in dem ich drei Stunden lang sitze und in mein Tagebuch schreibe. Ich bin froh darüber, allein hergekommen zu sein. Dass ich diese Reise mit niemandem teile. Diese Erinnerungen sind nur für mich. Sie sind wie ein Schatz, den ich mir für immer bewahren werde. Ich denke an Robin und bekomme Gänsehaut. Ich denke an Eduardo und schicke ihm auf Spanisch ein kurzes Update. Ich klicke mich durch die Fotos, die Brianna von ihr und mir gemacht hat. Aiden schreibt mir eine Woche später, dass er jetzt in Barcelona ist. Ich wünsche ihm viel Spaß und archiviere den Chat.

Ich liebe diese vier Wochen, die ich allein unterwegs war. Ich habe so viele Menschen kennengelernt und allein in einer Hütte in den Bergen im Dschungel übernachtet. Habe mich selbst erkannt, gespürt. Ich will noch so eine Reise unternehmen. Noch mehr über mich lernen. Vielleicht direkt nächsten Winter. Ich war vorher so erschöpft, jetzt strotze ich vor neuer Kreativität und Energie. Ich fühle mich ausgeschlafen und entspannt, als ich barfuß noch einmal die paar Schritte durch den Sand zum Ufer des Ozeans gehe, um meine Zehen reinzustecken und mich von diesem Abenteuer zu verabschieden. Meiner ersten längeren Reise allein.

»Wir verbringen die nächsten elf Stunden zusammen; also wenn du etwas brauchst, sag Bescheid, ja? Ich bin Sandia.« Lächelnd lässt sich eine junge Frau neben mir auf den Flugzeugsitz fallen.

»Okay, Luise«, lache ich und nicke ihr zu. Dass ich mich neben Sandia direkt wohlfühle, gelingt ihr schon durch diese kleine, aufmerksame Bemerkung.

Ich will sie sein, denke ich. Ich will Houssam sein. Ich will Leyla sein. Ich will mir von ihnen allen etwas mitnehmen. Ich will klar sein. Ich will mit der gleichen Begeisterung auf Menschen zugehen, die ihrerseits vielleicht noch zögern. Diese Reise mag zwar zu Ende sein, mein Auseinandersetzen mit dem Alleinsein, mit der Aufmerksamkeit sich selbst gegenüber und sich wohlzufühlen ist es noch lange nicht.

Zurück zu Hause trete ich aufs Gas, während die Sonne hinter mir langsam untergeht. Mein Blick klebt noch lange auf dem Abenteuer, das ich hinter mir lasse, auf den orangenen Schlieren am Horizont, und wechselt immer träger zur Straße vor mir zurück.

Das Auto beschleunigt erst langsam, dann immer schneller, aber ich schaffe es trotzdem nicht, Abstand zwischen mich und die bittersüße, klebrig auf den Horizont gezeichnete Masse im Rückspiegel zu bringen. Immer gleich nah und weit entfernt. Zwischen den Gedanken über die letzten Wochen und den Bildern in meinem Kopf verliere ich ein bisschen den Faden. So durstig nach Erlebnissen gewesen, so … satt jetzt. Gestillte Sehnsucht hinterlässt eine zufriedene Art von Leere.

Ich drehe die Musik ein bisschen leiser und das Fenster weiter auf. Fahrtwind in den Haaren. Es dauert ewig, vielleicht einen ganzen Abend lang, bis die Dunkelheit mich und mein Auto verschluckt und nur noch zwei Lichtkegel übrig bleiben. Sommer. Frei, wieder.

15

Augustsonntage in Berlin

Von jemandem wirklich gesehen werden – oder in Gesellschaft einsam sein

Der August ist für mich so etwas wie der Sonntag des Sommers. Die Blätter halten sich nach den übermäßig vielen heißen Tagen kaum noch an den Bäumen fest. Hektisch bereitet Alex in der Küche seiner Wohnung die Drinks zu und reicht mir einen, bevor er wieder das Zimmer verlässt, um irgendetwas im Flur aufzuräumen. Wir haben uns auf einer Party kennengelernt, seine raue, charmante, überhebliche Art hat mich auf Anhieb angezogen, in den kommenden Wochen viel Zeit mit ihm zu verbringen. Er kann kontern, mit mir diskutieren, er hinterfragt. Es ist auf eine angenehme Art unangenehm. Er wurde dieser eine Mensch für mich – der, dem man morgens als Erstes und abends als Letztes noch schreibt. Der, dem man von seinem Tag erzählt. Obwohl man nicht genau weiß, ob er die Person ist, der man alles erzählen wollte. Aber da ist gerade niemand anderes.

Alleingelassen sitze ich mit einem Aperol auf seinem kleinen Sofa und blicke mich im Zimmer um. Ich sehe ein sauberes, unaufgeregtes, schönes Chaos. Verteilte Fotografiemagazine, ein Fahrrad, das leicht angetippt an der Wand lehnt, als würde es sie nicht mehr als nötig berühren wollen. Auf Leinwand gezogene Bilder, Unterlagen auf einem Stapel am Rand der Heizung, fein säuberlich übereinander. Ästhetisch irgendwie. Nicht so wie bei mir, wo am Ende einer anstrengenden Woche Klamotten, Wäsche und die halb gepackte Sporttasche irgendwo auf einem unansehnlichen Haufen liegen und vor sich hin stauben und der Müll anfängt, unangenehm zu riechen. Ich weiß nicht, wie er dieses Chaos erschafft. Es sieht künstlerisch aus, und er mittendrin, der Mittelpunkt seiner eigenen Welt.

»Ich habe das Gefühl, er sieht mich nicht«, werde ich am nächsten Tag zu einer Freundin sagen und es ganz genau so meinen. »Ich habe das Gefühl, er sieht durch mich hindurch.«

Es ist, als würde er mich in kleine Zeitfenster seines Alltags quetschen. Am Ende macht es keinen Unterschied, ob ich mich in seiner Nähe befinde. Und auch wenn wir viel miteinander lachen und ich unsere Unternehmungen genieße – es fehlt etwas. Für mich vor allem das Gefühl, er würde mich wirklich kennenlernen wollen. Ich bin austauschbar. Ich bin angeekelt von mir selbst. An diesem Abend gestehe ich mir ein, was ich bislang nicht wahrhaben wollte: Ich fühle mich in seiner Gesellschaft wirklich einsam und unheimlich allein.

Als er wieder ins Zimmer kommt, ist sein Glas halb leer, sein Telefon klemmt zwischen seinem Ohr und seiner Schulter. Er redet mit jemandem und nickt mir entschuldigend zu. Konzentriert nippe ich an meinem Glas und wirbele den winzigen Schluck in meinem Mund herum. Ich widerstehe dem Drang, mein Glas in einem Zug zu leeren.

»Geh einfach«, sagt mir eine innere Stimme, die ich wegschiebe. Wie angewurzelt werde ich die nächsten drei Stunden auf diesem Sofa sitzen bleiben. Stumm um eine Aufmerksamkeit betteln, die mir nicht zuteilwerden wird. Wahrscheinlich ist sie zu viel verlangt für diese lose Verbindung, die wir miteinander eingegangen sind. Vielleicht ist es falsch, sie zu brauchen. Und doch sehne ich mich nach ihr, gerade deswegen – weil er sie nicht einfach so um sich wirft. Wir wollen gesehen werden, für das erkannt und geschätzt werden, das uns ausmacht. Häufig vor allem von denen, die uns nicht sehen.

Wir haben eine Dynamik entwickelt, in der ich die Fragen stelle und ihn erzählen lasse, in der wir uns um ihn kreisen, ich zu Gast in seinem Universum bin. Er war noch nie in meinem. Ich bin austauschbar, eine nette Unterhaltung, ein Zwischenkick, aber eher für die Erfüllung eines offenen Bedürfnisses, nicht entstanden aus persönlicher Begeisterung an meiner Person. Ich habe mit ihm noch keine Unterhaltung geführt, in der ich all die Dinge, über die ich gerne reden würde, loswerden konnte.

Als er auflegt, strahlt er. »Na? Alles gut? Prost!« Er lässt sein Glas gegen meins klirren. Ich nicke. »Prost.« Als ich etwas erwidern will, greift er in meine Haare, hält meinen Nacken fest. Ich lasse es zu.

Als ich am nächsten Nachmittag allein in einem Café sitze, denke ich über diese Begegnung nach. Ich brauche Neugier. Begeisterungsfähigkeit. Was ich nicht brauche? Herablassend behandelt zu werden. Lieber allein sein als mit der falschen Person zusammen. Mir gefällt der Morgen danach, an dem ich ohne ihn aufwache, viel besser als der davor mit ihm. Auch etwas, was ich mir erst einmal eingestehen muss, etwas, was ich mir erst einmal erlauben muss, auch nur zu denken. Ich muss nicht leise sein, weil er bis neun Uhr unter seiner Schlafmaske ruhen will, weil er sonst Augenringe im nächsten Call hat. Und dabei geht es gar nicht darum, ihn nicht zu mögen. Das wäre zu einfach. Ich mag ihn. Aber ich kann ihn mögen und mir dennoch eingestehen, dass es für mich passendere Gesellschaft gibt. Menschen, die mich sehen. Bei denen ich ich selbst sein kann.

Es ist die fehlende Intimität. Die andere Person wird nicht zu einem Zuhause, das wir zwischen Worten und Blicken finden. Sie ist wie ein Spiegel für unsere Einsamkeit, aus dem wir allein zurückblicken. »Ich bin nie einsamer als nach schlechtem Sex, bei dem ich das Gefühl hatte, dass die Person eigentlich kein Interesse an mir, also wirklich an mir hat. Meistens weine ich danach«, hat meine Freundin Maura letztens zu mir gesagt.

Wir wollen gesehen werden, uns geliebt fühlen. Wir wollen hören und sagen: Mit dir ist meine Zeit besser als allein. Du bist gut so, wie du bist. Und eigentlich noch viel mehr als das. Wir sehnen uns manchmal geradezu danach, suchen diese Aufmerksamkeit dann aber oft bei den falschen Menschen. Es gibt nichts, was einen mehr allein fühlen lässt als die Gegenwart der falschen Person. Dann doch lieber allein zurückbleiben und sich selbst diese Aufmerksamkeit schenken …

Eine laute Bemerkung reißt mich aus meinen Gedanken.

»Du kannst mich mal ganz woanders anfassen, Puppe«, röhrt eine betrunkene Stimme über den kleinen Platz, und ein Mann hebt seine Arme in die Richtung der Kellnerin des kleinen Cafés. Unbeeindruckt wischt sie die Tische vor ihr ab. Ich setze meine Sonnenbrille ab, rücke auf die Kante meines Stuhls und mache mich körperlich bereit einzuschreiten.

»Ist alles okay?«, frage ich sie, als sie mit ihrem vollen Tablett an meinem Tisch vorbeikommt.

»Ja, ja, alles gut. Danke«, winkt sie ab, aber ich bemerke ihr dankbares Lächeln. Mir war wichtig, ihr in dieser Situation zu signalisieren: Ich habe das gesehen, ich sehe dich, und ich wäre eingeschritten. Du bist hier draußen nicht allein.

Es ist nichts weiter passiert – aber manchmal hilft schon die Gewissheit, dass man im Zweifel nicht allein gewesen wäre, um durchzuatmen und den Tag weitergehen zu lassen.

Die Lichter des Clubs beleuchten in dieser Nacht mein Gesicht, das sich von innen anfühlt, als würde es zufrieden aussehen. Oder teilnahmslos? Ergriffen? Bass und Stimmung tragen sich durch den Raum, erfassen die Körper um mich herum. Ich werde angesprochen, wir schmunzeln kurz zusammen, aber ich entferne mich mehrfach aus den Wortfetzen, die zwischen uns im Raum schweben, und konzentriere mich aufs Tanzen, auf mich und die Musik. Er greift mir in den Nacken und zieht mich mehrfach zu sich hinüber. Damit ich seine Worte höre, alle, die er loswerden will. Und das sind viele. Wir sind auf Augenhöhe. Ich lehne ab.

Eine deutlich kleinere Frau drängt sich zwischen uns, blickt mich an und ergreift fest meine Schulter. »Hey, ist das gerade okay für dich mit ihm? Bedrängt er dich? Wenn du mich brauchst, ich bin hier.« Ihre Augen verlieren für keine Sekunde den Blickkontakt zu mir.

»Ähm, danke, alles gut«, versuche ich ihr durch die wummernden Bässe hindurch zu vermitteln und bin geplättet von ihrer Aufmerksamkeit. »Okay, gut!« Sie lächelt, tanzt wieder weg und mein Blick verliert sich zwischen den Köpfen vor mir ins Leere. So hatte ich die Situation nicht wahrgenommen. Aber ich hätte sie so wahrnehmen können. Und sie hatte es gesehen, mich gesehen.

Bei anderer Musik in einem anderen Raum bemerke ich die Blicke einer strahlenden blonden Frau. Als wir aneinander vorbeilaufen, nimmt sie mich lachend in den Arm, macht mir unerwartet ein Kompliment für meine Ausstrahlung. Ich gebe es zurück, halte lange Blickkontakt zu ihr, während ich mich aufrichtig für diese Bemerkung bedanke. Ich nehme mir fest vor, mir daran ein Beispiel zu nehmen. Diese beiden mir fremden Frauen wissen gar nicht, was sie mit ihren Worten in mir auslösen. Es fühlt sich warm und schön an, so von ihnen gesehen zu werden. Mir kommt das wie die Ausnahme vor.

Wenn Menschen sich über ihre Außenwirkung Gedanken machen, à la: Was werden wohl andere von mir denken, wenn ich allein essen gehe?, sagt man ihnen oft: Niemand interessiert sich für dich. Oder schöner ausgedrückt: Jeder ist so sehr mit sich selbst beschäftigt, dass es kaum jemandem auffällt, was die Menschen im eigenen Umfeld tun. Meiner Erfahrung nach ist das wirklich so. Irgendwie einsam und gleichzeitig tröstlich. Wahrscheinlich ist das die Regel, und es erscheint mir auch als etwas ganz Normales: Wir haben nicht immer die Kapazitäten, auch noch auf alle anderen zu achten. Dabei ist es eines der schönsten Gefühle, das ich an diesem Abend habe: mich trotz aller Anonymität nicht allein zu fühlen. Zu merken: Da sind Menschen, die dich bemerken. Es gibt mir zu denken. Auch darüber, wie sehr ich meine eigene Aufmerksamkeit Menschen entgegenbringe.

Eine Freundin sagte einmal zu mir, natürlich ohne zu wissen, wie sehr es mich treffen würde: »Du bist so unkonzentriert, ich habe nie das Gefühl, dass du mir wirklich zuhörst.« Wenn wir Menschen nicht wirklich sehen, nicht mit unserer vollen Aufmerksamkeit bei ihnen sind, tragen wir dazu bei, dass sie sich in unserer Gegenwart allein fühlen. Als ich meine Geschichte mit Alex und meine Beobachtung, von ihm nicht gesehen zu werden, mit meinen Freundinnen teilte, sagte eine ein bisschen spöttisch, ein bisschen anklagend zu mir: »Hast du denn das Gefühl, dass du Leute wirklich siehst?«

»Ähm …«, stotterte ich, sah sie kurz an und dann lange weg. Mein Kopf ratterte. Der Spott in ihrer Stimme verriet mir, dass sie das nicht so sah. Dass sie sich wahrscheinlich von mir nicht gesehen fühlte. Dass ich ihr vielleicht nicht dieses gute Gefühl gab, in meiner Anwesenheit sicher zu sein. Es machte mich traurig. Als ich wieder aufsah, war das Gespräch schon weitergezogen. Mein Kopf blieb noch dort. Lange.

Denk einmal an eine Situation zurück, in der du dich wirklich »gesehen« gefühlt hast. Dir voll Interesse zugehört wurde, versucht wurde, dich zu verstehen, nachgefragt und deine Gedanken und Gefühle nachempfunden wurden. Du ganz du selbst sein konntest. Vielleicht fällt es dir gerade gar nicht so leicht, ein Beispiel dafür zu finden, und vielleicht fällt dir auch auf, dass dieses Gefühl, »wirklich gesehen zu werden«, gar nicht so selbstverständlich ist.

Wenn ich in den Kontakt mit anderen Menschen trete, passiert eines ganz oft: Während mein Gesprächspartner etwas sagt, höre ich zu, aber überlege mir gedanklich schon meine Erwiderung. Vielleicht kennt ihr das auch. Ich überlege mir bereits, was ich dazu sagen möchte, vielleicht welche eigene Geschichte ich in petto habe, was mir einmal Ähnliches passiert ist. Das Problem dabei ist, dass ich in dem Augenblick gar nicht mehr alles mitkriege, was die andere Person sagt. Ich höre ein wenig zu, mein Kopfkino geht los, und mein eigener Film läuft ab, den ich dann in der Antwort runterspule.

Da erzählt dir jemand, dass ihn der Lockdown gerade sehr belastet und er sich alleingelassen fühlt. Wie schnell bist du geneigt zu entgegnen: »Ja, mir geht es genauso. Es reicht aber auch langsam mit dem Lockdown. Und übrigens, letztens …« Zack, Thema gewechselt. Oder du antwortest: »Mensch, kann ich verstehen, aber versuche doch mal, das Positive an dem Ganzen zu sehen. Jetzt hast du viel mehr Zeit für dich.« Gut gemeinte Antworten, aber wirklich »gesehen« und verstanden fühlt der andere sich wahrscheinlich nicht (von der toxic positivity ganz zu schweigen). Also: Wie gehen wir mit der Einsamkeit anderer besser um? Wie kannst du stattdessen reagieren? Was sind die Schritte dahin, dass dein Gegenüber sich wirklich gesehen fühlt? Wir tendieren dazu, Probleme von anderen Menschen für sie lösen zu wollen, so wie ich damals in meinem Gespräch mit Leo im strömenden Regen in Playa del Carmen. Dabei ist es manchmal schon genug, jemanden zu haben, der einfach nur zuhört. Zuhört und nachfragt. Oder einfach mal nicht weiterredet.

Es geht nicht immer darum, jemand anderem eine Lösung anzubieten, manchmal muss man einfach nur zusammen durch ein Gefühl hindurchgehen. Sich auf Augenhöhe zu begegnen, statt sich bevormundet zu fühlen. Jemand zu sein, der sagt: »Es tut mir leid, dass alles gerade scheiße ist. Ich kann vielleicht nichts tun. Aber ich bin da.« Ich glaube, das gibt einem das Gefühl, wirklich von anderen gesehen zu werden.

Ich fühlte mich von der Aussage meiner Freundin, dass ich andere nicht sah, oder schlecht zuhören konnte, zwar im ersten Moment überrumpelt, weil es mich kalt erwischte. Aber gleichzeitig gab es mir die Möglichkeit, meine Aufmerksamkeit darauf zu richten und an meiner Kommunikation zu arbeiten.

Die Zulu, ein Volk aus Südafrika, glauben, dass Menschen nur existieren, wenn andere sie »sehen« und wirklich annehmen. Deswegen sagen sie schon zur Begrüßung: »Sawubona«, was wörtlich übersetzt heißt: »Ich sehe dich, du bist mir wichtig, und ich schätze dich.«[37] Es geht darum, einander zu erkennen. Uns für das, was wir sind, was uns ausmacht, anzuerkennen. Wahre Neugier für das Wesen der anderen zu empfinden, wie ticken sie, was fühlen sie?

»Heute war wirklich verrückt«, sage ich später an diesem Abend zu meinen Freundinnen, als wir uns im Gewusel des Clubs wiedergefunden haben und unsere Jacken an der Garderobe entgegennehmen. Vor allem, weil ich mich an diesem Abend unheimlich gesehen gefühlt habe. Wertgeschätzt, anerkannt. Un-allein. Augen, die sich ineinander festhalten. Als würden wir alle aufeinander aufpassen. Ich fühlte mich wohl und geborgen inmitten dieser fremden Menschen.

Meine weißen Turnschuhe sind dreckig, als ich im hellen Licht des Hausflures glückselig die Treppen nach oben steige. Mich so gesehen zu fühlen hat an diesem Abend etwas in mir bewegt – und die Frage ließ mich nicht los, ob andere sich im gleichen Maße von mir gesehen und verstanden fühlen können. Und wie sehr ich mir daran noch ein Beispiel nehmen will. Zu erkennen. Hinzusehen. Anderen das Gefühl zu geben, dass sie in meiner Gegenwart nicht allein sind.

Aber vielleicht liegt es nicht nur daran, wie viel Aufmerksamkeit uns andere schenken, sondern auch daran, wie viel wir von uns zeigen. Wie sehr wir es zulassen: Wie sehr wir gesehen werden wollen.

Ich habe zwar gelernt, allein zu sein, aber ich mache dennoch nicht alles richtig. Ich verliere mich in Gesellschaft oder gebe nicht genug auf andere acht. Ich priorisiere allein zu sein nicht immer genug, und manchmal zu sehr. Ich mache Fehler. Aber ich lerne dazu.

Zum Alleinsein-Lernen gehört wohl nicht nur allein zu leben, mit der Einsamkeit umgehen zu können, Liebeskummer und Trennungen verkraften zu können, vielleicht sogar mal ein paar Wochen allein zu reisen, sondern auch immer wieder neu zu entscheiden, ob man sich gerade auf dem richtigen Weg befindet – und vor allem, mit wem. Oder zu wissen, wann es Zeit ist, etwas zu ändern. Und allein wieder loszuziehen.

16

Ein Sommer für mich

Allein sein und die Angst, etwas zu verpassen

Das Gelb der Tram kreuzt den verblassenden Sonnenuntergang, der so weit weg scheint. Dieser Sommer ist Freundschaft. Loslaufen. Das Leben zerfällt in Gekicher und Schweigen. Wir parken irgendwo im Kiez, Lichterketten sind über die Straßen gespannt. Weit nach Mitternacht sitzen wir noch draußen. Die Stadt ist lebendig und warm, fast so, als würde niemand den Tag für beendet erklären wollen. Ich schlafe wenig und tanze viel. Renne zum Sport. Vorfreude. Reichen fünf Stunden Schlaf aus? Ich mag das Leben hier, denke ich mir und strecke die nackten Füße auf den Gehweg. Dieser Sommer ist genau, wo ich gerade sein will. Jede Stimmung, als würde sie ewig andauern. Als wären wir alles und nichts, und vor allem, als hätten wir Zeit.

»Ich würde ihn wirklich, wirklich gerne noch sehen. Ich will jetzt nicht ins Bett gehen und den Abend einfach so für beendet erklären.«

»Dann slide doch in seine DMs«, schlägt meine eine Freundin der anderen vor. »Also, wenn du ihn sehen willst, meine ich.«

Es ist inzwischen mitten in der Nacht, wir sitzen in ihrem Wohnzimmer bei einem Glas Rotwein und dem Kaminknistern auf dem Fernseher, trotz Hochsommer. Gerade lauschen wir gebannt ihrer

Erzählung von zwei Spaziergeh-Dates mit einem südafrikanischen Rugbyspieler, aus denen noch nicht mehr geworden ist. Aus denen auch nicht mehr werden muss, wie ich befand – ich bin gerade ein sehr großer Fan davon, Menschen kennenzulernen und die schönsten, intensivsten Freundschaften aufzubauen. Aber aufgrund des Hinweises auf seinem Bumble-Profil, dem zufolge er »etwas Unverbindliches« sucht, und ihrem eigenen Interesse daran, war die Sache für meine Freundin wohl klar.

»Sliden wohin? Hör auf zu sprechen, als wäre das hier TikTok. Was soll das überhaupt heißen?«, fragt sie zurück.

»Du sollst ihm schreiben«, lache ich. »In seinen Nachrichteneingang hüpfen wie ein abgeworfener Fallschirmspringer.«

»Um die Uhrzeit?«

»Ja.«

»Und was?«

»Na ja …« Wir anderen gucken sie an, sie taxiert zurück, ein bisschen verständnislos.

»Was?«

»Das, was man in diesem Moment halt schreibt. Zumindest wenn man solche Absichten hat wie du jetzt gerade anscheinend.« Ich lasse eine Kunstpause verstreichen und ziehe eine Augenbraue hoch. »Noch wach?«

»Noch wach?«, wiederholt sie argwöhnisch. »Was ist das denn für eine bescheuerte Frage?«

»Knapp und präzise.«

»Und das ist zielführend? Okay.« Sie rollt mit den Augen und tippt theatralisch auf ihr Telefon ein. Das kleine Rauschen ertönt, als die Nachricht abgeschickt wird. Nach nicht einmal zwanzig Sekunden pingt eine Antwort. »Uh, … er schreibt ja.« Ein paar Sekunden vergehen, ehe sie ergänzt »… und ob ich noch vorbeikommen will?«

Natürlich ist er noch wach. So wie wir alle das sind.

»Damit habe ich heute echt nicht mehr gerechnet.« Sie greift sich ihren Hoodie, der ein paar Flecken vom indischen Essen abbekommen hat. Wir verabschieden sie kichernd, als sie draußen ins Uber steigt. Eine halbe Stunde später mache auch ich mich auf den Weg nach Hause, während ich durch die Nachrichten scrolle, die im Laufe des Abends eingetrudelt sind.

Mir fiel es schon immer schwer, mein Handy abends in den Flugmodus zu stellen und erst morgens um acht wieder zum Leben zu erwecken. Ich will immer erreichbar sein. Auch nachts. Irgendwie bin ich immer noch wach oder schon – je nachdem. Es ist eine Hektik, die ich durchgehend irgendwo in meiner Brustgegend ziehen spüre. Eine Art positiver Stress, der mich antreibt, wie ein leichtes Herzrasen. »Ich glaube, ich bin gerade einfach high on life«, habe ich es vor ein paar Tagen genannt. Ich hatte mich kurz nach dem Aufstehen bei einem Freund gemeldet, der daraufhin etwas besorgt meinen Schlafrhythmus infrage stellte. Getippt gegen 6:04 Uhr in das kleine Nachrichtenfenster, während ich mich, trunken vor Seligkeit, gegen meine Küchentheke lehnte und den Kaffee betrachtete, der durch die Siebträgermaschine lief. Wir waren erst nach eins aus der Bar getanzt und in ein Uber nach Hause gestiegen.

Es war schon immer so, dass ich mit der Sonne aufstehe und im Sommer eine Energie entwickle, die mich kaum noch zur Ruhe kommen lässt. Ich pilgere um fünf Uhr morgens mit Kaffee zum Sonnenaufgang runter zum Wasser, weil ich mich so auf den neuen Tag und aufs Aufstehen freue. Nach so vielen Monaten der Ruhe steigert der aktuelle Sommer meine Energie noch einmal ins Unermessliche. Berlin ist wieder am Leben. Und ich bin es auch.

Ein paar Tage später berichtet mir meine Freundin von ihrem nächtlichen Treffen mit dem Rugbyspieler. »Es war witzig und albern irgendwie, da nachts aufzuschlagen. Ich habe im Flur sein Rennrad umgeschmissen, es ist gegen ein Tablett mit Gin-Flaschen gefallen. Zwei sind zerschellt und seine zwei Mitbewohner davon natürlich aufgewacht. Der eine war supersauer. Wir haben bis fünf Uhr morgens durchgelacht, viel geredet, Gin vom Boden gewischt, Musik gehört und sind dann einfach nebeneinander eingeschlafen.« Sie lacht auf. »Nein, im Ernst, ich hatte echt einen tollen Abend. Auf genau solche Nächte habe ich, glaube ich, den ganzen vergangenen Winter gewartet.«

Wir sind Generation rastlos, können nicht abschalten – und nach der Pandemie ist unsere »FOMO«, also die Angst, etwas zu verpassen, größer als je zuvor. Getrieben von dem Gefühl, nicht genug Zeit zu haben. Wir wollen überall sein. Wir sind ausgeruht und hungrig nach Leben aus der Phase des Lockdowns getaumelt. Können nicht genug bekommen. Wollen abends nicht schlafen gehen. Wir kosten aneinander wie an vollen Gläsern, die fast überschwappen. Und irgendjemand ist immer noch wach.

»Was machst du heute Abend?«, erscheint seine Nachricht auf meinem Display. »Schon was vor?«

Es ist früher Abend, ein paar Tage später, und ich bin gerade in Sportsachen dabei, noch schnell die Pflanzen in Fensternähe zu gießen, während sich die Sonne und die Hitze des Tages langsam aus meiner Wohnung zurückziehen.

Ich habe mir drei Tage freigenommen, um mal wieder ganz konzentriert für mich zu sein. Zu schreiben, das restliche Jahr zu planen und mich einfach ein bisschen durch den Tag und den Kiez treiben zu lassen. Schon der gestrige Tag war einfach perfekt: Ich war morgens meine Bahnen im See geschwommen und hatte mir danach ein neues Secondhandkleid übergestreift. Ich hatte mich selbst zum Lunch eingeladen, einen Freund und seinen Hund danach auf einen Kaffee getroffen, im angenehmen Halbschatten gelesen, meinen vor Glückseligkeit und Sonne brummenden Schädel abends mit einem anderen Freund in zwei Aperol und einem ganzen Tisch voll öltriefender Tapas ertränkt, lange und intensiv über Abschied, Freundschaft und Zusammenfinden geredet und war kurz vor Mitternacht ein großes Stück durch die Nacht nach Hause spaziert.

»Heute mal was mit mir selbst«, tippe ich und grinse dabei. Ich habe vor, mir später nach dem Pilates noch frische Pilze von einem der Gemüsehändler mitzunehmen, eine leichte Soße zu einer großen Portion Pasta zu zaubern und den Abend damit auf dem Balkon zu verbringen. Mein aktuelles Buch will weitergelesen werden. Ich bin ungefähr bei der Hälfte und habe schon gestern im Café laut gelacht und mich köstlich darüber amüsiert.

Als die letzte meiner großen Pflanzen gierig das Wasser aufgesogen hat, nehme ich die schwarze Sporttasche vom Haken im Flur, verabschiede mich von meinem Hund und ziehe los. Ein paar Tage bin ich so in meinem eigenen Rhythmus unterwegs. Ich mag es, keine Pläne zu haben.

Sonntage allein sind inzwischen meine Lieblingstage. Sie sind auf so eine gute Art leer. Sie fühlen sich an, als hätte ich für einen Tag frei von meinem eigenen Leben. Als wäre alles egal und nichts würde zählen. Ich stehe gar nicht auf oder viel zu früh, renne noch vor acht Uhr zehn Kilometer oder verbringe den Tag mit Freunden im Kiez, und wenn ich keine Lust mehr habe, gehe ich sofort nach Hause. An den meisten Tagen ist mir aber nicht mal danach, in meinem Telefonbuch zu kramen. Sondern direkt allein Dinge zu unternehmen, die mir Spaß machen. Oder die, die nötig sind. Manchmal heißt das auch, am Laptop zu bleiben und zu arbeiten. Erst letztens sagte eine Freundin zu mir: »Alle hängen so rum, und ich? Ich muss durcharbeiten, um irgendwie mein Medizinstudium zu schaffen.«

»Allein mal etwas durchzupowern kann doch auch eine unheimliche Kraft haben. An den 17. Aperol wirst du dich nur vielleicht erinnern. Daran, wie stolz du auf dich warst, weil du deine Prüfungen bestanden hast, aber auf jeden Fall«, antwortete ich.

Vielleicht verpassen wir, während wir von Aperol zu Geburtstagsfeier zu Job-Termin zu Späti-Hangout hetzen und irgendwo unsere Arbeit dazwischenschieben, nicht nur wertvolle Stunden Schlaf, sondern vor allem das, worauf wir wirklich in diesem Sommer mal unser Augenmerk legen sollten: durchzuatmen. Denn nicht die Quantität der Abende macht diesen Sommer aus – sondern eher ihre Intensität. Und die kleinen Abenteuer des Alltags sind vielleicht noch schöner, wenn sie nicht in eine Aneinanderreihung von Terminen gequetscht werden und damit zu einer einzigen langen, stressigen To-do-Liste. Sondern besondere Dates, intensive Gespräche und alles, wofür wir uns Zeit nehmen – weil wir Zeit dafür haben.

Abends wasche ich mein Gesicht, stelle mein Handy aus und lege es in den Flur. Die kalte Regenluft zieht durch die offene Balkontür und durch die ganze Wohnung. Ich tapse barfuß über die knarrenden Holzdielen zu meinem Bett, stelle das Wasserglas auf dem Boden ab und wickele mich in die kalten Leinenbezüge. Es gibt nichts zu verpassen, wenn wir um die Ruhe in uns wissen. Wir können den Anschluss nicht verlieren, wenn wir ihn immer bei uns haben.

17

Himbeeren

Ein Abschied im Herbst

»Viel Kraft heute«, schreibt er mir in dem Moment, als ich das Handy wieder in die hintere Tasche meiner Jeans gleiten lassen will.

Meine Schwester und ich sind an diesem Nachmittag in unserer Heimat, um uns zu verabschieden. Wir stehen im dunklen Flur meiner Großeltern auf der Marmortreppe, die zu der kleinen Einliegerwohnung nach oben führt. Draußen ein Herbstmorgen, der schöner nicht sein könnte. Wir hatten ihn mit dem Zufallen der Tür hinter uns ausgesperrt. Alles daran war absolut surreal.

»Wie mag sich das wohl anfühlen, zu wissen, dass man jetzt auf der Zielgeraden ist?«, frage ich meine Schwester, aber irgendwie auch ins Nichts. Sie starrt wortlos geradeaus, auch noch, als wir die Klinke runterdrücken und barfuß die kalten Treppen hochgehen.

Ich kann funktionieren und stark sein. Meine Schwester auch, meist viel besser als ich, aber in anderen Situationen. Als hätten wir das Leben in all seinen Facetten unter uns aufgeteilt. Wir existieren in unseren Rollen. Vielleicht war das schon immer so. Das hier ist mein Part. Heute bin ich stark für uns beide. Ich übernehme das Reden, wie mechanisch setze ich mich auf die Bettkante, während meine Schwester im Hintergrund stehen bleibt, den Rücken gegen die Tür gepresst.

Dieses eingefallene Gesicht anzusehen, das mich die letzten dreißig Jahre durch mein Leben begleitet hat, das stumme Lächeln, die kalte Hand, die ich in meine schließe, während ich laut und bestimmt und bemüht beschwingt erzähle, dass wir da sind und wer wir sind, bewegt mich. Es ist ein unechtes Lächeln, das die Augen nicht erreicht, wie hingemalt, völlig unpassend irgendwie, aber dennoch will man es dem anderen schön machen – und vor allem, ihn die eigene Angst nicht spüren lassen. Alles ist okay. Du hast Zeit. Obwohl man weiß, dass dem nicht so ist.

»Mir geht's gut«, schreibe ich ihm später zurück. »Ich glaube, dass der Kopf das nicht begreifen kann.« Wie soll man auch verstehen, dass das jetzt ein Abschied, vielleicht, wahrscheinlich, für immer ist?

Wie aufgezogen rattern die gemeinsamen Erinnerungen an meinem inneren Auge vorbei. Sommertage im Garten, ein kleines Bassin voll mit Wasser, Himbeeren mit Wespen drin, ein riesiger Trog mit Regenwasser, die Schaukel mitten im Garten, ich sehe Wäscheleinen, blauen Himmel, matschigen Erdbeerkuchen und Sonnenblumen, die mich weit überragen. Überall um mich herum dieser ganz bestimmte Geruch nach Sommer und Alter und Schwere, als wäre er tatsächlich da, hier und heute an diesem kühlen Herbsttag. Das hier war die endgültigste Form des Loslassens. Unwiderruflich.

Wenn der Kopf nicht begreifen kann, wie geht man dann mit etwas um? All meine Emotionen sind aus meinem Gesicht verschwunden. Ich starre nur stumm geradeaus, am Morgen, als sie schließlich geht. In diesem Herbst verliere ich zum ersten Mal einen Teil meiner Großeltern.

Irgendwo habe ich gelesen: Das Leben ist wie ein langer Film. Und du kommst mitten im Film auf die Welt und gehst mitten im Film wieder. Es gibt immer etwas, was du verpasst. Vorne wie hinten. Wie lange du mitspielen darfst, kannst du begrenzt mitbestimmen.

Meist ist ein Abschied auch das Ende eines gemeinsamen Weges. Ein Zurückbleiben, allein. Das Ende eines Pfades, den wir noch weiter gehen wollten, der uns genommen wird. Nach jedem Abschied stolpern wir wieder in eine neue Richtung. Jeder Augenblick, den wir miteinander verbringen, ist ein Ausschnitt, eine Momentaufnahme. Niemals für immer. Das ist so bei Tod wie bei Beziehungen, bei verlorenen Jobs, verpassten Chancen oder unerfüllten Träumen. Manchmal berühren uns Menschen, ohne dass uns das klar war, so tief, dass die Trauer um sie ein ganzes Leben in uns nachhallt. Manchmal können wir uns nicht vorstellen, jemals ohne diese Person weiterleben zu wollen, aber irgendwann wird doch alles wieder okay.

Vielleicht kann man damit weiterleben, wenn man diese tiefe Traurigkeit akzeptiert, die fortan wohl immer mit einem sein wird. Wenn man es schafft, nach ein paar Wochen, vielleicht Jahren, die guten Erinnerungen wieder mit einem Lächeln auf dem Gesicht zu fühlen. Wenn sich die Traurigkeit in Dankbarkeit verwandelt, darüber, dass man diese gemeinsame Zeit überhaupt erleben durfte. Wenn ich es nicht für selbstverständlich nehme. Das behalte, was die Person mich gelehrt hat und was mir niemand mehr nehmen kann. Ich pflücke eine Himbeere von den Ranken, die sich um die kleine Laube winden, und prüfe, ob eine Wespe dransitzt.

Auch Monate später kommt mir dieser Moment unwirklich vor, überhaupt, dass ich diesen Menschen fortan nie wieder sehen werde. Ich drücke die Hand meiner Schwester, die ihre eineinhalb Kinder auf ihrem Schoß balanciert. Der Himmel ist strahlend blau, als hätte er sich heute besonders schön herausgeputzt. Alles, was wir haben, sind manchmal nur ein paar kurze, gemeinsame Sekunden. Ich rieche Sommer und Alter und Schwere und muss lächeln.

18

Die große Dreißig

Die beste Zeit ist immer genau jetzt

»Während meine jüngere Schwester bald zwei Kinder im Kleinkindalter hat, überlege ich noch immer, welchen Elevator Boy ich am heißesten finde«, sage ich lapidar zu einer Freundin und lache. »Nein, aber wirklich, wie verrückt ist es, wie unterschiedlich wir alle leben?«

»Ja, ich glaube, wir haben zu viel Spaß.« Sie steigt in mein Lachen ein, aber ich bemerke auch, wie sich der Ausdruck auf ihrem Gesicht verändert.

Älter zu werden bedeutet auch, dass man unbewusst oder absichtlich die selbst gewählte Freiheit hinterfragt. Vor allem ein nahender runder Geburtstag wie mein dreißigster lädt dazu ein. Allein kann sich zuweilen das Gefühl einstellen, wertvolle Lebenszeit zu verschwenden, weil alle um einen herum andere Meilensteine feiern, sich verloben oder Kinder bekommen. Und was im Alltag gut funktioniert, kann an manchen Tagen, etwa wenn man allein zu einer großen Feier eingeladen ist oder zum eigenen Geburtstag alle mit Partner und Partnerinnen auftauchen, doch ein bisschen in sich zusammenfallen.

Von Frauen in ihren Dreißigern wird erwartet, dass sie das eigene Leben irgendwie geregelt haben, also dass sie jemanden haben.

Die Zahl Dreißig scheint für viele eine magische Grenze zwischen der wilden Zeit des Ausprobierens und Haus-Mann-Kind zu sein. Ein Umstand, der dazu führt, Singlefrauen als »nicht angekommen« zu betrachten, ihnen ihr Unglück regelrecht einreden zu wollen. Ich bin mir da nicht so sicher. Simone de Beauvoir schrieb schon 1949 in ihrem Meisterwerk *Das andere Geschlecht:* »Es ist schlicht nicht möglich, den Glücksgrad anderer Menschen zu erfassen.«[38]

Studien zeigen sogar, dass die glücklichsten Menschen kinderlose Singlefrauen sind.[39] Kann ich nachvollziehen. Für mich gibt es nichts Schöneres, als, wann immer ich es will, meine Ruhe zu haben. Wäre da nicht der Druck, den wir uns selbst einreden oder tatsächlicher Druck von außen, also Menschen, die einen spiegeln und alles kommentieren müssen. Uns gegenseitig zu bewerten, das fängt bei Körpern an (Hast du abgenommen? Sieht toll aus!) und geht bei Lebenswegen und individuellen Entscheidungen weiter.

Die Angst vor der Bewertung oder dem kritischen Auge anderer ist dabei so etwas wie eine selbsterfüllende Prophezeiung. Oft reden wir uns dann ein nicht vorhandenes Unglück ein, weil wir uns darin suhlen, was andere von uns denken könnten, als würden wir immerzu in Konkurrenz zueinander stehen oder »abliefern müssen«. Dieser Konkurrenzgedanke ist ein Teil von in uns wohnenden Strukturen, für die wir (schon wieder!) gar nichts können: internalisierte Misogynie.

Ein kurzer Exkurs: Anfang meiner Zwanziger dachte ich, dass es völlig normal sei, die neue Freundin meines Ex-Freundes oder die vor mir oder irgendeine willkürliche andere Frau, nicht zu mögen, einfach so aus Prinzip. Weil sie die war, die sie war. Dass es normal wäre, mit Freundinnen über »die Neue« zu lästern. (Ist es natürlich nicht!) Wenn ein Mann mich betrog, dann war ich sauer auf die andere Frau. Nicht auf ihn. Das alles ist internalisierte Misogynie, also gesellschaftlich in uns wohnende Frauenfeindlichkeit.

Diese Denkmuster, die in uns wohnen und für die wir nichts können, sind es auch, die uns andere Frauen bewerten lassen, die dazu führen, dass wir uns mit ihnen messen, mit ihren Lebensentscheidungen oder genau explorieren, wann sie welchen Schritt im Leben gehen, um das dann auf unser eigenes Leben zu projizieren. Das Resultat ist die Panik davor, dreißig zu werden.

Dabei ist es oft nur diese Angst vor der Bewertung anderer, die das kritische Hinterfragen in uns auslöst. Wenn ich meine eigenen Lebensentscheidungen selbstbewusst vertrete, gebe ich anderen, aber vor allem mir selbst, gar keinen Raum, meinen Lebensweg kritisch zu sehen, auch wenn es bedeutet, dass ich ihn allein gehe. Ich glaube, dass andere uns immer nur so ernst nehmen, wie wir selbst uns ernst nehmen – *und Alter ist am Ende auch nur irgendeine Zahl.*

Etwas anderes ist es natürlich, wenn man selbst unglücklich mit der Situation, mit dem Alleinsein ist. Wenn man zu sich sagt: Ich bin __ (setze ein Alter deiner Wahl ein) und allein und würde gern an einem anderen Punkt im Leben stehen. Ein berechtigter Wunsch, den die Realität manchmal nicht zu erfüllen bereit ist. Was gilt es vielleicht in dir zu heilen, wenn du die Realität gerade nicht ändern kannst? Und wenn du es scheiße findest, dann finde es ruhig scheiße. Es gibt andere Lebensinhalte, Aufgaben und Werte, die dich erfüllen können. Wichtig ist nur, dem eigenen Leben einen Sinn zu geben.

Ich finde es in ähnlichen Situationen hilfreich, mich auf die positiven Aspekte zu konzentrieren, auch wenn die negativen Gefühle dazu valide sind. Ein positiver Aspekt des Alleinseins – gewollt oder ungewollt – ist, dass du mehr Zeit hast, dich selbst kennenzulernen. Außerdem bin ich der Überzeugung, dass allein sein jung hält. Vielleicht, weil wir weiterhin den Nervenkitzel des Unbekannten spüren, mehr auf uns achten können, mehr Zeit für Selfcare und die eigenen Bedürfnisse haben. Oder einfach weniger Stress haben. Allein schlafen Frauen tiefer (wusstest du das?), während Männer besser schlafen, wenn jemand neben ihnen liegt. Das einzige Wesen, das den Schlaf von Frauen angeblich besser macht, ist laut Studie ein Hund.[40] Get yourself a dog, not a man.

Und dann erinnere dich noch einmal daran: Jede von uns ist auf einer eigenen Reise. Manch einer startet mit 45 zum ersten Mal ein eigenes Business. Eine andere bekommt mit 21 das erste Kind. Manch einer verliebt sich zum ersten Mal so richtig mit 76. Jedes Leben verläuft anders, und es gibt – zum Glück – kein Richtig oder Falsch. Selbst wenn wir in der gleichen Familie aufwachsen, wie meine Schwester und ich, gehen wir trotzdem völlig verschiedene Lebenswege. Wir müssen uns mit niemandem messen, uns nicht vergleichen.

Ich verbringe den schönsten dreißigsten Geburtstag, den ich mir hätte vorstellen können. Mitte November ist es bitterkalt draußen, und eine eisige Schicht durchzieht die Straßen in Berlin-Mitte. Wir feiern in einer kleinen Bar, in der zwei Jungs gerade ihre Mikrofone für ein Sofakonzert einstöpseln und meine engsten Freunde und Freundinnen und ein Teil meiner Familie sich mit Glühwein und offenen Pizzakartons verteilen. Während ich abseits stehe und alle beobachte, kann ich gar nicht glauben, wie glücklich mich diese Menschen machen und wie schön ich es finde, mit ihnen frei und nicht allein zu sein. Ich glaube nicht, dass das Leben jetzt entschieden sein muss. An diesem Abend bin ich mir sicher, dass es ab jetzt nur noch viel besser wird.

19

Drei Perspektiven

Gespräche im Winter: Allein sein und Freundschaften

»Tut mir total leid, ich bin superspät dran!«, entschuldigt sich Josy und lässt Tüten und Taschen und zwei Kinder neben mich im Café in Hamburg auf den Boden gleiten, um sich aus ihrem Mantel zu schälen. Der Kinderwagen versperrt allen anderen die Tür, aber das ist ihr egal. Sie umarmt mich herzlich. Ihre Wangen sind rosig und prall von der Winterkälte, die sie mit ins Café bringt und die mich frösteln lässt. Ich freue mich so sehr, sie zu sehen, wollte sie unbedingt noch einmal in den Arm nehmen, bevor ich zu meiner nächsten Reise aufbreche und ein paar Wochen weg sein werde. Hastig nippe ich an meinem heißen Kakao und verbrenne mir die Zunge. Keines unserer Treffen findet mehr allein statt, ohne ihre beiden Kinder.

»Also du bist happy?«, frage ich sie und nicke mit dem Kopf in Richtung des sabbernden Kleinkinds, das auf dem Baby in ihrem Arm rumturnt, nachdem sie mir lang und breit von ihrer Woche erzählt hat. Ihre Erzählungen sind immer jammernd, aber sie lacht dabei, wirkt irgendwie vergnügt, als würde sie genau das genießen. Den Stress, die Lautstärke, das Sich-an-den-Türen-Stoßen und Mit-dem-Kinderwagen-irgendwo-hängen-Bleiben, die Sabber auf ihren frischen Klamotten, die genervten Blicke der anderen. Es ist genau ihre Welt. Ich beuge mich nach vorn, um ihr das frisch geschlüpfte Ding abzunehmen, und lege es in meine Armbeuge.

»Ich liebe es.« Ihre Augen glänzen. »Ich bin eigentlich nie allein, nicht mal auf dem Klo.«

»Haha.« Ich lache gequält auf.

»Nicht da hochklettern, komm sofort runter!«, schreit sie quer durch das Café. »Also wo waren wir?« Ihre Augen leuchten. Ja, Josy liebte es, niemals allein zu sein.

Freundschaft ist, sich an neue Situationen miteinander anzupassen. Josy hat das, was zwischen uns war, mitgenommen und verändert und scheint das nicht einmal störend zu finden. Ich gönne ihr ihr Familienglück von Herzen. Aber es ist ein bisschen, als hätte sie mich mit dem Was-mal-war unserer Freundschaft allein zurückgelassen. Sicherlich ist es normal, einander in geänderten Verhältnissen, wenn man sich gerade an ein neues Level der Kommunikation anpasst, zu vermissen. Und sich manchmal trotz der Anwesenheit der anderen in einer Freundschaft allein zu fühlen.

Auf einer Geburtstagsparty in Schöneberg ein paar Tage später lerne ich Verena kennen. Sie ist klein und nippt an ihrem Drink, ihre Miene irgendwie finster. Ich setze mich zu der Truppe an den Küchentisch, sie ist die Einzige, die sich mir nicht vorstellt. Mir ist es egal. Es ist eine WG-Party, die Altbauwohnung hier riesig, man lernt sich kennen und verläuft sich wieder. Namen, Blicke, Drinks. Es ist eiskalt draußen, und die Fenster beschlagen von den vielen atmenden, lachenden Menschen. Ich werde nach meinen Plänen für den Winter gefragt, also erzähle ich kurz von meiner anstehenden Reise, dass ich nur einen Hinflug habe und mich dort mit Menschen verabredet habe, die ich schon kenne, aber dann allein weiterziehen werde, so, wie ich es ursprünglich geplant hatte.

Während ich mich mit den anderen am Tisch nett unterhalte, hält Verena sich zurück. Aber ich spüre ihre ablehnende Energie meiner Geschichte gegenüber. Sie verschränkt die Arme, hat die Knie angezogen und starrt mich an.

»Ich würde niemals irgendwo allein sein wollen. Das ist doch völlig bescheuert«, wirft sie ein, als das Gespräch kurz verstummt.

»Findest du?«, frage ich und wende mich ihr zu.

»Warum sollte man das machen?«

»Ähm …« Den Winter in der Ferne zu verbringen und Januar und Februar bis März irgendwo in der Sonne remote zu arbeiten klang für mich ehrlich gesagt nach der besten Idee, die ich seit einer langen Zeit hatte. »Würdest du wohl nicht machen wollen? Muss man ja keinen Bock darauf haben«, ziehe ich sanft, aber klar eine Grenze in diesem Gespräch.

»Ihr Freund hat sich aus dem Staub gemacht«, flüstert mir eine der Mitbewohnerinnen verschwörerisch zu, als Verena gerade ihre Bowle nachfüllt, »… sitzen gelassen, mit einer neu gekauften Eigentumswohnung.«

Als ich Verena später im Flur wiedersehe und sie nur ansehe, aber mich nicht traue, noch etwas zu sagen, platzt sie heraus: »Tut mir leid, ich wollte dich nicht anfahren. Es ist nur so, dass …« Ich nicke. Ich kenne das, was sie fühlt. Sie war ich und ich bin sie, zu anderen Zeiten vielleicht. Ich wette, dass sie sich an diesem Abend, zwischen diesen Gesprächen und Freundschaften, einsam und erdrückt fühlt. Sie wurde zurückgelassen. Sie ist unfreiwillig allein.

»Au ja, in Tulum komme ich dazu!«

»Wirklich?«

»Ja, soll ich nach einer Unterkunft schauen?«

Als ich Frankie von meiner für nach Weihnachten geplanten Überwinterungsreise erzähle, fragt sie mich direkt, ob wir uns nicht Ende Dezember in Mexiko treffen wollen, um zusammen Silvester zu feiern. Ohne Umschweife sage ich zu. Ich will anschließend ein paar Wochen lang allein den Rest Mittelamerikas bereisen, weil es mir im Frühling so gut dort gefallen hat.

Ich freue mich auf sie. Aber Frankies Plan scheint gänzlich anders als meiner, das merke ich, während ich ihre Vorschläge luxuriöser Airbnb-Apartments durchklicke, die mir von allem zu viel sind, vor allem zu teuer. Ich sehne mich inzwischen beim Reisen nach einfachen Hostelbetten, danach, so wenig Geld wie möglich auszugeben, was für mich ein Gefühl von Freiheit bedeutet. Außerdem will sie direkt den ganzen Januar gemeinsam verplanen. Die Vorstellung, eine Luxusübernachtung nach der anderen »abzuarbeiten«, bereitet mir Unbehagen, ich will weder das Geld ausgeben noch mich auf den Verlauf vorab so festlegen. Bisher war es auf meinen Reisen immer so, dass ich zwar eine grobe Idee meiner Stopps hatte, aber sie immer wieder umwarf. Weil ich lieber doch zwei Nächte irgendwo länger blieb, weil ich die Leute mochte oder noch nicht weiterwollte. Ich hatte inzwischen gemerkt, wie das Leben aussieht, das mich glücklich macht. Auf Reisen vor allem spontan. Außerdem fühle ich mich gerade sozial irgendwie erschöpft.

Zu zweit sein hat viele Facetten – vor allem ist es ein ständiger Kompromiss, ein Abwägen, eine Sicherheit, dass die Gesellschaft der anderen Person einem so viel bedeutet und schenkt, dass man all diese Kompromisse dankend in Kauf nimmt, sie einem vielleicht gar nicht auffallen. Habe ich mich so sehr an mich gewöhnt – dass ich mich inzwischen sogar richtig nach dem Alleinsein sehne? Bin ich introvertierter als gedacht oder einfach nur superegoistisch?

Ich fühle mich im Alleinsein auf Reisen inzwischen so wohl, alles daran gefällt mir. Nichts planen zu müssen, keine Erwartungen erfüllen zu müssen, neue Länder zu sehen, verloren zu gehen, mich selbst kennenzulernen, meine Ruhe zu haben und auch auf niemanden aufpassen zu müssen. Noch einmal den Rucksack zu packen und allein ein paar Wochen auf Reisen zu gehen, daran reizt mich vor allem die damit verbundene Freiheit, ohne einen Plan losziehen zu können. Die eigene Gesellschaft für genauso wichtig zu nehmen wie die eines anderen macht die Entscheidung für sich selbst nicht zu etwas Egoistischem, sondern eben einfach nur zu einer Entscheidung. Unsere Vorstellungen von einer schönen Reise können und sollen ja unterschiedlich sein. Es fällt mir dennoch schwer, hier zwischen meinen eigenen Bedürfnissen und denen meiner Freundin abzuwägen. Ich will sie weder kränken noch vor den Kopf stoßen.

Ich ringe mich dazu durch, fair zu uns beiden zu sein, und schreibe ihr: »Hey friend, du weißt ja, ich möchte noch nicht so viel planen. Lass uns gerne eine Unterkunft für Silvester raussuchen, aber danach würde ich den Verlauf meiner Reise gerne offenlassen und dann spontan allein weiterreisen. Wenn du einen fixen Plan für deinen Januar brauchst, mach den gerne ohne mich.« Ich klicke auf Abschicken. So klar mit meinen Grenzen und Wünschen zu sein, meine Intuition nicht zu ignorieren fühlt sich ungewohnt an. Dabei ist es doch auch meine Zeit. Mein Geld. Meine Reise. Und es steht mir zu, die so zu verbringen, wie ich das möchte. In meinem Tempo die Welt zu entdecken. Mich an den Herzschlag, den ich woanders spüre, anzupassen. Letztendlich sind wir selbst die einzige Person, die wissen kann, was uns guttut und wie wir unser Leben verbringen wollen. Nein sagen zu lernen war für mich ein Prozess, mit dem ich nie ganz fertig wurde.

Es ist ungewohnt, sich in Freundschaften für das Alleinsein zu entscheiden und auf eine Art auch sozial unerwünscht. *Denn genau dafür haben wir uns doch.* Frankie nimmt meine Nachricht völlig cool auf. »Ja klar, so machen wir das!«, schreibt sie und bestätigt damit, warum sie so ein wichtiger Mensch in meinem Leben geworden ist. Freundschaften sind wie ein Tanz aus unseren Bedürfnissen. Die Liebsten sind mir die, bei denen ich weiß: Ich kann sein, wie ich bin. Und wir sind immer füreinander da. Ich hole den Rucksack raus und fange an zu packen, für meine zweite längere Reise allein. Und die wird so ganz anders, als ich vermutet habe.

»Ach, ich könnte gerade auch hierbleiben«, sage ich, als ich mich am letzten Abend von meinem besten Freund verabschiede, der Berlin ebenfalls in ein paar Tagen für den restlichen Winter verlässt.

»Ich auch. Aber das ist doch was Schönes. Das heißt, dass du dein Leben hier so sehr liebst, dass du gerne bleibst. Gerne hier bist, nicht wegmusst. Geht mir auch gerade so.«

Auf dem Heimweg durch den Kiez, die klirrende Kälte zieht mir in meinen offenen Mantel, denke ich darüber nach: Vielleicht ist es vor allem dann, wenn man sich so geborgen fühlt, so gerne bleibt, so still ist, erst recht der richtige Zeitpunkt mal wieder raus, in Bewegung zu kommen. So wie ein unverhoffter Abend, zu dem man eigentlich gar nicht mehr aufbrechen wollte, meistens die schönsten Geschichten schreibt. Also packe ich und ziehe los.

20

Startschwierigkeiten

Leerlauf

Wir sitzen uns am Gate gegenüber und lächeln uns durch unsere Masken mit den Augen an. Es ist der Tag vor Silvester, die Stimmung irgendwie festlich. Als ich einsteige, steht er in diesem riesigen Flieger schon vor Reihe 38. »Hi, willst du am Fenster sitzen»?, fragt er, als wäre schon am Gate klar gewesen, dass wir diesen Flug wohl eh zusammen verbringen werden. Es ist der perfekte Start in eine neue Reise. Ich wollte arbeiten, lesen vielleicht, schlafen definitiv, aber ich komme nicht dazu. Mit Rob finde ich mich in einem Gespräch wieder, das zwölf Stunden lang nicht abreißt.

Wir lesen gegenseitig die Bücher an, die wir mithaben, beenden unsere Gespräche mit »da war ich, da musst du unbedingt auch mal hin«, er bringt mir Offiziersskat bei und gibt verzweifelt wieder auf, und irgendwann schläft er an meiner Schulter ein. Ich lege meinen Kopf auf seinen und mache die Augen zu. Wir sind irgendwo über dem Ozean, irgendwo zwischen zu Hause und neuen Abenteuern. Auch wenn wir uns nicht kennen, ist es diese Zwischenwelt, die uns vertraut miteinander macht, die Tatsache, dass wir beide gerade in keiner bekannten Umgebung sind, nicht hier wegkönnen. Flughäfen und Flüge fühlen sich für mich irgendwie immer an wie ein ganz eigenes Universum – wo Menschen sich um acht Uhr morgens mit Rotwein betrinken, in der hintersten Ecke auf dem dreckigen Boden schlafen oder alle Manieren vergessen. Es ist zu eng dafür. Hier ist alles egal.

Vorfreude macht sich in mir breit, als ich daran denke, was vor mir liegt. Ich möchte wieder in Mexiko starten, aber diesmal weiterreisen, viel von Mittelamerika sehen und in ein paar Wochen von Panama aus zurückfliegen. Ich habe nichts weiter geplant, mir nur einen Zeitrahmen gesteckt und einen Hinflug gebucht.

Die Viruserkrankung habe ich mittlerweile überstanden, kämpfte nur noch mit den letzten Zügen ihrer Langzeitfolgen (vor allem einer monatelangen chronischen Erschöpfung), ich habe mich mit der schlimmsten Einsamkeit befasst und sie für mich in etwas Gutes verwandelt. In Lebendigkeit und Kreativität. Habe gemerkt, wie wichtig mir Wertschätzung ist und das Gefühl, gesehen zu werden. Und trotzdem bleibt etwas übrig, das den Lesefluss vielleicht stört, das ich weglassen könnte, aber an dieser Stelle erzählen will: Ich kämpfe zu dieser Zeit mit Panikattacken. Trotzdem reise ich allein los. Es scheint paradox. In mir wohnt die tiefste Dunkelheit neben der größten Motivation und Lebendigkeit, Schulter an Schulter. Ich fühle mich, als hätte ich keine Verbindung zu meinem Körper mehr, aber gleichzeitig ist da dieses unstillbare kleine Kind in mir, das Abenteuer und Leben will. Um aus meinem Alleinsein das Bestmögliche zu machen. Jeder Tag ist anders, heiß, kalt, panisch, vergnügt.

Die Zeit rund um den Jahreswechsel hat für mich immer etwas Besonderes, etwas Magisches. Vielleicht will ich deswegen noch einmal herkommen, an diesen Ort, der mir in diesem Jahr schon einmal so eine schöne Zeit allein beschert hat. Die Truppe, die ich hier kennengelernt habe, und ich, wir haben uns für Silvester in Mexiko verabredet. Mir gefällt die Vorstellung, dort anzufangen, wo ich mich schon einmal so wohlfühlte, um dann allein weiterzureisen. Als hätte ich sie wie Muscheln von meinen Reisen nach Mexiko, Guatemala und Ibiza oder aus Berlin eingesammelt und alle mit hierhergebracht, sehe ich Jess wieder und Kayser und Tiger, Houssam und Leyla. Und auch Frankie, die sich wiederum mit anderen verabredet hat. Sie hat alles für sich selbst geplant, doch zu diesem Festival gehen wir alle zusammen.

Danach überfallen mich eiskalte Panikattacken in meinem Hostelbett. Ich brauche zwei Tage, um mich von ihnen zu erholen. Die Zeit hier ist geprägt von Menschen, die ich bereits kenne. Es gibt nichts Neues, keine Unbekannten in der Gleichung, keine offenen Fragen. Die Zeit ist ein Strudel aus Absprachen, aus aufeinander warten, aus Gesprächen, die an der Oberfläche kleben bleiben, die sich nur darum drehen, Zeit und Raum zu kommentieren. Wir kommentieren das, was wir erleben, tauchen allerdings nicht tief irgendwo ein. Ich lasse die Augen aus dem Fenster des Taxis schweifen. Sie ruhen auf vorbeirauschenden Farben, auf sich verändernden Straßenzügen, auf Grün und Braun.

Alle reisen allein, planen für sich allein, aber sind nie allein. Wenn man erst einmal loszieht, dann lernt man Menschen kennen, dann bleibt man in losem Kontakt, ist auf einmal miteinander verknüpft, in alle Himmelsrichtungen. Manchmal bleibt man eine Weile zusammen, ist gemeinsam unterwegs und trennt sich dann wieder.

Es war die einfachste Idee, dort hinzufliegen, wo ich schon einmal war. Es war für mich kein Risiko. Jetzt erst merke ich, wie sehr es doch eines war. Das, alte Erinnerungen mit weniger guten, neuen zu überschreiben. »Die Panikattacken killen mich. Kenne ich so nicht. Dabei will ich doch einfach nur auf Vulkane steigen, in kleinen Cafés schreiben und in der Sonne liegen und lesen … «, schreibe ich abends in mein Tagebuch.

Allein sein heißt, auch mit unserer Angst, unserem inneren Kritiker, inneren Diskussionen, fehlenden Entscheidungen, Dingen, die man bereut, allein zu sein. Das kann uns beflügeln oder in ein Loch stürzen, und meistens können wir gar nicht selbst entscheiden, was unser Inneres mit uns macht. Wir sind dem hilflos ausgeliefert. Müssen uns selbst mit Akzeptanz und Liebe begegnen, weil da niemand ist, der sagt, dass wir nicht so streng mit uns sein sollten, dass wir auf unsere Intuition für die nächste Entscheidung hören sollten oder nicht im Gestern oder Morgen festhängen.

In Tulum falle ich am Neujahrsmorgen auch Eduardo um den Hals, der aus Guatemala wieder hierhergezogen ist. Er ist wie ein sicherer Hafen hier. Mit Frühstückstacos vom Straßenrand setzen wir uns auf eine Bordsteinkante und reden über unsere Träume.

»I've never seen snow«, sagt Eduardo, als ich ihm den gerade tobenden Winter in Deutschland in Videos zeige. Aufgeregt erzählt er mir von der Idee, genug zu sparen, um irgendwann einmal nach Kanada zu fliegen. Schnee? So begeistert, wie er davon redet, mit leuchtenden Augen, verstehe ich erst, wie besonders unser Alltägliches für fremde Augen sein kann. Ich glaube, dass wir uns in allen Menschen spiegeln, denen wir begegnen, und dass uns das Reisen nicht nur mehr über fremde Kulturen lehrt, sondern vor allem über uns selbst.

»Die meisten Mexikaner kennen keinen Schnee. Ja, eigentlich der Großteil der Welt hat noch nie Schnee gesehen«, erklärt er mir.

»Da habe ich noch nie darüber nachgedacht. Also, dass ein Großteil der Welt noch nie Schnee gesehen hat. Und wie besonders das eigentlich ist«, sage ich nachdenklich. Es stimmt mich wehmütig.

Die Gespräche zurück im Hostel fühlen sich dagegen völlig wahllos an. Zwei Niederländer setzen sich auf die Liegen zu Leyla und mir und entfachen eine Diskussion über die Unterschiede von Niederländern und Deutschen. Es ist dieser Small Talk, bei dem man einfach über irgendetwas redet, um miteinander zu reden. Aber wenn man es von hier aus betrachtet, von Mexiko aus, wenn man alle anderen Kulturen der Welt in Relation setzt – sind die verschwindend gering, finde ich. Und es gibt wenig, was mich am ersten Tag des neuen Jahres, morgens um acht Uhr, weniger interessieren könnte. Diese Reise oder eher die permanente Anwesenheit von Gesellschaft nervt mich. Es fühlt sich an, als würde ich mich selbst gerade nicht richtig ertragen. Ich weiß nicht so richtig, was wir hier machen, warum es dieses Gespräch braucht. Ich weiß nur, was ich gerade nicht will: ein Teil davon sein.

Ich wünsche mir Stille, Ruhe zum Nachdenken. Also verabschiede ich mich, lasse sie allein mit diesem Gespräch, nehme mein Tagebuch und laufe barfuß auf den langen Steg, der vor dem Hostel am Wasser liegt. Es ist windig hier draußen, die Sonne steht hoch und brennt mir direkt ins Gesicht und zwischen die aufgeschlagenen Seiten. Dort bleibe ich, bis es mir zu heiß wird.

Ich betrachte meine sandigen Füße und den Rucksack am Ende des Strandbettes. Es ist spannend, wie man an bereits bekannte Orte zurückkommt, aber dennoch … alles anders ist. Ich brauche ein paar Tage, um wieder im Reisen anzukommen. Irgendwie klar zu sein. Vergangene Erlebnisse kann man nicht wieder kreieren. Klar: Man nimmt sich selbst an jeden Ort immer mit. Ist es eine Kunst, sich selbst auszuhalten?

21

Zu faul zu gehen

Tauchen vor Cozumel

Das Licht sirrt oder vielleicht ist es die zu kalt eingestellte Klimaanlage. Ich weiß es nicht. Die Hitze steht im Innenhof, vor den schmalen Fenstern des Hostelzimmers, in das ich mich in Tulum eingebucht habe. Für Frankie habe ich ein Bett mitgebucht, aber sie ist nie hier aufgetaucht und irgendwo zwischen ihren Partys und alten Bekanntschaften am Strand verloren gegangen. Diese Reise startet komisch. Mir fehlt hier die Klarheit, die ich sonst immer habe. Die, intuitiv immer zu wissen, wo es als Nächstes für mich hingehen soll. Ich treibe in einem schwerelosen Raum, betäubt, wie von sich anbahnenden Kopfschmerzen.

Ich lasse die Beine von dem schmalen Bett baumeln. Mein Telefon neben mir summt, ich habe eigentlich nicht mal das Bedürfnis, draufzusehen. Als wäre ich nur Sklave meiner eigenen Reflexe, tue ich es trotzdem. David, ein Mann, den ich kaum kenne, fragt per Nachricht, ob ich Lust habe, zu ihm nach Cozumel zu kommen, er hätte meine Fotos aus Tulum gesehen. Wir haben uns vor Monaten flüchtig über gemeinsame Bekannte in Hamburg kennengelernt, ich war mir nicht mal sicher, ob ich ihn sympathisch fand. David schreibt, er hätte sich ein eigenes Apartment gebucht, weil seine

Freunde krank geworden seien, und einen Tauchkurs fürs Wochenende.

Resigniert sehe ich mich in meinem leeren Hostelzimmer um, blicke kurz auf die anderen ungelesenen Nachrichten auf meinem Handy und auf die flimmernde Hitze im Innenhof vor den schmalen Fenstern. Ich sage zu. Tauchen klingt toll. Kühles Nass.

Das Apartment im südlichen Teil von Cozumel ist schön, und als wir in Taucherausrüstung nebeneinander über den Meeresboden gleiten, fühle ich mich glücklich und ruhig. Meine Finger gleiten wie in Zeitlupe durch die Wassermassen vor mir, zerteilen sie, ich schwimme durch sie hindurch, schlage in langen Bewegungen meine Beine auf und ab, die in Taucherflossen stecken. Ein paar Fischschwärme weichen mir aus. Völlig fasziniert beobachte ich eine riesige Schildkröte, nur ein paar Meter entfernt von mir, wie sie im Sand des Meeresbodens liegt. Hier unter Wasser herrscht eine unbeschreibliche Ruhe, mein Kopf ist wie in Watte gepackt. Ich genieße sie, atme gleichmäßig vor mich hin, schlage mal mühelos mit den Beinen, dann gleite ich wieder ein paar Meter, reiße meine Augen weit auf und beobachte das bunte Treiben um mich herum. Hier unten ist alles so friedlich und frei. In den Momenten über Wasser dagegen fühle ich mich wie gedämpft. David raucht ununterbrochen und hat schlechte Laune. Angewidert fächere ich seine Rauchschwaden weg. Er beschwert sich über meine ungemachten Haare, die ich nach dem Meer immer lufttrocknen lasse, und macht abschätzige Kommentare über meine Fingernägel. Es ist die Art, wie jemand etwas sagt, die den Unterschied macht. Ich blicke ratlos auf meine Hände hinab, deren kurz geschnittene Fingernägel hier und da Sandreste vom Tauchen und unserem Tag auf dem Boot auf dem Meer aufweisen. Nervös pule ich ihn heraus. Er würde sich sonst nicht mit Frauen treffen, die so wenig auf sich achten, meint David. (Ach so, ist das hier ein Date? Und ich sehe nach einem Tag im Meer nicht aus wie auf dem Weg zu einem Galadinner? Shocking!) Ich lache ausdruckslos, vielleicht ist es auch eher ein Schnauben, und verlasse das Zimmer, setze mich für einen Moment auf die Dachterrasse, weil ich nicht weiß, wohin mit mir. Mir ist mein Aussehen beim Reisen herzlich egal, aber vor allem ist es mir zuwider, so bewertet zu werden, ich fühle mich aufgewühlt, nicht wertgeschätzt, verwirrt. Dann texte ich ihm kurz, dass ich allein etwas essen gehe, und stelle mein Handy auf stumm.

Mit Fremden, die ich noch nicht gut kenne, mit denen ich vielleicht nur für einen Abend durch die Bars ziehe, gerate ich oft in einen seltsamen Strudel, in dem ich nur entertainen will, eine spritzige, witzige Version meiner Selbst sein. Bis ich mich am Ende des Abends emotional völlig ausgelaugt frage: War das die beste Art und Weise, wie ich diesen Abend hätte verbringen können?

Resigniert beobachte ich die Frau, die sich im Restaurant neben mir an den einzigen freien Tisch setzt und nach dem Menü verlangt. Elegant lässt sie sich in die weichen Polster sinken, schiebt die Sonnenbrille hoch in ihre Haare und reckt ihr Gesicht Richtung Sonne. Sie sitzt selbstbewusst da, bestellt sich das teuerste Dessert der Karte und einen Rotwein, betrachtet die weitläufige Promenade. Ohne ein Buch zur Zerstreuung, ohne zur Ablenkung am Handy zu daddeln oder ihr Alleinsein auf andere Art zu kompensieren, sitzt sie einfach nur da. Sie strahlt eine unheimliche Präsenz aus. Ich beobachte sie hinter meiner Sonnenbrille eine Weile, als hoffte ich, etwas von ihr und ihrer Ausstrahlung würde auf mich abfärben.

Erst als ich schließlich auch eine Weile dasitze, ohne mich abzulenken, nur beobachte, fällt es mir wie Schuppen von den Augen: Ich bin von einem ungewollten Alleinsein in ein anderes getaumelt, ich lenke mich davon ab, mich damit auseinandersetzen zu müssen, was die letzten Tage hier los war. Die Panikattacken. Die Zerstreuung. Die Überforderung in falscher Gesellschaft. Hauptsache, der Kopf ist beschäftigt. Ich vertrödelte Zeit in Gesellschaft, die mir gar nichts gab, als wäre ich nur auf der Flucht vor meinen eigenen Gedanken. Warum nur?

Ich mache den gleichen Fehler wie letzten Sommer mit Alex: Ich bin mit jemandem unterwegs, der mich für das, was ich bin, gar nicht sieht, anscheinend nicht mal besonders mag, und dennoch bleibe ich. Ich hätte doch auch einfach allein ein paar Tage tauchen gehen können! Vielleicht werden manche Lektionen so lange wiederholt, bis wir sie verstanden haben.

Ich kann keine guten Entscheidungen treffen, wenn ich einsam bin. Ich weiß nicht, wohin mit mir und was der nächste gute Schritt ist. Ja, manchmal wünsche ich mir jemanden, der alle wichtigen Entscheidungen für mich übernimmt. Und auch die unwichtigen. Welchen Zug ich buche oder was eine gute Wahl für einen Masterkurs ist. Manchmal wünsche ich mir, einfach mal die Zügel abzugeben. Nicht immer alles im Griff haben zu müssen, nicht immer die Einzige zu sein, die mich aufheitert oder sich um meinen Scheiß kümmert. Das Auto volltankt, die Vorhangstange anbringt und dieses Obstfliegenproblem in den Griff bekommt. Ja, manchmal wünsche ich mir das. Aber ich weiß auch, was damit einhergeht. Kompromisse. Immer, immer für zwei zu denken. Manchmal kann es befreiend sein, genau das nicht tun zu müssen. Einfach nur ganz nah bei sich zu sein.

Ich war zu faul, mich darum zu kümmern, allein zu sein, mir einen neuen Plan nur für mich zu überlegen, obwohl es besser wäre. Ich wertschätze meine Zeit hier nicht genug. Es ist das Gleiche, wie aufzuräumen, nur wenn Besuch kommt, oder sich nur zu duschen und schön anzuziehen, wenn man verabredet ist. Fehlende Wertschätzung der eigenen Person, der eigenen Zeit, ja des eigenen Daseins gegenüber. Ich wollte allein reisen, aber bin nun doch oft in Gesellschaft, die mich nicht erfüllt.

Aber das hier ist nicht letzter Sommer oder die Zeit mit Alex. Das hier regele ich besser. Zurück im Apartment verabschiede ich mich von David. Ganze zehn Tage hat es gedauert, mich auf dieser Reise einzufinden, bevor ich dann doch bereit bin, meine Zeit hier allein in die Hand zu nehmen. Gern allein zu sein bedeutet, sich faulen Kompromissen entziehen zu können und sich eine Freiheit herauszunehmen, die manchen wegen unseres internalisierten

Gruppendrucks merkwürdig erscheint. Wenn man anderen nicht aus dem Weg gehen kann, ist es schwierig, eigene Überzeugungen zu entwickeln.[41] Wir brauchen manchmal eine Pause voneinander, um uns gutzutun. Allein zu sein kann auch einfach der Übergang von einer Gruppe in eine andere bedeuten, weil es Platz schafft, Menschen zu finden, die besser zu einem passen. Es ist schön, für die richtige Person Kompromisse einzugehen, sich Wohnung, Vorstellungen, Tagespläne und alles andere zu teilen – aber für die falsche Person ist es Ressourcenverschwendung und sinnloses Verstreichen wertvoller Lebenszeit.

Ich miete mir für eine Nacht ein eigenes Apartment und gehe abends – jetzt so richtig – mit mir aus. Inspiriert von der Frau, die ich im Restaurant beobachtet habe, ziehe ich mich schön an, ein kurzes schwarzes Kleid, in dem ich mich wirklich gerne mag. Ich kämme meine nassen Haare, sodass sie in langen Strähnen über meinen braunen Rücken fallen, und ziehe meine Augenbrauen nach. Ich nehme mich selbst heute mit auf ein Date.

Wie ich so dasitze, an diesem kleinen Platz auf Cozumel, gesäumt von orangefarbenen zweistöckigen Bauten mit Altstadt-Charme, meine Pasta auf meine Gabel aufwickele und mir nebenbei handschriftliche Notizen mache, denke ich: Das ist genau das Leben, was ich mir mit sechzehn für mich erhofft habe. Frei, reisend, schreibend. Im Januar in der Sonne sitzend, braun gebrannt, mit einem Kopf voller neuer Erinnerungen und einem vollgeschriebenen Tagebuch. »Lebst du das Leben, das du dir mit sechzehn für dich gewünscht hast?«, notiere ich. Jetzt ja, denke ich und blicke glücklich in die Nacht um mich herum. Die Sterne am Himmel glitzern. Auf dem Rückweg ziehe ich meine Schuhe aus und laufe barfuß über die Pflastersteine der Altstadt. Ich habe seit Anfang der Reise keinen Moment so sehr genossen wie diesen hier. Ganz allein.

Die kommenden Tage gehören nur mir. Nach sieben Tagen mit Frankie und drei mit David ist endlich der Moment gekommen: Ich breche allein auf. Ich steige im Morgengrauen auf die Fähre vor

Cozumel, um zurück aufs Festland nach Playa del Carmen überzusetzen. Der heiße Kaffee in meiner Hand dampft, der Wind weht durch meine Haare, ich ziehe meine Füße auf die Sitzbank hoch und verliere meinen Blick in den Wellen. Der Fahrtwind streift die vielen belastenden, fremden Energien von meinen hängenden Schultern ab, erlaubt mir, endlich wieder richtig bei mir zu sein. Zu schweigen. In mir zur Ruhe zu kommen.

Stundenlang sitze ich auf dem Balkon meines kleinen, frisch bezogenen Apartments, die Beine über der niedrigen Brüstung, beobachte das Treiben auf der Straße unter mir, lese zwei Bücher aus, mache mir Notizen, arbeite, schließe die Augen, denke nach, lasse das Leben hier auf mich wirken. Fast religiös bade ich in Sonnenmilch mit Lichtschutzfaktor 50, als könnte ich damit alle Sünden und Falten meiner Zwanziger wieder wettmachen. Morgens schnüre ich meine Laufschuhe und trabe langsam runter zur Strandpromenade. Die Sonne trifft meine Sommersprossen, meine nackten Beine, den noch kühlen Asphalt. Schon jetzt hat es 27 Grad. Ich wechsele problemlos zwischen Sprints und lockerem Laufstil und biege nach acht Kilometern wieder in die Straße des Ferienapartments ein. Es wird mein völlig selbstverständliches Morgenritual, ich stretche mich kurz und lasse dann das eiskalte Wasser der Regendusche das Salz von meinem warmen Gesicht spülen. Ich laufe wieder, denke ich lächelnd, während das Wasser auf mein Gesicht tropft. Ich bin wieder bei mir.

Manchmal, wenn ich alleine unterwegs bin und wie hier in Playa durch eine fremde Stadt laufe, Musik in den Ohren, fühlt sich mein Leben an wie ein Film. Eigentlich ist das generell wahrscheinlich der beste Tipp, den ich je fürs Alleinreisen bekommen habe: Stell dir einfach vor, du bist die Protagonistin in deinem eigenen Film. Genau so fühlen sich die darauffolgenden Tage hier für mich an.

Allein laufe ich durch die Straßen, die sich morgens so groß anfühlen und abends so klein, wenn sie von den durstigen Massen geflutet werden. Frühes Dinner, ein Glas Wein, den Laptop offen, das

Buch dabei. Ich beobachte die bunten Lichter, die Menschen. Die Stadt glitzert zwischen den gespannten Lichterketten und den lachenden Gesichtern, zwischen Vorfreude auf das neue Jahr und der Hoffnung oder dem tiefen Vertrauen darauf, dass es besser werden würde. Für mich konnte ich sagen, dass es das längst war.

22

Bereichernde Begegnungen

Sich gesehen fühlen

Ich wache morgens auf, noch leicht benommen von den zwei Margaritas am Abend zuvor, und halte mein Gesicht in die Sonne, die langsam über den Rand der Balkonbrüstung in das Schlafzimmer klettert. Seit ein paar Tagen bin ich jetzt schon hier in Playa del Carmen, in einem wirklich schönen Apartment unweit des Strandes. Ich spüre ein Ziehen in meinen Armen und dem Rücken, Muskelkater vom Power Yoga gestern. Auf eine gute Art und Weise. Auf eine, bei der man sich lebendig fühlt, in seinem Körper angekommen. Mein Daumen scrollt über den kalten Bildschirm, ich checke die Nachrichten, ziehe dann einfach Flip-Flops zu meinen Schlafshorts und dem kurzen Top an und laufe los.

Die kleine Stadt schläft noch, als ich um kurz nach sieben über die unebenen Pflastersteine der Quinta schlappe. Die Sonne steht noch tief, bricht sich nur vereinzelt ihren Weg in die kleinen Gassen, die ich kreuze. Ich lächele den jungen Frauen zu, die gerade dabei sind, ihre Läden aufzumachen, den paar Joggenden, die an mir vorbeiziehen, gehe immer weiter die Fifth Avenue entlang, an den Bars und Restaurants vorbei, vor denen gerade noch die Spuren des Vorabends beseitigt werden, an großflächigen Regenpfützen der vergangenen Nacht und ersten Kaffeedurstigen. Vor meinem

Stammcafé ist bereits eine Schlange, aber die Mexikanerinnen hier arbeiten schnell und effizient. Ich bestelle auf Spanisch, sie lächeln mich an, und ich schlappe zurück, Gesicht weiter in die Sonne, Straße für Straße. Die Tage hier tun mir gut. Ich habe so eine gute Zeit, dass ich gar nicht das Bedürfnis habe, jemanden zu treffen. Für den Abend plane ich, mit mir allein in ein Restaurant zu gehen, und freue mich unheimlich darauf.

In einem gelangweilten Moment auf dem Balkon, während mir der Schweiß die Beine runterläuft, die Spanischlektion auf meinem Handy sich in die Länge zieht und ich bis zur vordersten Kante des Plastikstuhles rutsche, damit so wenig Haut wie möglich ihn berührt, öffne ich dann doch eine Dating-App. Die erste Person, die ich angezeigt bekomme, wische ich direkt nach rechts. Fünf Minuten später weiß ich, dass Hannes vergeben ist, aber nach Kontakten sucht und mit seinen drei Freunden hier ein Apartment teilt. In umfangreichen Sätzen skizziert er mir seine Lebensgeschichte, seine Nachrichten sind endlos lang. So geht Tinder nicht, denke ich lachend. Meine Antworten sind knapp, witzig, austauschbar, ich necke ihn und gebe kaum etwas über mich preis. Oder … hat er es vielleicht viel besser verstanden als ich?

»Guten Morgen, Luise! Habe unseren Chat von gestern etwas sacken lassen und wollte dir nur kurz schreiben, dass ich mich voll auf heute Abend freue!«, lese ich am nächsten Morgen, als ich aufwache. Wie wertschätzend von ihm.

Wir sind abends zum Dinner verabredet, Hannes, die drei Jungs, mit denen er hier ist, und ich. Die Avenue 38 unterhalb der Fifth ist voller schöner Restaurants. Im Dunkeln wippen die Palmenblätter vor sich hin, zwischen denen bunte Lampions hängen. Ich stolpere in die Jungs hinein, die vor dem Restaurant auf mich warten.

»Hi«, strahle ich und nehme Hannes als Ersten und dann nacheinander auch Chris, Tim und Jesper in den Arm. Ich bestelle mir einen Drink, Hannes macht mit, die anderen bleiben bei Wasser. Ich habe wirklich Spaß daran, die vier über ihre Freiberuflerjobs auszufragen, die sie hergebracht haben. »Die nächsten Tage verbringe ich nur für mich«, fällt mir mein Vorsatz wieder ein, und ich muss lachen, während Jesper von einer Bekanntschaft erzählt, die er gestern Abend gemacht hat. Es ist alles gut, wie es ist. Ich folge meinem Vorsatz, den ich nach Cozumel getroffen hatte: gute Gesellschaft oder meine eigene. Das hier war eine der guten.

»Wie ist das dann, hier so eine Fernbeziehung zu haben?«, raune ich Hannes neben mir zu, während seine Freunde zu anderen Themen gleiten.

»Das erzähle ich dir mal irgendwann anders«, sagt er, und sein Kopf ist auf einmal sehr nah an meinem. Er streift oft meine Schulter, während er gestikuliert, und sieht mich manchmal eine Sekunde zu lang an. Ich bin ganz euphorisiert, als wir uns kurz vor Mitternacht verabschieden. Was für ein schöner Abend, was für eine schöne Begegnung. So eine, die ich nicht gebraucht hätte, weil ich auch einen schönen Abend allein verbracht hätte. Aber eine, die mich mit einem neuen Thema zum Nachdenken und einem Lächeln auf dem Gesicht einschlafen lässt.

»Gut geschlafen? Würde gerne noch mehr von dir erfahren. Also wenn wir noch mehr Zeit verbringen können, bevor du abreist, wäre das mega! Würde mich voll freuen!« Ich sitze gerade bei meiner morgendlichen Arbeitssession im Café und muss lächeln, als mich Hannes' Nachricht am nächsten Tag erreicht.

»Ist Wertschätzung deine Sprache der Liebe?«, frage ich ihn, als wir uns abends wiedersehen, in derselben Straße wie gestern. Diesmal nur zu zweit.

»Freundschaftlich«, hatte er noch geschrieben, als er mir das Restaurant schickte, das er ausprobieren wollte.

»Klar«, antwortete ich und sagte zu.

Hannes hat eine Wertschätzung mir gegenüber, die mich fasziniert. Ich bin es gewohnt, dass Männer ihre Gefühle für sich behalten, nicht über sich reden können oder wollen. Ich bin es ganz und gar nicht gewohnt, nach einem ersten Treffen zu lesen: Ich will mehr über dich erfahren. Ohne drei Tage abzuwarten oder das eigene Interesse hinter einer coolen Fassade zu verbergen oder runterzuspielen. Hannes macht sich nahbar und verletzlich, vielleicht weil das zwischen uns kein Dating ist. Es hat keinen doppelten Boden. Es ist kein Kennenlernspiel.

In unserer Generation muss Interesse zu zeigen ganz genau austariert werden. Zu wenig kommt desinteressiert rüber, zu viel kann den anderen verschrecken. Ich kannte mal jemanden, der mir nachmittags und Minuten nach einem zufälligen Treffen schrieb: »Ich bin echt Fan von dir. Ich will dich sofort wiedersehen. Ich stelle mir vor, jetzt Sex mit dir zu haben.« Ich verschluckte mich fast vor Lachen. Ich meine, was?? Wir waren nur einen Kaffee trinken. Ich zeigte die Nachricht einer Freundin, die neben mir saß, und sie stammelte nur: »Ach, du meine Güte.« Das Treffen war nett. Aber das war zu viel. Es nahm der Sache jegliche unbeschwerte Anfangseuphorie, gab einem harmlosen Treffen eine Richtung, in die ich gar nicht hatte gehen wollen, und ließ mir nur eine Option: sofort den Rückzug anzutreten.

Hannes dagegen hat die richtige Mischung raus. Er schmeißt nicht mit Komplimenten um sich, als wären sie im Ausverkauf, um ihnen damit jegliche Bedeutung zu nehmen, sondern sagt einfach ganz klar und selbstbewusst: Ich mochte unser Treffen, ich finde dich interessant, mehr nicht. Es fühlt sich wertschätzend an, und mehr braucht es oft gar nicht.

»Ja, ich denke schon«, beantwortet er meine Frage. Wertschätzung, also Lob und Anerkennung, ist auch meine »Sprache der Liebe«, und ich treffe nicht oft Menschen, auf die das ebenso zutrifft. Dieses Kategoriensystem, erfunden von einem Pastor ohne wissenschaftliche Grundlage, finde ich dennoch ganz hilfreich, um jemanden grob einschätzen und kennenlernen zu können.[42]

Zwischen unseren Blicken liegt dennoch etwas, das sich nicht platonisch anfühlt. Ich sehe immer wieder weg, als würde ich damit aus dieser sich enger schnürenden Verbindung entkommen können. Mich abkühlen. Ich bin Single – aber er ist es eben nicht. Die Grenze ist klar. Meine Augen schweifen zu einem Straßenmusiker, zu den zerknüllten Pesos in seinem Hut, zu den Menschen an den

Nachbartischen. Ich inspiziere ein bisschen zu lang, was sie sich bestellt haben, bevor ich meinen Blick wieder auf Hannes richte und mich zurück in unsere Unterhaltung einklinke.

»Also, deine Beziehung? Erzähl mal was darüber«, kühle ich das Gespräch weiter ab.

»Sie ist viel für mich, aber wir haben dennoch unsere Unterschiede. Manches will ich, was sie mir nicht geben kann. Ich liebe sie sehr. Acht Jahre sind eine lange Zeit.« Er lächelt. Er wirkt verliebt, aber auf eine nüchterne und sachliche Art. Seine Antwort hat etwas Verletzliches. Wie irgendwie alles, was er sagt.

»Kann eine Partnerin dir alles erfüllen, was du brauchst?«, frage ich in die warme Abendluft zwischen uns. »Also, ich meine ganz allgemein gedacht, sollte ein Partner das können? Können müssen? Oder ist es okay, wenn eine Person nicht jedes Bedürfnis für uns erfüllen kann?«

»Habe ich noch nie darüber nachgedacht.« Er sieht mich an.

»Vielleicht gibt es mehr als das«, überlege ich.

Wir müssen am Ende des Abends in die gleiche Richtung auf der Fifth Avenue. Als ich kurz vor meiner Kreuzung links in den noch offenen Supermarkt abbiege, tut er es mir gleich und lehnt sich mit verschränkten Armen neben einen der Kühlschränke, die ich gerade geöffnet habe.

»Ich helfe dir, dein Wasser hochzutragen«, sagt er und folgt mir wie selbstverständlich in mein Apartment, ins Wohnzimmer, auf die Couch. Ich schnippe meine Flip-Flops von den Füßen und setze mich neben ihn.

»Ich kann dich nicht küssen, ja?«, stellt er direkt klar und legt stattdessen seinen Kopf in meinen Schoß.

»Was?« Ich muss lachen und fange an, seinen Kopf zu kraulen. Dann halte ich inne. »Das hatte auch niemand vor.« Ich lasse mein Satzende wie eine Frage in der Luft schweben. Es ist dieser Satz von ihm, der unsere Verbindung nicht länger platonisch macht, der zumindest ausspricht, was zwischen uns nicht ist, was aber doch sein könnte. Ein Bild zeichnet, das vorher nicht da war. Die Energie, um die wir bisher nur rumgetanzt sind, in Worte packt. Er kneift in die Rolle auf meinem Bauch, die beim Lachen unter ihm wackelt, sagt, wie schön er die findet. Dann lässt er seine Hand über die Gänsehaut auf meinem Arm fahren. Das geht zu weit. Aber es ist nicht meine Aufgabe, seine Grenze zu ziehen.

»Du bist was Besonderes«, sage ich zu ihm. »So echt.«

»Ich weiß einfach nicht, wie man datet, glaube ich. Habe ich seit acht Jahren nicht mehr gemacht. Deswegen vielleicht. Ich sage immer alles, was ich denke.« Er lacht.

»Wir daten ja auch nicht. Aber ich finde das sehr beeindruckend, du hältst nichts zurück, du spielst nichts, verstellst dich nicht, um cool zu wirken. Du bist dein verletzlichstes Selbst. Ich finde das schön.«

Die Straße unter uns ist laut, eine Sirene zieht vorbei. Die Nacht hier bringt keine Stille mit sich. Ich wähle eine Playlist aus, *Leaves* von Alle Farben tönt leise aus den Lautsprechern des Apartments.

»Morgen zusammen Power Yoga? Ich muss jetzt gehen«, sagt er, und ich nicke.

Er nimmt mich minutenlang in den Arm, dann geht er und zieht die Tür hinter sich zu, ohne sich noch einmal zu mir umzudrehen. Ich sitze noch lange reglos auf der Couch.

Ich vermisse Nähe, als ich diese letzte Nacht hier allein in dem riesigen Bett liege. Ich wünsche mir nur für den Bruchteil eines Moments, es teilen zu können. Haut an Haut. Wärme. Fast bin ich froh, bald wieder in einem Neunzig-Zentimeter-Hostelbett zu schlafen. Hannes hinterlässt eine Leere in mir, von der er nichts weiß. Der Grund ist einfach: Ich fühle mich von ihm gesehen.

Als wir am nächsten Morgen nach einer Stunde Power Yoga im Shavasana auf der Dachterrasse nebeneinander auf dem Rücken liegen und Arme und Beine von uns strecken, berühren sich unsere Füße. Ich taste mit meinen Fingern nach seinen und lege meine Hand so auf dem Boden ab, dass die Außenseite seine berührt. Der Wind fegt über die Dachterrasse, über die den Rand säumenden Palmen und das gespannte Sonnensegel, das kühlenden Schatten auf uns wirft. Er verschränkt seinen kleinen Finger fest mit meinem. Es ist eine freundschaftliche Berührung, die sich so schön und warm anfühlt. Wir genießen die Nähe des anderen. Ich weiß, dass er wie ich die Augen geschlossen hat. Der Kurs war anstrengend, morgen würde ich den Muskelkater in Rücken und Armen definitiv spüren.

Später, ich komme gerade aus der Dusche, schreibt er: »Sie hat es leider nicht sehr gut aufgenommen.« Wir sehen uns nicht mehr wieder. Das ist okay. Ich mische mich nicht weiter ein. Aber ja, wir können uns mögen. Es macht seine Liebe zu ihr nicht kleiner. Es ist meine erste Auseinandersetzung mit der Frage von Bedürfnissen und wie wir sie stillen, über Interesse, Neugier und Verlangen. Die Begegnung mit Hannes berührt mich. Es ist, als hätte ich etwas von seiner Energie aufgesogen und mitgenommen, als hätten wir Puzzleteile miteinander getauscht und uns neu verwoben, uns gegenseitig etwas auf unseren Weg mitgegeben. Vielleicht ist das mit allen Fremden so, die wir auf Reisen kennenlernen. Nun bin ich wieder allein. Zurück bleibt die Dankbarkeit, ineinandergerannt zu sein, zwei Menschen, hier beide allein. Vielleicht brauchen wir es manchmal nur, von jemandem gesehen zu werden. Für den Bruchteil eines Moments.

Vor dem Treffen mit David war ich einsam und leer, ich stillte meine Sehnsucht mit seiner puren Anwesenheit, vor dem Treffen mit Hannes war ich völlig glücklich, hier am richtigen Ort, zufrieden. Ich brauchte nichts von ihm und zog deswegen aus dieser Verbindung umso mehr. Vielleicht liegt der Unterschied genau darin: Ob wir aus einer Leere oder einer inneren Fülle heraus agieren. Ich mag diese Momente mit Menschen, denen ich auf Reisen begegne, und wie sehr sie etwas in mir in Bewegung bringen. Solange wir in anderen Menschen Anknüpfungspunkte finden, sind wir nicht einsam.

Mit einer tiefen, wohligen Zufriedenheit in mir streife ich durch Playa. Es sind meine letzten Tage hier. Diese Stadt ist schon längst zu meiner Komfortzone geworden, ich kenne mich aus, habe fast so etwas wie einen Alltag. Ich würde gerne hierbleiben. Aber ich weiß auch, wie gut es mir tun würde, wieder aufzubrechen. In eine Umgebung zu wechseln, in der alles neu ist. Es ist der einzige Grund, der mich tatsächlich veranlasst, jetzt weiterzuziehen: weil ich immer wieder zurückkommen könnte.

Vier enge Kleider lasse ich im Apartment zurück, sie eignen sich nur für Partys und Clubs, und danach sehne ich mich momentan so gar nicht. Ich gehe zwar abends weg, aber liege nach ein, zwei Drinks trotzdem zeitig im Bett. Ich passe auf mich auf. Ich lebe hier in meinem eigenen Rhythmus und könnte nicht zufriedener damit sein.

Allein reisen ist auf einmal nicht einfach nur Urlaub, nicht nur die vierzehn freien Tage im Sommer, die vom Chef genehmigt wurden. Allein reisen wird zur Sinnsuche, zur Selbstentdeckung. Ein Flugticket ist nicht nur ein Trip in die Sonne, sondern die lang ersehnte Reise zu mir selbst.

Am Ende meines Aufenthalts in Playa del Carmen verstehe ich: Hier allein zu sein machte mich glücklich, weil es mich vor Aufgaben stellte. Weil ich diese ganzen Geschichten sonst nicht erleben würde, nicht erzählen könnte. Und ich bin mir sicher, jeder, der allein auf Reisen geht, könnte solche Geschichten erzählen, von Begegnungen, vom Leben unterwegs, von Unterhaltungen, die noch bis lange in die Nacht gingen, von gesetzten Grenzen, von geänderten Plänen, von Einsamkeit, von Orten, an denen man einfach nur bleiben wollte, von neuen Menschen und Freunden. Von Momenten, die sich für immer einbrennen.

Die Einsamkeit, die ich das ganze Jahr zuvor über verdrängt hatte, erfasste mich am Anfang meiner Reise mit jeder Welle, die an das Ufer der Insel klatschte, und erst hier wurde mir das klar. Es war die Konfrontation mit dem eigenen Ich, die sich manchmal so schmerzhaft anfühlt, dass wir uns anderen Leuten nicht zumuten wollen. Wir bleiben allein, weil wir uns selbst nicht greifen können. So war es mir in den ersten Tagen in Mexiko ergangen. Es hatte gutgetan, sich ihr zu stellen. Es hatte zehn Tage gedauert, bis ich es schaffte, aus ihr auszubrechen. Mit dauerhafter Bespaßung, Ablenkung und in ständiger Begleitung schaffen wir es nie, uns unseren tiefen Sehnsüchten wirklich zu stellen. Ehrlich zu uns zu sein. Alles rauszulassen. Meine innere Ruhe und Glückseligkeit tauchten erst mit dem Alleinsein, dem Selbstbestimmtsein wieder wie die Sonne hinter Wolkenwänden auf, wenn diese endlich aufbrechen.

Ich hätte mir keine schönere Woche allein vorstellen können. Ich hatte hier meinen Rhythmus gefunden. War jeden Tag über zehn Kilometer einfach spaziert und hatte die lang gezogene Stadt erkundet. Morgens auf meinem Balkon gelesen, abends Cola am Strand getrunken und den Sonnenuntergang gesehen. Ich weiß jetzt, warum ich hergekommen war: um an ein Erlebnis anzuknüpfen. Um es zu wiederholen, das Glück, die Abenteuer. Hatte festgestellt und akzeptiert, dass das nicht ging, und als ich diesen Wunsch losließ, füllte sich meine Zeit allein ganz von selbst.

Ich bin entspannt und habe mindestens einen neuen Menschen in mein Herz geschlossen, neue Freundschaften im Gepäck. Ich drehe das Lied von gestern auf, danach lehne ich zu *Be Like That* von 3 Doors Down mein heißes Gesicht an die Fensterscheibe des Flugzeuges. Das Gefühl, in meinem eigenen Film zu leben, es ist wieder da. Ich bin wieder allein, und ich liebe absolut alles daran. Mein Herz ist randvoll mit Liebe für den Weg, den mein Leben eingeschlagen hat. Ich hatte meine Tasche gepackt, um endlich wieder in ungewissere Gewässer zu springen, und nahm den nächsten günstigen Flug innerhalb Zentralamerikas. Ich habe keine Ahnung, was da auf mich warten wird. Ich bin endlich bereit für etwas Neues, für Zeit mit mir allein. Die Reise geht weiter. Es geht nach El Salvador.

23

Alles kommt und geht in Wellen

Surfen lernen in Nicaragua und das eigene Körpergefühl

»El Salvador gefährlich« hatte ich vor ein paar Tagen halbherzig in die Suchleiste gehauen und auf den Enter-Button gehämmert. Ich saß barfuß an einer wenig befahrenen Seitenstraße in Cancún und balancierte den Laptop auf meinen Beinen. Ich fand viele Einträge zu Kriminalitätsstatistiken, zuckte mit den Schultern und buchte einfach einen Flug. Es war die günstigste Verbindung, die Cancún dieses Wochenende verlassen würde.

Den Immigration Officer versuche ich mit meinem schlagendsten Lächeln von der Tatsache abzulenken, dass ich kein Ausreiseticket habe. Er lässt mich gewähren. In El Salvador erwarten mich Maschendrahtzäune, Absperrungen auf jeder Mauer und Bitcoins als Zahlungsmöglichkeit bei Starbucks. Viele der vorbeifahrenden Trucks stoßen schwarze Rußwolken aus. Bunte Häuser reihen sich aneinander, die meisten hier in Santa Ana sind rosa oder gelb. An den engen Straßenkreuzungen begrenzen grüne Betonpfeiler die Häuserecken, so, als würde sie sonst jeden Moment jemand umfahren. Niemand hier spricht Englisch. In meinem Hostel sind wir nur zu zweit. Ich laufe morgens durch die Stadt, auf der Suche nach einem Kaffee und dem richtigen Chicken Bus, der mich zum angrenzenden Vulkan bringt. Das Transportmittel der Einheimischen ist der einfachste, aber auch langsamste Weg, um von A nach B zu kommen. Das Ticket kostet achtzig Cent, für die geführte Tour zum Vulkan hätte ich siebzig Dollar gezahlt. Ich bin mir sicher, dass auch der einfache Weg funktionieren wird.

Ich laufe und staune drei Stunden lang, bis ich auf der Spitze des Vulkans stehe und über den Kraterrand in den türkisblauen Schwefelsee schaue. Mittelamerika ist hier von einer Vulkankette durchzogen, ich stehe gerade auf dem höchsten Punkt El Salvadors. Das Mango-Eis in der blauen Tüte, das ich mir hier oben bei einem Einheimischen gekauft habe, läuft mir schon nach ein paar Sekunden die Hände und die Unterarme herunter. Es ist heiß und windig.

»Bist du jetzt in der Nähe? Komm doch runter nach Nicaragua«, schreibt mir eine Freundin aus Berlin, als ich wieder hinabklettere und mein Handy raushole, um ein paar Erinnerungsfotos vom Ausblick zu schießen. Sie ist dort gerade in einem Surfcamp am Pazifik, um für Kost und Logis Yoga zu unterrichten.[43] Ich kannte sie aus meinem Freundeskreis in Berlin, mochte ihre ruhige Energie, ihr zartes Wesen. Wir hatten bisher noch nie etwas zu zweit gemacht, kannten uns eher aus großen Gruppen. Ja, warum nicht, denke ich. Nicaragua scheint mir von hier gar nicht mal so weit weg, schließlich liegt nur ein Land, Honduras, dazwischen. »Vielleicht in ein paar Tagen?«, antworte ich ihr.

Ich besteige in El Salvador noch ein paar weitere Vulkane, esse an Straßenständen, lese meine Bücher in der Sonne, tracke jeden Song, der in den Bars läuft und mir gefällt, und erstelle mir daraus meine eigene Urlaubsplaylist, die ich auf den Chicken-Busreisen eingeklemmt zwischen Einheimischen rauf und runter höre.[44] Auch noch Monate später erinnern mich bestimmte Songs an die Wochen dort. Kurzum – ich mache mir eine richtig gute Zeit. Unheimlich freundliche Menschen, interessierte Blicke, eine dauerhaft vorhandene Sprachbarriere. Immer wieder die Warnungen von außen, die von einer Gefahr sprechen, die ich nicht wahrnehme. Ich warte am staubigen Straßenrand mit vielen anderen auf den Bus in die

Hauptstadt, die wie ein aufgeräumtes L. A. wirkt, nur mit mehr Maschendrahtzäunen.

Ich meide dunkle Gassen und hole mir Dinner to go, um es in der Unterkunft zu essen, weil es zeitig dunkel wird. Tagsüber erkunde ich die Stadt mit den lokalen Bussen, abends bleibe ich im Hostel und lege die Beine hoch. Für mich funktioniert es gut, hier auf mich aufzupassen.

Ein paar Tage später wanke ich um vier Uhr morgens aus meinem Hostelbett über die Straße zum Busstop nach Nicaragua. Erst unterwegs buche ich fünf Übernachtungen in dem Camp, in dem meine Freundin gerade Yoga unterrichtet. Aus den zwölf Stunden Fahrt werden schließlich fünfzehn, weil sich die Beamten an den vier Grenzkontrollen beim Verlassen und Einreisen in El Salvador, Honduras und Nicaragua Zeit dabei lassen, einen kleinen Stempel in unsere Reisepässe zu setzen. Ich lasse Landschaften und ganze Welten an mir vorbeiziehen und genieße den Weg, auf dem ich mich befinde. Chris, der neben mir sitzt, bietet mir von allem, was er isst, etwas an. Wir teilen Nüsse und Chips, Salzcracker, Obst, Cola und Wasser und jede Menge Anekdoten miteinander. Als ich mich und meinen Rucksack weit nach Sonnenuntergang in León rauswerfen lasse und der Reisebus wieder anfährt, winkt er mir aus dem Fenster nach. Melina holt mich am nächsten Morgen aus dem kleinen Hostel in León ab, in dem ich übernachtet habe, und gemeinsam erkunden wir einen kompletten Tag die Kolonialstadt mit ihren Kathedralen und Museen. Erst spät am Abend, es dämmert längst, befinden wir uns schließlich auf dem Weg zu unserem gemeinsamen Ziel. Der kleine Flitzer, den Melina ausgeliehen hat, hat große Schwierigkeiten mit der unbefestigten Schotterstraße runter zum Strand. Nicht nur einmal knallen wir mit dem Boden des alten Autos in den riesigen Schlaglöchern auf.

»Ich hole mir kurz eine Cola an der Bar«, sage ich zu meiner Freundin. Barfuß laufe ich die paar Schritte des Surfcamps zum Strand runter, nachdem wir in der Dunkelheit in dem abgelegenen

Dorf am Pazifik angekommen sind und ich meinen Rucksack in einem der Zimmer abgestellt habe. Ausnahmsweise ein Einzelzimmer, weil ich mich täglich um drei Uhr nachts (hallo, Zeitverschiebung!) in ein Blockseminar meines Masters einloggen werden muss. Ein paar Leute aus dem Hostel stehen an der Bar, ich kenne noch niemanden hier, also stelle ich mich leicht eingeschüchtert etwas abseits und versuche, die Aufmerksamkeit des Barkeepers auf mich zu lenken. Die hatte ich schon, als ich nur den Weg runterlief, merke ich jetzt. Er fixiert mich aus dem Augenwinkel, während er noch in ein Gespräch vertieft ist. Ich wurde lange nicht mehr aus so wachen Augen angeguckt, das bringt mich ins Stottern. »Ich wusste von unserem ersten Blickkontakt an, dass wir eine Verbindung haben«, wird er später zu mir sagen. »Una cola por favor«, sage ich zu ihm. Mir wird heiß.

»My pleasure«, antwortet er, drückt mir die kalte Dose in die Hand, guckt, nein, starrt, ohne ein einziges Mal mit seinen langen, dunklen Wimpern zu blinzeln, und lächelt dieses Lächeln, bei dem nur ein Mundwinkel hochgeht. Es entblößt seine Grübchen.

»Leute, wer ist das denn?«, seufze ich, als ich mit der eiskalten Cola zu Melina und Martin, dem Surflehrer, an die lange Tafel zurückkomme. »Ich glaube, ich sterbe gleich.« Lachend falle ich auf die Bank und absichtlich ein bisschen davon herunter. Der Moment erfordert absolut jede Dramatik, die ich aufbringen kann. Bemüht unauffällig gucke ich immer wieder zu dem attraktiven Mann hinüber, während er an der Bar Drinks mixt. Tattoos blitzen unter seinem T-Shirt am Hals hervor, er trägt Bart und eine irgendwie bedrohliche Aura mit sich, die ich nicht einordnen kann und die von einem riesigen, gewinnenden Lächeln durchbrochen wird. Es erzählt einem viel, vor allem darüber, wie wohl er sich hier und in dem, was er tut, fühlt. Immer wieder treffen sich unsere Blicke.

Erst an meinem dritten Abend kommen wir ins Gespräch. Er hat heute keine Schicht hinter der Bar, und ich gehe zum ersten Mal nicht so früh ins Bett, weil mein Master-Blockseminar für dieses Wochenende durch ist. Noah ist Spanier und für ein paar

Wochen zum Arbeiten hier. Er kennt jeden, die Hostelangestellten, die Besitzer, die Einheimischen, und alle kennen ihn. Nicht nur einmal müssen wir unser Gespräch unterbrechen, weil irgendwer ihm von hinten auf die Schulter klopft, mit ihm einschlägt oder sich mir mit seiner Hilfe vorstellt. Er spricht perfektes Englisch. Sein Blick ist offen und wertschätzend, macht mich schwach. Im Flug vergehen mehrere Stunden.

»Okay, ich gehe ins Bett«, informiere ich ihn schließlich über mein leeres Glas hinweg.

Er sieht mich an, ohne etwas zu sagen, vielleicht sogar ohne zu blinzeln. Er sieht mich einfach nur an.

»Kommst du mit?«, füge ich also selbstbewusst hinzu.

An diesem Abend nehme ich mir, worauf ich Lust habe, und das ist er. Ich sehe ihn nach seinen Sneakers greifen, als würde das als Antwort genügen. Mich überrascht, dass er später in meinem kleinen Bett liegen bleibt, statt zurück in sein Dorm zu gehen. Wir wachen morgens so auf, wie wir abends eingeschlafen sind, eng umschlungen. Gegen halb acht wird es zu heiß für Körpernähe, die Temperaturen liegen bei knapp unter dreißig Grad.

Spätestens ab diesem Morgen sind wir unzertrennlich. Ich bin die einzige Person, mit der Noah abends in einem Beerpong-Team sein will (meinetwegen, rede ich mir ein, aber wahrscheinlich eher, weil ich – warum auch immer – oft gewinne). Der große Barkeeper setzt sich vor oder nach seinen Schichten mit mir hin und bringt mir wie Eduardo vor vielen Monaten jeden Tag ein bisschen Spanisch bei, tagsüber schnappen wir uns die Surfbretter und rennen über den glühend heißen Sand ins Meer.

Das Dorf besteht nur aus ein paar Straßen, die tagsüber bei der trockenen Hitze von 34 Grad wie ausgestorben sind. Erst abends erwacht die Siedlung am Strand zum Leben. Livemusik, gemeinsame Filmabende, Lagerfeuer und Stockbrot und geteilte Joints auf dem Yogadeck. Ich arbeite meine Mails vor zwölf Uhr mittags ab, buche eine Surfstunde bei Martin oder liege reglos ganze Nachmittage neben Noah im Schatten am Pool.

Als ich mal ein paar Tage mein Handy ausschalte und mich hinsetze, um wirklich jeden Tag mindestens drei Stunden Spanisch in mein eingerostetes Gehirn einzupauken, ist es, als würde sich mir eine völlig neue Welt eröffnen. Ich fühle mich allem, was hier um mich herum passiert, dadurch viel mehr verbunden. Ich rede abends mit Rosa in der Küche oder mit Wendy, wenn ich bei ihr mittags Quesadillas hole. Natürlich mit Fehlern und langem Überlegen, aber ich kann mich mitteilen.

Mit einer Sprachbarriere tendieren wir dazu, uns von Menschen fernzuhalten, bleiben bei dem, was wir kennen. Bleiben auch im Ausland unter Deutschen, weil wir da komplett verstanden werden. Dabei ist es doch gar nicht schlimm, sich nicht komplett zu verstehen, vielleicht ein paar Hürden überwinden zu müssen, vielleicht Hände und Füße zu Hilfe zu nehmen. Wir lassen uns von einer Kleinigkeit davon abhalten, offen für vieles Neue zu sein. Es sind neue Verknüpfungen im Gehirn, wie noch nicht ausgetrampelte Pfade, die man immer wieder gehen muss, um sie einzulaufen.

An diesem Abend sitze ich an der langen Tafel auf der Terrasse und beobachte Rosa, die uns, ohne eine Miene zu verziehen, Teller mit Reis, Bohnen, gebackenen Platanos und Gemüse reicht. Meine Haare hängen nass und salzgetränkt meinen Rücken runter. Über uns leuchten Lichterketten, ein leichter Wind zieht durch die großen Palmen im Garten. Reihum blicke ich in glückliche, müde Gesichter. Fast jeder hier hat den Morgen beim Yoga und den Nachmittag auf dem Bord verbracht, ist liegend durchs Wasser gepaddelt, auf der Suche nach der richtigen Welle.

»Für jeden von uns gibt es die richtige Welle. Nur weil du die jetzt nicht gekriegt hast, heißt das nicht, dass die nächste nicht vielleicht deine ist«, hatte Martin im Wasser zu mir gesagt. Ich war entmutigt, hatte zu viel Salzwasser geschluckt, das Pazifikwasser brannte mir in den Augen. Ich sah ihn zweifelnd an, er grinste, hielt mein Bord fest, zeigte auf eine anrollende Welle. Und ich beobachtete sie, legte mich hin, paddelte und schaffte es, mich im richtigen Moment aufzurichten und kurz mit der Welle mitzugleiten. Der

Körper gerade, die Knie leicht gebeugt. Martin hinter mir jubelte. Dann fiel ich vom Brett.

Ich bin so erschöpft, dass es sich anfühlt, als würde mir jeden Moment mein Kopf in den weißen Plastikteller fallen. Und doch grinse ich, und alle um mich herum tun es mir gleich.

Ich dachte, hier in Nicaragua würde ich nur surfen lernen, aber ich lerne auch, mich auf einen neuen Menschen einzulassen, eine alte Freundin ganz neu und besonders kennen und dass auch ich eine Grenze habe, was Tequila angeht. Vor allem aber lerne ich meinen Körper wieder viel besser und intensiver verstehen. Ich hatte mich von ihm allein gelassen gefühlt, doch endlich kommt all das wieder zurück. Diese Verbindung zu mir. Es war mir schwergefallen in den letzten Monaten, mit der permanenten Erschöpfung Raum und Zeit für Bewegung zu finden. Hier fand ich den nötigen Leerlauf dafür. Ich versuchte einen Tauchkurs und brach den zweiten dann ab, kletterte auf einen Vulkan, schneller als ich dachte, und verbrachte einen ganzen Tag schlafend auf einer Strandliege. Ich war eine Stunde auf dem Surfbrett und schaffte es, drei oder vier Wellen wirklich gut zu stehen, ich krachte beim Yoga zusammen, weil meine Arme im Wild Thing einfach unter mir nachgaben. Um am nächsten Tag wieder von vorne loszulegen. Oder mich auszuruhen. Aber immer mit der Sicherheit: Das wird alles wieder. Ich begann mir wieder mehr zuzutrauen.

Wir spüren es, wenn wir körperlich aktiv waren: Die Muskeln in unseren Waden, die Spannung in unserem Bauch, das eigene Gewicht, die beiden Füße auf dem Boden, die Faszien in den Oberschenkeln und die kleinen Sehnen in den Schultern, die Schulterblätter oder irgendetwas dazwischen, das uns aufrechtzieht. Wir können auf einmal so viel mehr in uns wahrnehmen, einordnen. Ein gutes Körpergefühl verbessert die eigene Intuition, das innere Urvertrauen, das Einfühlungsvermögen in andere und die Resilienz in unvorhergesehenen Situationen, weil man sich so in sich zu Hause fühlt, dass es nicht entmutigt, wenn etwas nicht gelingt. Man kann sprichwörtlich besser in sich hineinfühlen. Unser Bewusstsein wohnt in jeder Zelle des Körpers, nicht nur im Kopf.[45] Ich habe letztens ein Zitat der Körpertherapeutin Ilan Stephanie gelesen, das mich sehr angesprochen hat: »Es ist nicht möglich, etwas nicht an dir zu lieben, was du wirklich spürst.«[46]

Unser Körper ist unser Schutzschild, unsere äußere Hülle, das, was uns durch die Welt trägt. Ich mag dieses Gefühl, diese starke Verbindung, die ich hier wieder zu mir und meinem Körper aufnehme. Manchmal hilft es (auch wenn einem in einer Situation der eigene Mut fehlt), sich dafür ein inneres Bild zu kreieren. Sich zum Beispiel vorzustellen, dass ganz viele Leute hinter einem stehen. Oder wie einen eine liebe Person umarmt. Auch die Vorstellung davon, sich an sich selbst anzulehnen, kann einem das Gefühl vermitteln, dass man gar nicht so allein ist, wie es auf den ersten Blick scheint. Dieses Bild von mir habe ich oft im Kopf, wenn ich allein unterwegs bin. Es gibt mir das Gefühl, mal kurz die Kraft von meinen Beinen nehmen zu können, die Verantwortung, die ich für mich trage. Als wäre da jemand, der sagt: Ich pass auf dich auf. Mir meinen Körper vorzustellen und mich wirklich zu sehen ist auch eine Art, mich mit mir selbst zu verbinden.

Ich war in diesen ersten Wochen des neuen Jahres so aktiv, dass mir erst bei diesem Abendessen auffällt, wie viel sich für mich schon geändert hatte. Wie glücklich ich mich in genau diesem Moment fühle, über die Schmerzen in meinen Armen, meine schweren Augenlider, jedes Zeichen der Erschöpfung in meinem Körper. Es ist eine positive, eine sinnvolle Erschöpfung. Sie gibt mir das Gefühl, etwas getan zu haben, meinen Körper endlich mal wieder von innen wahrzunehmen. Als hätte ich eine Verbindung wieder aufgenommen, die mir unterwegs verloren gegangen war. Und weil ich merke, dass es das war, was mich wirklich so frustriert hat: das Gefühl, meinen eigenen Körper nicht mehr zu spüren. Weil es bedeutet, sich selbst nicht mehr zu spüren. Und dadurch alles andere viel zu sehr.

24

Leben in meinem eigenen Rhythmus

Gefühle zulassen und mich verletzlich machen

Ich mache jede Reise allein inzwischen zu einem richtigen Erlebnis. Penibel suche ich vorher die Musik aus, die perfekt zu meiner Stimmung passt, lade mehrere Kopfhörer voll auf. Ich habe mein ganz bestimmtes System, wo sich was befindet, Portemonnaie immer in der Bauchtasche, Reisepass im Seitenfach. Packen dauert keine zwei Minuten mehr, etwas wiederfinden genauso. Ich bin konzentriert. Sprühe immer ein bestimmtes Parfüm auf. Ich habe einen Soundtrack für den Moment, wenn ich einen Ort verlasse, und einen, wenn ich kurz entspannen und schlafen will. Es ist eine Routine, die mich in die richtige Stimmung bringt, die meinem Kopf klarmacht, dass ich einen Ort verlasse, um woanders neu anzukommen, wie ein Ritual, das mich lebendig, ruhig und klar dafür sein lässt. (Und jeder Film braucht schließlich einen Soundtrack – so auch meiner.)

Ich hatte mich am Morgen von Noah, Martin und Melina und dem abgelegenen Dorf am Pazifik verabschiedet, um noch mehr von Nicaragua zu sehen. Um mal ein bisschen in die Zivilisation zurückzukehren, trampe ich zurück zum Highway und lasse mich vom nächsten Chicken Bus aufgabeln und so weit wie möglich in den Süden bringen. Wir halten ständig am Straßenrand, sammeln

Leute ein und lassen sie wieder raus, einer steigt mit einem Huhn unter dem Arm ein (daher haben die Busse ihren Namen), die Türen des Fahrzeugs stehen offen, zwei Leute quetschen sich neben mich auf die Bank. Bei einem kurzen Stopp kaufe ich mir am Straßenrand in der brütend heißen Mittagshitze eine aufgeschnittene Mango in einer Plastiktüte. Erst zurück im Bus sehe ich, dass sie noch unreif ist und in Salz und Chilipulver schwimmt. Meine Sitznachbarin zutscht ihre Plastiktüte geräuschvoll aus und wirft das Plastik anschließend in hohem Bogen über mich hinweg durch das offene Fenster auf die Straße. Ich bin zu Gast in einer Welt, die ich nie ganz verstehen werde.

Es ist eine Reise der Ambivalenz, ich mittendrin. Ich gebe kaum Geld aus, trampe, sitze auf der Ladefläche von Trucks in der Sonne und lasse mir den Wind auf der Autobahn durch die Haare peitschen und gönne mir dann eine Taxifahrt für 45 Dollar, weil ich mich kaputt fühle und mal kurz auf nichts aufpassen will, vor allem nicht auf mich selbst. In San Juan bin ich seit Langem endlich mal wieder wirklich allein. Noah hatte mir zum Abschied noch erzählt, dass er hier drei Wochen zuvor nachts und betrunken in einer dunklen Gasse gekidnappt wurde und er nur mithilfe seiner Spanischkenntnisse wieder freigekommen war. Vielen Dank auch, das macht doch Lust, sich hier ins Getümmel zu stürzen.

Sicherheitsbedenken sind berechtigt, klar. Dazu gehört auch, nicht mit Schmuck behangen und dem Smartphone in der Hand nachts durch dunkle Gassen zu schlendern, sich über die Länder zu informieren und einfach respektvoll mit der Kultur umzugehen, ganz egal ob in Kapstadt oder irgendeinem Land in Lateinamerika.

Wenn man sich von Menschen bedroht fühlt oder eine Situation als unangenehm empfindet, sich also ängstlichen Projektionen hingibt, kann es zielführend sein, die Situation selbst aufzulösen, das Gefühl zu durchbrechen. Stehen zu bleiben, umzudrehen oder jemanden anzusprechen und nach dem Weg zu fragen. Eine Situation wird damit zu meiner, ich kontrolliere sie, bin ihr nicht einfach ausgeliefert. Im Alleinsein lernt man aber auch zu vertrauen, es ist ein Gleichgewicht aus Freiheit und Ungewissheit, das eine Selbstwirksamkeit ergibt. »Wenn man das Vertrauen entwickelt, dass es einem gelingen kann, eine ambivalente Situation zu seinen Gunsten zu gestalten, schränkt man sich selbst weniger in seinem Handlungsradius ein«, schreibt Sarah Diehl dazu.[47]

Manche Tage hier in San Juan del Sur verbringe ich nur damit, von einem Café zum nächsten zu ziehen, sitze in der Sonne, lese viel und esse mehr Kuchen, als eigentlich in mich reinpasst. Als ich genug von den Sandstürmen und Regenschauern hier habe, buche ich mir ein paar Kilometer den Strand hinauf eine Hütte in den Bergen über Playa Maderas, mit Ausblick auf Wald und Dschungel. Mich zieht es wieder zurück in die unberührte Natur. Hier lebe ich nach meinem eigenen Rhythmus. Schlafe, wenn ich schlafen will, beobachte ein paar Affen in den Baumwipfeln, sitze ewig im Café, wenn ich lesen will, rede mal einen ganzen Tag gar nicht, arbeite einen ganzen Tag durch und verabrede mich am nächsten mit ein paar Kanadiern zum Dinner, die mich vor meiner Unterkunft aufgabeln und fragen, ob ich mitwill.

»Klar, warum nicht.« Dieser Satz wird zum Motto meiner Reise, denn ja, warum eigentlich nicht? Ich kann meiner Spontanität hier freien Lauf lassen oder mich einigeln, jeden einzelnen Tag. Ich falle fast hin, als ich einem Taxi ausweiche, und harre tapfer am Strand aus, als ein Sandsturm über mir tobt. Ich liebe die Tage hier, und in einer letzten Ecke meines Herzens denke ich immer mal wieder an Noah.

In einem Café werde ich von einem netten Dänen angesprochen, sage zu Drinks am Strand zu und eine halbe Stunde später doch wieder ab, weil ich mich einfach nicht danach fühle. Er ist ein Fremder, und es ist mir egal, was er von mir oder meiner Absage hält. Vielleicht macht das Alleinsein vieles einfacher. Eigentlich sind alle hier Fremde. Ich schreibe ihm also ehrlich, dass ich keine Lust mehr habe, das Haus zu verlassen, und verlasse es zu späterer Stunde dann doch noch. Vergnügt sitze ich in einem Liegestuhl einer Strandbar und esse Pasta. Ich stelle mein Handy an eine Colaflasche und lese so mein neu begonnenes E-Book direkt vor dem Sonnenuntergang und lache über die köstliche Liebesgeschichte. Es könnte mir nicht besser gehen.

Am nächsten Morgen packt mich in der Hängematte kurz die Einsamkeit, als hätte ich einen Kater. Mir wird schlecht und heiß und kalt, ich kriege eine Gänsehaut und schwitze, weiß für einen Moment nicht, wohin mit mir. Und das ist okay. Dieses Gefühl kommt und geht wieder, das weiß ich inzwischen. Ich halte es aus, und dann ist es wieder besser, ich spüre die Sonne auf meiner Haut wieder, die Magie, hier oben im Dschungel zu sein und auf Blätterdächer und Abhänge bis runter zum Meer zu blicken. Alles kommt und geht. Das hat mich das Alleinreisen gelehrt.

Ich raffe mich auf, bezwinge den kurzen Hike von meiner Dschungelhütte zum Strand runter, bestelle mir in derselben Bar wie gestern einen Iced Coffee und bekomme stattdessen etwas Gefrorenes mit jeder Menge Baileys drin. Nun gut, nun denn, denke ich und stoße mit mir selbst auf diesen fabelhaften Tag in meinem Liegestuhl an. Ich trinke zu viel Cola, nehme das mit der gesunden Ernährung nicht so genau wie zu Hause (Quesadillas ohne Ende) und lache mich mit meinem Buch in der Hand schlapp. Die Einsamkeit von vorhin ist längst vergessen. Sonne und Ablenkung, ein kurzes Lachen zwischen zwei Zeilen helfen gegen die Einsamkeitskater wie die Ibu, die ich mir sonst nach durchzechten Nächten einwerfen würde. Dann plane ich die nächsten Tage, suche mir Wanderstrecken in der Nähe aus und lese über die Geschichte und Kultur der Region hier.

»Um wirklich genossen zu werden, muss eine Wanderung allein unternommen werden. Wenn man mit anderen geht, und selbst nur zu zweit, ist es keine Wanderung, die des Namens wert wäre. Es ist eher so etwas wie ein Picknick. Man sollte allein auf eine Wanderung gehen, denn ihr eigentliches Wesen ist Freiheit. Denn man sollte in der Lage sein, anzuhalten und weiterzugehen, diesem Weg zu folgen oder jenem, ganz, wie es einem selbst gefällt, und dies in der eigenen Geschwindigkeit. Und dann muss man offen sein für all die Eindrücke und die eigenen Gedanken von dem einfärben lassen, was man selbst sieht.«[48] Dieses Zitat von Robert Louis Stevenson ist schon über hundert Jahre alt. In unserer heutigen Gesellschaft scheuen sich viele davor, alles zur Ruhe kommen zu lassen. Gesellschaft überdeckt, was uns eigentlich beschäftigt, weil nie Ruhe einkehrt, ein Gespräch nie verstummt, man nie nur ganz bei sich ist – es nicht sein muss. Meine Freundin Frankie hatte mir mal erklärt, dass sie nur mit alten Friends-Folgen einschlafen kann, damit irgendjemand da ist, der redet. Stille ist für sie zeitweise kaum auszuhalten. Warum eigentlich?

»Viele Menschen ahnen, dass da in ihnen etwas ist, das durch äußere Stimulation überdeckt wird. Ich nutze immer diese Metapher: Der Alltag und die vielen Eindrücke sind wie ein Wasserglas, welches mit Sand gefüllt ist und geschüttelt wird. Durch das Alleinsein setzt sich der Sand ab – wir sehen klarer. Davor haben manche Menschen Angst. Denn wenn man alleine ist und keine Ablenkung hat, kommen Dinge hoch. Das muss man aushalten können«, sagt Psychologin Ursula Wagner dazu.[49]

Viele Menschen berichten, dass sie nach einer Reise oder Wanderung zu einer Erkenntnis gelangten oder eine wichtige Entscheidung endlich treffen können.[50] Es geht darum, unangenehme Gefühle aushalten zu lernen. Dinge an die Oberfläche sprudeln zu lassen, die wir vielleicht verdrängt haben oder die in unserem Unterbewusstsein darauf warten, dass wir sie endlich einmal auspacken und uns mit ihnen beschäftigen. Auch Meditation ist ein gutes Mittel dafür. Wir können Erinnerungsstücke aufsammeln, ohne dass andere dies bewerten oder uns dabei unterbrechen,[51] uns vielleicht von außen betrachten und uns in einen Kontext setzen. Unangenehme Gefühle auszuhalten kann man lernen, indem man seine körpereigene Resilienz stärkt, durch kaltes Duschen oder Eisbaden zum Beispiel. Ganz nach dem Motto: Was mich nicht umbringt, macht mich stärker.

25

Allein auf der Flucht

Wir zwei, jeder allein

Für sechzehn Dollar die Nacht steige ich in einem heruntergekommenen Zimmer in der Hauptstadt Nicaraguas, Managua, ab. Ich hatte mit Noah ausgemacht, noch einmal zurückzukommen, bevor ich nach Costa Rica weiterreisen würde. Das Hostel ist schäbig, im Bad läuft eine Kakerlake über die Kacheln. In der Küche steht Florian aus Deutschland mit langen Dreadlocks und kocht etwas, das furchtbar riecht. Er spricht weder Englisch noch Spanisch und besitzt kein Telefon. Wir unterhalten uns auf Deutsch, und ich übersetze, als der Hostelbesitzer Nachfragen zu seiner Buchung stellt. Fasziniert überlege ich, wie er sich wohl hier durchschlagen mag.

Mehrmals an diesem Nachmittag läuft ein junger Mann im Innenhof an mir vorbei und lacht mich an. Es ist so ein Lachen, dem man anmerkt, dass sich jemand unterhalten will, sehr viele Zähne und leuchtende Augen, ein Blick, der ein paar Sekunden länger als üblich auf einem weilt, bei dem sich die Augen ineinander verankern, ein Winken. Ich grüße und gehe vorbei. Mir ist nicht nach Konversation. Das gelingt mir einmal, zweimal, beim dritten Mal lächele ich zurück, setze mich neben ihn in die Hängematte. »Giber en Venzuela«, sagt er, »und wer bist du? Cómo es para ti estar solo en la carretera todo el tiempo? Te sientes solo?«

»Ja, ich reise allein«, antworte ich ihm, »so lerne ich Menschen und Kulturen ganz anders kennen. No me siento solo.«

Er kichert, als hätte ich einen Witz gemacht. Sein runder Bauch wackelt unter dem zerrissenen bunten Shirt, das ihn umspannt. Er wirkt fast kindlich auf mich, dabei sind wir gleich alt, beide gerade dreißig geworden, wie ich herausfinde.

»Aber du bist eine Frau. Hast du keine Angst? Ich kenne keine Frauen, die hier gern allein sein würden.« Ich antworte nicht, sondern zucke nur wieder die Schultern. Ich empfinde es hier nicht als gefährlich. Ich kann auf mich aufpassen. Und mir war doch bislang nur Gutes passiert. Meine Realität ist eine ganz andere als seine.

»Yo tengo dies meses solo caminado para llegar aquí e pasado con este cinco pise is persona ue no tenemos posibilidad de tener visa tememos ue irno como podamos por la selva a mi me mataron 2 amigo en l selva de panamá tengo que seguir caminando«, tippt er in die App ein. »Ich bin alleine zehn Monate gelaufen, um hierherzukommen, und es ist mit diesem Fünfschritter passiert, dass die Person, die nicht die Möglichkeit hat, ein Visum zu haben, wir befürchten, dass wir so gut wie möglich durch den Dschungel gehen werden. Ich wurde von zwei Freunden im Dschungel behandelt von Panama muss ich morgen weiterlaufen« übersetzt mein Handy eher brüchig. Giber steckt in einer bunten Zip-Hose und trägt eine Brille mit dickem Fiberglas. Er wirkt nicht wie jemand, der sich nachts allein durch den Dschungel schlägt.

»Du bist auf der Flucht?«, frage ich in einem Mix aus Spanisch und Englisch.

»Si.«

Der Kloß in meinem Magen wird immer größer, je länger wir tippen, schweigen und uns unsere Bildschirme zeigen. Er mein Handy, ich meinen Laptop in der Hand. Ich erfahre, dass er sein Handy bei Panama im Fluss verloren hat, dass er nur die Sachen dabeihat, die er trägt. Dass er im Hostel aushilft, putzt, meistens, um dafür umsonst hier zu schlafen und vielleicht eine warme Mahlzeit zu bekommen.

»Allein zu reisen ist nicht einfach, aber für mich gibt es keine andere Option«, übersetze ich sein Spanisch. Ich nicke ihn an. Er lacht und klopft auf seinen Bauch.

»Ich gehe jetzt zur Grenze nach Honduras. Dort wurden meine Freunde von der Mafia getötet. Ich bin einsam. Ich denke an meine Familie und wie sie mich anlächeln. Und dann will ich weinen, aber kann nicht«, hält er mir wieder die Übersetzer-App hin. Ich starre auf den Bildschirm und lese, lese zu lange, blicke nicht wieder vom Bildschirm auf, weil ich nicht glauben kann, was er mir da eintippt, weil ich nicht weiß, wie ich auf so eine Nachricht reagieren soll. Dann zieht er den Bildschirm weg.

Meine lustige Reise ohne Plan ist seine Flucht, ein Kampf um sein Leben, ohne zu wissen, wo er abends schlafen soll oder ob er die nächste Grenze überstehen wird. Er macht »Despacito« auf YouTube an, immer noch mein Handy in der Hand, er hat ja kein eigenes mehr, und tanzt damit über die kleine, abgewohnte Terrasse, auf der wir sitzen.

»Meine beiden Geschwister haben Kinder, und ich bin der einzige ohne. Mein Leben ist in meiner Familie daher am wenigsten wert. Also gehe ich vor. Und wenn ich es schaffe, wenn ich es irgendwie schaffe, kommen die anderen irgendwann nach.«

Mein Leben ist daher am wenigsten wert, wiederhole ich still.

Er erzählt mir in getippten Worten vom Leben und von den Unruhen in Venezuela, dass man keinen Pass bekäme, um auszureisen. Die Situation hat etwas Bizarres. Ich fühle mich unwohl in diesem Gespräch, schuldig irgendwie, aber meine persönlichen Befindlichkeiten sind nichts weiter als white tears, haben hier nichts zu suchen und sind auch nicht weiter von Belang. Es tut weh, dass es mir so gut geht und ihm nicht. Dass man an dieser Ungerechtigkeit auf der Welt nicht einfach etwas ändern kann. Wo man geboren wird, entscheidet darüber, welche Türen sich einem öffnen. Privilegien fühlen sich schmerzhaft unverdient an, wenn wir uns ihrer bewusst werden.

Wir zwei sind beide allein unterwegs, aber unsere Reisen könnten unterschiedlicher nicht sein. Mein Backpackingtrip ist seine Hoffnung auf eine bessere Zukunft für seine Familie. Diese Reise schenkt mir Gedanken, Einsichten und Begegnungen, für die ich dankbarer nicht sein könnte. Ich bin nicht nur froh, weitergezogen zu sein – vor allem bin ich froh, dass ich mich überhaupt auf den Weg gemacht habe.

»Nutze diese Chance, dieses Leben«, hält er mir hin.

»Du hast ein gutes Herz. Bitte pass auf dich auf. Ich bin stolz auf dich«, antworte ich und kann die Schwere in meinem Blick wahrscheinlich kaum verbergen. Ich versuche zu lächeln. Er ging illegal über Grenzen, für ein besseres Leben. Es ist nicht meine Aufgabe, mir dazu eine Meinung zu bilden. Alles, was ich machen kann, ist, ihm zuhören, ihm für diesen Abend meine Zeit und damit vielleicht ein bisschen Kraft zu schenken. Diese Begegnung berührt mich zutiefst.

»Dein Lächeln werde ich niemals vergessen«, schreibt er mir zurück.

»Wie kann ich dich unterstützen?«, frage ich ihn noch. Er zuckt mit den Schultern. Ich drücke ihm die vierzig Dollar in die Hand, die ich noch bar habe. Dabei weiß ich, dass es an seiner Situation überhaupt nichts ändern wird.

Ich umarme ihn, lange. Und das hat er wahrscheinlich noch viel mehr gebraucht als die Dollarscheine, die jetzt zusammengeknüllt in seiner Faust stecken. Dann verabschiedet er sich, um in einer der Hängematten zu schlafen.

Zurück in meinem Zimmer nehme ich meinen Pass aus meiner Laptophülle und wende ihn in meinen Händen hin und her. 48 Seiten, gehalten von dunkelroten Buchdeckeln, aufgrund derer mir, völlig zufällig, die Welt offensteht. Die mir Möglichkeiten geben. Die mir die Wahl lassen, ob ich allein sein will oder nicht. Und die mir die Freiheit geben, diesen Zustand theoretisch jederzeit zu ändern. Mein Pass lässt mir die Wahl, welches Leben ich führen will, wo ich sein möchte, wo ich mich wohlfühle. Auch dass ich als Frau in einer Zeit lebe, auf einem Kontinent geboren wurde, in dem ich für mich Freiheit wählen kann, ist pures Glück. Als ich mich an diesem Abend in dem kahlen Raum in das aufgeheizte weiße Laken hülle, bin ich zum ersten Mal auf dieser Reise nicht nur dankbar, nicht nur inspiriert, nicht nur überwältigt – ich bin das erste Mal peinlich berührt. Ja, unangenehm betreten, denn auch wenn ich mir darüber im Klaren war, dass ich die Wahl hatte, mich hier frei zu bewegen, so ist es dennoch merkwürdig, wie wenig ich darüber nachgedacht habe, dass ich sie hatte, eine freie Entscheidung zu all dem hier. Wie wertvoll es ist, so leben zu dürfen. Ich kann mir mein Leben frei ausmalen. Ich wünschte, ich hätte mehr Zeit mit Giber gehabt.

26

Hauthunger

Warum wir es brauchen, berührt zu werden

Ich trampe über den Highway und den Schotterweg runter zum kleinen Camp am Strand, und falle dort Noah in die Arme, als hätten wir uns Jahre nicht gesehen. Die nächsten Tage sind wir unzertrennlich. Ich setze mich an die Theke der Bar, und wir teilen die letzten Tage miteinander, während er Drinks ausschenkt, er schläft jede Nacht in meinem Bett, wenn ich ein Einzelzimmer ergattere, ich eine Nacht bei ihm im Schlafsaal und wir eine gemeinsam am Strand, wo wir den Sternenhimmel betrachten und anschließend von Moskitos zerstochen gegen vier Uhr wieder aufwachen und in sein Schlafsaalbett flüchten. Erschöpft schlafe ich nach dem Frühstück und dem Schwimmen im Meer noch einmal im Schatten auf den bequemen Polstern der breiten Poolliegen ein. Ich merke noch, wie er sich neben mich legt, seinen Kopf in meine salzigen Haare steckt und neben mir einnickt. Die Palmen über uns spenden wohltuenden Schatten. Es ist trotzdem brütend heiß, aber er lässt meinen Oberkörper keinen einzigen Moment aus seiner engen Umarmung los. Nachts nicht, hier nicht, nie. Ich genieße jede Sekunde davon. Es ist, als würde es mich die Zeit hier noch intensiver fühlen lassen. Haut an Haut. Wir heizen einander auf. Seine Berührungen brennen sich in mir ein, über meine Haut direkt in mein

Herz. Als würde er durch das Berühren meiner Oberfläche eine Verbindung zu meinem Inneren finden.

Noah und ich, wir passen ineinander wie zwei Puzzleteile. Mein Kopf an seiner Schulter, mein Arm über seinem Bauch, sein Oberarm unter meinem Nacken – all das funktioniert irgendwie. Es fühlt sich nicht schwer oder unbequem an, nicht zu warm, nicht zu eng. Unsere Körper aneinander ergeben Sinn. Wir suchen die Nähe des anderen völlig automatisch.

Wir wollen berühren und berührt werden. Uns beim Auswärtsspiel jubelnd um den Hals fallen, uns nach einem langen Bad ausführlich eincremen, unsere Freunde zur Begrüßung umarmen, uns zu einem Hund runterbeugen oder uns nach einer langen Woche eine Massage buchen. Bei all der Selflove und Selbstständigkeit und dem Single-Empowerment vergessen wir das manchmal: die Sehnsucht nach Nähe und Berührungen.

Wir nehmen mit all unseren fünf Sinnen Kontakt zur Welt auf. Fehlt das Fühlen gänzlich, ist das, als würden wir die Welt mit all ihrer Intensität nicht richtig wahrnehmen können. Wir existieren nicht ohne Bezug zu anderen Menschen, ohne Hautkontakt ist es unmöglich, emotional und körperlich gesund zu leben.[52] Es macht etwas mit uns, wenn wir lange nicht mehr berührt worden sind. Es ist ein bisschen, als würde man die Verbindung mit der Welt verlieren, mit den Dingen, die uns umgeben. Als wäre man nur zu Gast in einer Welt, die anderen gehört.

Im Niederländischen gibt es ein Wort dafür, »Huidhunger«, im Englischen »skin hunger«. Im Deutschen gibt es das nicht. Wenn Wörter und Sprache unsere Realität erschaffen, ist es doch bezeichnend, dass unsere wortreiche deutsche Sprache keinen Begriff für den Zustand hat, wenn wir als Single oder im Alleinsein die körperliche Nähe eines anderen Menschen vermissen. (Dafür haben wir so etwas Schönes wie »Heimweh« oder »Weltschmerz«. Wörter, die es wiederum in anderen Sprachen nicht gibt. Deutsch, was sagt das über dich aus?)

Symptome von skin hunger sind unter anderem Depressionen,

Angstzustände und Schlaflosigkeit. Positive Berührungen lassen unseren Körper Oxytocin ausschütten. Ein Hormon, das den Blutdruck senkt, stress- und angstlösend wirkt. Menschen, die Angst haben, greifen nach der Hand einer anderen Person. Wir wollen uns festhalten. Uns verbinden. Menschen, die von anderen viel berührt werden, stillen damit ein offenes Bedürfnis. Babys sterben, wenn sie nicht berührt werden. Erwachsene verkümmern, sterben vielleicht innerlich. Der Mangel an Berührungen war uns nie so sehr bewusst wie nach zwei Jahren Leben auf Distanz. Eine meiner Freundinnen schwört auf eine Decke mit Gewicht, die sich anfühlt wie eine schwere, menschliche Umarmung. Eine andere geht konsequent einmal die Woche zur Massage. Ich bewundere sie dafür, wie viel Zeit sie sich für sich selbst nimmt, wie leicht es ihr fällt, sich berühren zu lassen, selbst wenn es, wie in diesem Fall, völlig Fremde sind.

Menschen in funktionierenden Paarbeziehungen haben in der Regel ausreichend Körperkontakt und sind daher oft auch zufriedener und gesünder als alleinstehende Personen. Dass Menschen in Partnerschaften generell glücklicher und gesünder leben als Singles, lässt sich aber nicht pauschal sagen, es kommt immer auf die Qualität der Beziehung an. Zudem haben viele Singles durchaus häufig ausreichend positiven Körperkontakt, oft sogar mehr als Menschen in Beziehungen. Anders sieht es bei alleinstehenden, betagten Menschen aus. Sie leiden oft unter Kontakt- und Berührungsarmut und werden dadurch depressiv. »Das ist auch deshalb so, weil die Gesellschaft immer mehr vereinzelt und damit die Möglichkeiten von Berührungen im Umfeld weniger werden«, sagt Franz Brunner, Psychotherapeut am Institut für Psychotherapie des Kepler Universitätsklinikums.[53]

Während wir uns die Hand geben und die Japaner sich voreinander verbeugen, küssen Französinnen sich zweimal auf die Wange. Eine Studie stellte fest, dass französische Jugendliche sich in einer halben Stunde 110-mal berühren, amerikanische Gleichaltrige im gleichen Zeitraum nur zweimal.[54] Diese Beobachtung wurde mit der Gewaltbereitschaft in Zusammenhang gesetzt: Diese sei in sogenannten »High-Touch Cultures« (wie Frankreich) relativ niedrig, in »Low-Touch Cultures« hingegen extrem hoch. Menschen, die sich oft gegenseitig berühren, prügeln sich also seltener.[55] Wir lassen Emotionen aneinander aus. In positiven wie negativen Berührungen.

Vielleicht wurde ich seit meiner letzten festen Partnerschaft nicht mehr so lange und so viele Nächte am Stück mit so einer Geborgenheit umhüllt, wie Noah sie mir hier in Nicaragua schenkt. Vielleicht ist es verrückt, dass es uns direkt nach einer Beziehung so vorkommt, als könne niemand uns je wieder im gleichen Maße diese Nähe schenken, die wir beieinander gefühlt haben – dabei kann nur einen Moment später genau so etwas auf uns warten.

Ich habe eine Freundin, Amelie, die mich immer sehr lange umarmt. Und bestimmt für eine Minute nicht loslässt. Die im Café meine Hand greift, wenn ich etwas erzähle. Vielleicht hat erst sie mir richtig gezeigt, dass Berührungen auch außerhalb von Beziehungen mit Männern stattfinden können und wie schön platonische Zuneigung ist. Einfach so, Berührungen unter Freunden. Und wie schön diese sind. Sie gibt mir dadurch das Gefühl, mich zu sehen, durch die Berührung wirklich in diesem Moment und mit mir verbunden zu sein. Inzwischen habe ich mir angewöhnt, auch immer wieder ihre Hand zu ergreifen. Sie lange zu umarmen. Meine Hand auf ihrem Bein abzulegen, wenn ich Auto fahre und sie erzählt. Einfach so.

27

Die Kinder-Frage

»Hast du nicht Angst, allein alt zu werden?«

»Lust, mit mir was essen zu gehen?«, lese ich auf meinem Sperrbildschirm. Mit verschränkten Beinen sitze ich schon seit ein paar Stunden an der langen Dinnertafel des Surfcamps und schreibe. Es hat 34 Grad, wie jeden Tag, seitdem ich hier bin. Ich sehe hoch und fange quer durch den Garten Noahs Blick auf. Er sitzt an der Bar vor einem Bier. Heute ist sein freier Tag.

»Bei Wendy?«, schreibe ich zurück. Das ist der Name der Mutter der Familie von nebenan. Hier geht man einfach in ihre an der frischen Luft gelegene Küche, wo sie eigentlich immer am staubigen Herd unter einem Wellblechdach steht, man fragt sie, was es gibt, und setzt sich dann auf einen der grünen Plastikstühle in ihrem Garten. Für mich gibt es meist Gemüse mit Reis und Bohnen, manchmal gefüllte Teigtaschen oder Salat, Salsa und Pico de Gallo und immer ein kaltes Bier. Wir schieben auf ihrer Terrasse zwei Stühle zusammen und setzen uns, ich schichte meine nackten Beine über seine.

Die Wellen brechen sich weit vor uns am Strand, nur hier im Schatten ist es auszuhalten. Ich überlege, kurz in den Pazifik zu springen, verwerfe den Gedanken aber wieder. Der Sand, der mich vom Wasser trennt, ist mittags viel zu heiß. Die fünfjährige Tochter der Familie rennt derweil barfuß über die heißen Pflastersteine und jagt den frei streunenden Hunden hinterher. Ich spüre Noahs Blick auf meiner Wange, als würde er sich einbrennen.

»Willst du irgendwann mal Kinder?«, frage ich ihn, meine Augen weiterhin auf Zula gerichtet.

Seit ein paar Jahren habe ich das Gefühl, als wäre das ein Thema, zu dem ich mich einmal endgültig entscheiden oder zumindest eine Meinung haben müsste. Also was jetzt, Kinder, ja oder nein? Meine älteren Freundinnen, meine Schwester, sie alle hatten diese Frage längst für sich beantwortet. Mit Ja. Zwei, drei andere Frauen in meinem Umfeld mit einem ganz konkreten Nein. Sie alle waren sich sicher. Vielleicht war das eine der oder die größte Frage, die eine Frau im Laufe ihres Lebens für sich beantworten musste – will ich Mutter sein? Oder will ich das nicht?

Ich bin im vergangenen Herbst dreißig geworden, habe derzeit keinen Partner an meiner Seite. Aber dennoch ist es ein Thema, das mich grundsätzlich umgibt. Ich vermisse nichts, aber ich trage trotzdem eine DNA in mir, die uns über Jahrhunderte geprägt hat. Ich habe das Glück, mich in einem Umfeld zu bewegen, dem die eigene Kinderplanung mindestens so egal wie mir gerade ist. Es gibt keine Großtante, die mich in die Seite pikst und zu einem »wann denn endlich« löchert. Es ist eher, als würde ich das für mich selbst klären wollen. Als würde ich gern selbst eine Vision meiner Zukunft haben und mich für diese auch selbst gewählt entscheiden. Wollte ich? War ich bereit, mich komplett dagegen zu entscheiden? Und was würde das bedeuten?

»Nein, ich denke nicht«, antwortet er.

»Aber du bist nicht sicher?«

»Man weiß ja nie, was passiert. Aber ich brauche meine Freiheit. Ich brauche das alles hier. Also, ich sehe das für mich nicht.«
Ich mag es nicht zugeben, aber etwas in mir ist erleichtert. Ich hatte nicht gemerkt, dass ich die Luft angehalten habe. Ich atme aus.

»Eine Freundin hat mal etwas zu mir gesagt, was mich echt traurig gemacht hat. Sie sagte: ›Erst seitdem ich Kinder geboren habe, fühle ich mich wirklich als ich selbst in meinem Körper. Vollständig.‹ Ich bin mir sicher, dass das so sein kann, auch wenn ich es mir nicht vorstellen kann. Aber mich hat diese Aussage so traurig gemacht. Viele Eltern stellen ihre Jahre, bevor sie Kinder hatten, so dar, als wären sie keine vollständigen Personen gewesen. Als würde man alles, was man war und mochte, alles, was einen ausgemacht hat, einfach so vergessen. Das ist doch nicht wertschätzend seiner eigenen Persönlichkeit gegenüber. Oder?«, platze ich raus. Interessiert sieht er mich an, als würde er wirklich versuchen, sich vorzustellen, wie das war und ob es einen Unterschied machte. Noah legt seinen Kopf schief, nickt, stimmt mir zu, wir diskutieren, reden. Das Leben vor Kindern nicht als vollkommen zu betrachten ist das Gleiche, wie das Glorifizieren eines vollen Kalenders – beides gibt uns das Gefühl, gebraucht zu werden.

Vielleicht kratzte mich die Aussage meiner Freundin damals auch nur so, weil ich mich davon angegriffen fühlte. Vielleicht, weil sie mir sagte: Du wirst nie vollständig sein – auch wenn es sicherlich nicht das war, was meine Freundin mit so einer Aussage beabsichtigte. Und sosehr ich mich für sie freute, für ihr Gefühl, bei sich angekommen zu sein: Es zeigte mir auch, was ich wohl aus ihrer Sicht nicht habe, denn wie konnten ihre Maßstäbe für mich andere sein als für sie? Es trieb eine Kluft zwischen uns, einen Abgrund zwischen Vollständigkeit und Unvollständigkeit. Und ich blieb auf der anderen Seite zurück. »Nur so halb erwachsen«, hatte sie es auch mal genannt. Das war ich dann wohl. Für immer, wenn ich mich gegen Kinder entscheiden sollte. Nur eine halbe Erwachsene. Mein Reisen, meine Freiheit, mein Job – alles war damit nur halb so viel wert, nur halb so wichtig.

Giber hatte es im Hostel in Managua ähnlich formuliert. Seine Geschwister haben Kinder, er ist der einzige ohne. Sein Leben sei daher in seiner Familie am wenigsten wert. Ich denke an seine Worte. Sind wir selbst in unserer fortschrittlichen, entwickelten

Gesellschaft, wenn es hart auf hart kommt, nur unsere Fähigkeit zur Reproduktion?

Hinter der schönen Idee der romantischen Liebe steckt für Frauen auch der Hinweis, dass sie Mütter werden sollen. Dabei wollen das nicht alle, manche werden es, obwohl sie es nicht geplant haben, andere würden gerne, aber können nicht. All diese Menschen übergehen wir mit der ständigen Frage nach dem »wann es denn jetzt endlich so weit ist«. Wir wissen nie, ob diese Frage wehtut, und wenn ja, wie sehr. (Und trotzdem fragte ich es Noah, muss ich selbstkritisch eingestehen.)

Die K-Frage ist nicht einfach nur ein bedeutungsloses Erkundigen nach Plänen für den Sommer. Es ist die Frage nach Zukunftsplänen, nach einem vorhandenen Gegenüber, nach Sicherheit, Geld und Unterstützung, nach einer Familie, die mit einspringt, nach Gesundheit, Selbstlosigkeit, nach Selbstaufgabe, Jobplänen oder eigenen Träumen. Mutter zu werden ist keine persönliche Entscheidung, es ist eine politische. Man entscheidet sich auch für ungleiche Strukturen, für nicht gesehene Care-Arbeit, für ein Verschieben von Interessen und eine Veränderung der Partnerschaft, wie man sie gerade führt. Beziehungen ohne Kinder sind am Ende die, wo weiterhin intellektueller Austausch stattfindet.[56] Außerdem ist es ein Thema, was man sich leisten können muss – und wollen muss. Wenn Statistiken hochrechnen, dass ein Kind im Laufe seines Lebens so viel wie ein Eigenheim kostet … frage ich mich, ob ich dieses theoretische Geld, das ich nicht mal habe, nicht lieber für mich ausgeben will?

Apropos eigene Träume. Ich kann ebenso wenig wie Noah nicht genug von dem Leben bekommen, das ich hier gerade führe. Ich liebe jeden einzelnen Tag. Das Ende meiner Freiheit und Ungebundenheit schwebt allerdings immer wie ein Damoklesschwert über meiner Zukunft. Es ist ein Ausblick, vor dem ich mich fürchte, eine Vorahnung einer Zukunft, von der ich nicht weiß, ob ich je für sie bereit sein werde. Und deswegen frage ich mich beständig, ob dieses Leben wirklich etwas für mich ist. Ich mag Lautstärke in meinen eigenen vier Wänden nicht besonders gerne, ich brauche Ruhe, um mich zurückzuziehen, meine Bücher und Texte zu schreiben. Nicht die besten Voraussetzungen, die K-Frage positiv für sich zu beantworten.

»Meine Freiheit ist mein größtes Geschenk an mich selbst«, hatte ich vor ein paar Monaten zu einem Freund gesagt. Verantwortung für andere zu tragen belastete mich, so viel hatte ich inzwischen über mich gelernt. Mein Hund war der Kompromiss zwischen Verantwortung und Freiheit, den ich aktuell zu tragen bereit war. Mich macht nichts glücklicher, als spontan mein Auto zu packen und ans Meer zu fahren. Pläne für den Winter zu machen, zu träumen, einfach loslaufen und zurückkommen zu können, wie mir war. Genauso hatte ich mir meine private und berufliche Welt jahrelang gebaut.

»Was ist, wenn du das irgendwann bereust? Keine Kinder bekommen zu haben?«, hatte mich meine Schwester mal gefragt.

»Was, wenn ich welche bekomme und das dann bereue? Das wäre wohl weitaus schlimmer«, hatte ich ihr geantwortet und sie gequält angesehen.

»Aber hast du keine Angst, allein alt zu werden?« Uh, das klang bedrohlich.

»Na ja, ich hab doch dich und euch, ich gehe euch einfach auf die Nerven«, hatte ich gesagt, und wir hatten beide gelacht. Meine Schwester ist drei Jahre jünger als ich und war gerade dabei, ihre kleine Familie um einen zweiten halbgroßen Bewohner zu erweitern. Ich freute mich begeistert für sie, aber ich wusste trotzdem, dass mein Leben anders war. Vielleicht konnte ich mir alles andere auch einfach gerade nur nicht für mich vorstellen.

»Es irgendwann bereuen.« Orna Donath schrieb 2015 ein ganzes Buch, das eine Welle an Debatten auslöste: *Regretting motherhood.* Ich werde Jennifer Aniston für immer für ihr Essay »For the Record« vergöttern, das 2016 in der *Huffington Post* erschien.[57] Vielleicht ist sie die am meisten beobachtete Promifrau, wenn es um einen möglichen oder nicht erfüllten Kinderwunsch geht. »We don't need to be married or mothers to be complete. We get to determine our own ›happily ever after‹ for ourselves«, votiert sie darin klar.

Kinder sind außerdem eh keine Versicherung, dass man nicht allein alt wird. Partner können versterben, Kinder können sich abwenden oder den Kontakt abbrechen. Rund ein Drittel der über Sechzigjährigen ist alleinstehend.[58] Unsere Netzwerke sind mehr als unsere familiären Verbindungen. Es ist statistisch erwiesen, dass Singlemenschen einen größeren und besser vernetzten Freundeskreis haben.[59] Klar, sie haben ja auch die Zeit dafür, diese Kontakte zu pflegen, gemeinsam zu reisen und Veranstaltungen zu besuchen.

Ich kann außerdem nicht abschätzen, wie die Welt in vierzig Jahren aussehen wird. Ich weiß nicht, ob ich es verkraften würde, ein Herz außerhalb meines Herzens zu haben. Was ist da eigentlich egoistischer – ein Kind für die eigene Erfüllung und reproduktive Vollständigkeit in diese krisengebeutelte Welt zu setzen oder sich bewusst kinderlos selbst zu genügen? Und ist nicht beides irgendwie egoistisch? Wieso werden dann immer nur die Kinderlosen als die großen Egoisten betrachtet?

Diesen Vorwurf musste ich mir kürzlich erst von einem engen Familienmitglied anhören, weil ich eine Feier verpasst hatte. Frauen, die sich aus Freundschaften zurückziehen, sich nicht mehr melden, weil sie zu sehr mit ihrer neuen Welt einer Familie beschäftigt sind, wie meine Freundin Josi, die gelten als fürsorglich (und sind das natürlich auch!). Frauen, die ihre Träume verfolgen, die Welt bereisen oder im Ausland arbeiten, wie ich gerade, und deswegen nicht greifbar sind, die sind egoistisch. Beide priorisieren das, was sie erfüllt und den Mittelpunkt ihres Lebens darstellt. Aber: Sich selbst etwas aufzubauen oder seinen Träumen allein nachzugehen, erscheint gesellschaftlich eben bedeutungsloser. Nur halb erwachsen. Es sind Stimmen in meinem Kopf, Vorwürfe, die ich schon einmal gehört habe, vielleicht auch Dinge, die ich mir selbst vorwerfe. Fragen und Abgründe, die sich in mir auftun. Macht mir mein Leben zu viel Spaß, ist es zu wenig … ernst? Ich habe schlicht keine Lust auf schlaflose Nächte, auf Selbstaufgabe, auf ein Verschieben meiner Prioritäten, aktuell zumindest. Also vielleicht bin ich es doch: zu wenig selbstlos. Egoistisch. Ich will meine Träume leben. Mich nicht durch die Augen eines anderen sehen.

Ich verziehe das Gesicht. Es ist eine Diskussion, die ich in Ruhe mit mir führen muss, nicht in Noahs Anwesenheit. Eine Diskussion, die sich auch ganz ehrlich und nüchtern um die Frage dreht: Wer will ich in zwanzig Jahren sein? Wie will ich leben? Wie ist das Leben, das mich glücklich macht? Ich habe ein Gefühl, eine Intuition für die Antwort in mir, kann sie aber noch nicht vor mir ausformulieren, sie wirklich als meine Realität für mich annehmen. Ich schiebe das Thema weg und sehe Noah lange an, höre ihm aufmerksam zu. Während wir auf seine Familie zu sprechen kommen und er mir von seiner Heimat erzählt, verliert sich mein Blick auf dem Meer, und ich schrecke erst wieder auf, als Wendy uns die Quesadillas und das Gemüse auf den Tisch stellt.

Vielleicht ist die Lösung, andere Lebensrealitäten und Gefühle von Menschen existieren zu lassen, ohne sie auf sich zu beziehen. Ihre Gefühle müssen nicht meine sein. Wenn man sich so sicher in seinen eigenen Entscheidungen ist, sein eigenes Leben so genießt, ist es doch egal, ob man in den Augen anderer nur halb erwachsen ist. Das Leben bietet viele verschiedene Pfade, und man kann nur einen wählen. »Man kann eben nicht alles haben«, hat meine Mutter immer gesagt, wenn ich in meiner Jugend eine belanglose Entscheidung zu treffen hatte. Man muss Prioritäten setzen, sich für etwas entscheiden, das einem so wichtig ist, dass es okay ist, etwas anderes hinten runterfallen zu lassen. Und damit hat sie recht.

Ich bin gern allein. Meine weibliche Identität ist mehr als die Frage nach dem Kinderkriegen. In mir löst der Anblick von süßen Babys in fremden Kinderwagen nichts aus. Ich habe keine Angst davor, allein alt zu werden. Ich weiß, ich würde es mir schön machen, egal wie. Ein Opa einer Freundin sagte mal zu ihr: »Das Wichtigste ist, deine Freundschaften zu pflegen. Im Alter sind sie alles, was du hast.«

»Kinder plant man nicht, Kinder ergeben sich einfach. Oder sie ergeben sich eben nicht«, sagt mein Papa, der uns alle sehr jung bekommen hat. Diese Vorstellung gefällt mir. Sie ergeben sich. Oder sie ergeben sich eben nicht. Bei mir haben sie sich bislang nicht ergeben, und ich weiß nicht, ob sie das je tun werden.

»Du könntest mich im Sommer in Frankreich besuchen kommen«, durchbricht Noah meine Gedanken und holt mich zurück in diesen Augenblick. Er strahlt mich an. »Ich arbeite da, aber nur abends, nicht tagsüber. Wir könnten mit dem Boot meines Freundes rausfahren, und ich zeige dir meine Lieblingsplätze. Frankreich ist im Sommer wunderschön.« Die Wellen brechen sich keine zehn Meter von Wendys Garten entfernt. Die Sonne flimmert auf der Wasseroberfläche.

»Ja. Voll gern«, erwidere ich. Mal sehen, denke ich. Zuallererst einmal will ich mein restliches Leben mit mir selbst verbringen. Ich schließe für mich nichts aus. Ich lasse mir das Leben einfach – offen.

Vielleicht würde ich nie diesen tiefen Stolz, die Liebe und Verbundenheit kennenlernen, die Eltern zu ihren Kindern spüren. Aber dafür würde ich mich selbst ganz anders, tiefer kennenlernen. Und das war doch auch etwas wert. Vielleicht war das okay, diese Liebe niemals zu spüren. Zu einer Sache Ja zu sagen bedeutete immer, zu einer anderen Sache Nein zu sagen. Wir müssen nur versuchen, dass uns die Jas lauter und bunter erscheinen. Henry David Thoreau hat einmal gesagt: »Nicht alles im Leben zu haben, aber dennoch okay damit zu sein ist der wahre Reichtum. Ja, das ist die wahre Freiheit.«[60]

28

Weiterziehen

Den Moment leben, können wir das überhaupt?

»Ein gelber Zaun da wäre schön«, höre ich mich zu Noah sagen. Wir spähen gemeinsam über eine halbhohe Mauer auf ein verlassenes Grundstück am Strand, auf dem wir ein in den Boden gehauenes »se vende«-Schild entdeckt haben. »Da könnte man die Surfbretter gegenlehnen.« Noahs Augen glänzen, als er anfängt, von einem Grill und Barbecuenächten mit Freunden zu schwärmen. Wir reden über das Haus, als wäre es tatsächlich eine Option, dort einzuziehen. Immer, wenn wir daran vorbeilaufen, auf dem Weg zum kleinen Imbiss am Ende der Straße, fantasieren wir darüber. So richtig hören wir uns nicht zu, unsere Vorstellungen passen nicht zusammen, aber das ist egal. Es geht nur ums Träumen. Darum, eine Vision zu malen. Was sein könnte, wenn wir uns füreinander oder für einen Ort entscheiden würden. Was wir nicht tun werden. Wir leben beide einfach völlig in diesem Moment, ganz egal, was danach kommt.

Wenn man beim Alleinreisen einen Ort gefunden hat, für den das Herz schlägt, wenn der Rucksack schon ein paar Tage oder sogar Wochen ausgepackt neben dem Bett in der Ecke liegt, stellt sich irgendwann die Frage: bleiben oder gehen? Ich bin hin- und hergerissen. Diesen Ort zu verlassen, an dem ich so viel gefunden habe, ohne zu wissen, was als Nächstes kommt, fällt mir nicht leicht. Schließlich kann man nie wissen, ob das, was jetzt kommt, auch nur ansatzweise genauso schön ist wie all das, was man gerade erlebt hat. Dann denke ich an den Moment vor vier Wochen auf diesem kleinen Balkon in Playa del Carmen zurück, als ich zuletzt vor dieser Entscheidung stand. An alles, was ich hier erlebt und gefunden habe, nur weil ich mich fürs Gehen, für den nächsten Schritt ins Ungewisse entschieden habe. Und ich will noch mehr von Mittelamerika sehen.

Ein paar Tage später buche ich mein Flugticket: Von Costa Rica aus soll es nach Hause gehen. Nach Panama werde ich es nicht mehr schaffen, und nach Costa Rica muss ich erst einmal kommen. Die nahende Abreise flechte ich in jeden meiner Gedanken ein. Das Gefährliche daran, wenn man nur über die Abreise redet, über das Danach, die Zukunft: Man vergisst das Hier und Jetzt.

Können wir das überhaupt noch, einen Moment wirklich leben? Können wir die Gedanken an ein Morgen oder Gestern, das Abspeichern und Weitermachen, das Planen und die Zukunft überhaupt abstellen? Ist es nicht sogar egoistisch und nicht zu Ende gedacht, nur den Moment zu leben? Würde ich dann einfach mein ganzes Geld raushauen, als gäbe es kein Morgen? Der Sand vom Surfen und Herumalbern hat sich tief in meine Fingerkuppen eingegraben. Ich muss kurz an David und seine Bemerkung denken. Giber schreibt mir von unterschiedlichen Nummern, fremden Handys, die er irgendwo zu fassen bekommt, immer wieder Nachrichten auf Spanisch. Ich werde müde, sie zu übersetzen, weil ich trotz meiner Spanischlektionen seine Wortwahl nicht direkt verstehe, und dann komme ich mir albern und undankbar vor.

Abends fragt Noah mich, ob wir zusammen zum höchsten Punkt am Strand wandern wollen. Nach einem kurzen Hike sitzen wir nebeneinander auf dem Berg, Noah liest mir aus seinem Buch vor. Er schreibt es, wie ich, in die Notizen-App seines Handys. Satz für

Satz liest und übersetzt er für mich. Auf Spanisch klingt alles schöner. Ich lächele und sehe ihn von der Seite aufmerksam an. Drei Wochen lang habe ich mit diesem großen Mann jeden Moment geteilt. Ich habe ihn wirklich in mein Herz geschlossen. Mein Alleinsein hier hat mir erlaubt, mich auf ihn einzulassen. Die Erinnerung daran ist das Wertvollste, was ich von dieser Reise mit nach Hause nehmen werde. Egal wie viel Zeit man miteinander hat, einen Tag, eine Woche, einen Monat – es wäre niemals genug, bei allem, was man noch miteinander teilen könnte. Das Wissen darum macht den Abschied leichter.

Am Ende sind aus fünf Tagen in Nicaragua vier Wochen geworden. Noah bringt mich zu der Stelle am Ende des Dorfes, die die einzige Zufahrt bildet und von der man die zwölf Kilometer hoch zum Highway trampen kann. Ich straffe meine Schultern und umarme ihn lange. Ich habe die Situation im Griff. Ich werde nicht verlassen. Ich treffe meine eigenen selbstbestimmten Entscheidungen. Ich bin es, die geht. Es gibt ein Leben vor ihm und eins nach ihm, ich war vor ihm vollständig und werde es auch nach ihm und ohne ihn sein. Er war meine schönste Zeit hier, aber ich kann auch loslassen, statt mich festzuklammern. Wir werden uns wiedersehen.

Nicht zu wissen, was kommt, kann eine Leere hinterlassen oder traurig machen. Es gilt, ein leeres Blatt neu zu beschreiben. Der Grund, warum wir etwas nicht loslassen wollen, obwohl es Zeit dafür ist – sei es wie ich diesen Surf-Ort am Strand, sei es eine mittelmäßige Beziehung, einen Lebenstraum, der sich nicht erfüllen will, eine Freundschaft, die nicht mehr guttut, einen Job mit tausend Haken –, ist, dass wir uns nicht vorstellen können, was danach noch alles kommen kann. Wir haben schlicht keine Vorstellung von der Zukunft. Davon, was hinter der nächsten Ecke noch alles Schönes auf uns wartet.

Ich fühle pure Glückseligkeit, als ich hinten auf dem Trittbrett des alten Pick-ups stehe, der mit viel zu vielen Menschen beladen ist. Ich kriege das Grinsen nicht aus dem Gesicht, als ich wieder trampe, im Chicken Bus sitze, eine Nacht in Managua schlafe und am nächsten Morgen um fünf Uhr zum Bus nach Costa Rica laufe. Mein Kopf ist schwer und wie betäubt, ich spüre, dass ich irgendwann von »diesem einen Monat in Nicaragua« als einem der schönsten spontanen Zufälle meines Lebens erzählen werde. Ich weiß nicht, wann ich das letzte Mal so ein tiefes Gefühl von Zufriedenheit und Dankbarkeit empfunden habe. Wie kann man nur so viel Spaß mit sich selbst haben?

Vier Stunden lang stehe ich mit meinem Rucksack auf dem Rücken in einer nicht enden wollenden Schlange an der Grenze (vier!). Das macht einem den Übertritt von einem Land ins andere sehr bewusst. Ganz anders als in Europa, wo es sich anfühlt, als ginge man nur kurz im Nachbardorf einkaufen, wenn man nach Frankreich oder Dänemark über die Grenze fährt.

Dann geht es weiter mit dem Bus durch Costa Rica. Als ich mich rauswerfen lasse, um umzusteigen, und an irgendeiner Bushaltestelle in Costa Rica im Dreck sitze, wird mein Herz plötzlich ganz schwer vor Glück und Melancholie. Tränen schießen mir in die Augen und laufen über mein staubiges Gesicht. Euphancholie nennt Benedict Wells den Zustand, wenn etwas so schön war, so glücklich gemacht hat, dass sich in Euphorie auch Melancholie mischt, weil man weiß, dass der Moment vorübergehen wird.[61] Die Zeit mit Noah war es jetzt bereits.

Als der nächste Bus sich an der Kante steiler Klippen aufwärtsschlängelt, fällt mir auf, dass niemand weiß, wo ich gerade bin. Ich habe mich seit 72 Stunden bei niemandem zu Hause gemeldet. Der Bus schaukelt so stark, dass ich mich fühle wie ein Baby in einer Kinderwiege. Ich schließe meine Augen, nicke kurz weg. Wird schon alles gut gehen hier. Die durch die offenen Fenster pfeifende Luft wird kühler, je höher wir fahren.

Angekommen in einem kleinen Dorf nahe Monteverde verstaue ich mein Gepäck und ziehe zum ersten Mal seit sieben Wochen wieder eine lange Hose an. Es ist Ende Februar und eiskalt hier oben. Ich friere und schlafe früh. In meinem Alleinsein hier nimmt sich mein Körper die Ruhe, die letzten Wochen zu verarbeiten. Ich hatte in Nicaragua das gleiche Gefühl, mich auszukennen, das ich vorher in Mexiko hatte. Wir können uns so viele neue Orte erschließen, wenn wir nur mutig sind. Die Welt steht uns offen, vor allem, wenn wir allein sind. Ich habe keine Wurzeln, kann überall welche schlagen. In Costa Rica nehme ich mir jetzt noch einmal bewusst eine Woche ganz für mich. Ich wandere durch die Nationalparks bei Monteverde und verkrieche mich früh mit einem Buch ins Restaurant des Hostels, lausche der Livemusik und nicke anderen nur zu, knüpfe keine Kontakte. Ich bleibe für mich.

Allein reisen hatte mich resilienter gemacht. Ich habe gelernt, mich selbst immer wieder aufzuraffen. Weil ich nicht mit Schlafmasken oder Ohrenstöpseln schlafen kann, hatte ich mir angewöhnt, in Hostels mit AirPods und einer Deep-Sleep-Playlist einzuschlafen. Ich konnte mich immer und überall wohlfühlen. Eine Entdeckung, die mich frei fühlen ließ. Ich hatte mir mit Menschen Zimmer und Waschräume, Erinnerungen und Träume geteilt. Hatte in mir ungewohnten und neuen sozialen Situationen immer wieder Entscheidungen treffen können. Für oder gegen Gesellschaft. Es war ein Auf und Ab aus Emotionen gewesen, aus Erfahrungen, aus Menschen, aus Situationen, die für sich standen, aber zusammen ein großes Ganzes ergaben, das sich in mir einprägte.

Allein losziehen kann einen überfordern oder lebenslange Erinnerungen schaffen, kann Batterien auffüllen, von denen man nicht wusste, dass sie leer waren, oder einen etwas über die eigenen Sehnsüchte lernen lassen. Allein losziehen kann heilsam und aufregend sein, gesellig oder einsam, langweilig oder abenteuerlich. Am Ende ist es das, was wir selbst daraus machen – oder machen wollen.

Während ich eine Woche später in San José in einem billigen Hotel am Pool liege und auf meinen Rückflug am Abend warte, schreibe ich eine Liste mit Dingen, auf die ich mich zu Hause freue: meine Hündin Penny, selbst gemachten Kaffee mit Milchschaum, in meiner eigenen Küche zu stehen, Pasta aus dem Ofen, Bootcamp-Kurse mit Caro, Amelie zu überraschen, Spaziergänge durch Berlin und auf den Garten meiner Eltern.

Meine Reise wurde am Ende ganz anders als geplant. Ich dachte, ich schaffe es vielleicht bis Panama oder Kolumbien runter, doch dann blieb ich einfach wochenlang in Nicaragua und fliege stattdessen aus Costa Rica zurück. Und geht es nicht genau darum beim Reisen? Keiner vorgeplanten und fertig getimten Route aus Internetempfehlungen zu folgen, sondern sich treiben zu lassen. Spontan zu schauen, wo es einen hin verschlägt. Selbst zu entscheiden. Und dann irgendwo in der Ferne Orte zu finden, von denen man gar nicht mehr wegwill. Es geht nie um die genaue Route, sondern um den Weg. Nicht um eine Empfehlung, sondern um Mut.

Die Tasche zu Hause abgeworfen lasse ich mich auf meine Couch fallen. Habe ich die letzten acht Wochen nur geträumt?

Es ist der sechste Morgen, an dem ich wieder in meiner eigenen Wohnung aufwache. Oder eher irgendwann kurz vor Sonnenaufgang benommen aus meinem viel zu großen Bett krabbele. Mein Rucksack liegt unverändert neben der Couch, genau dort, wo ich ihn bei meiner Heimkehr letzte Woche abgeworfen habe. Ich bin zu müde, um mich damit zu beschäftigen. Oder einfach noch nicht so weit, dem Kapitel ein Ende zu setzen, korrigiere ich mich. Als würden die Erinnerungen verblassen, wenn ich zu schnell weitermache.

Benommen taumele ich ins Bad und kicke mit der Zehenspitze die Klamotten von gestern Abend weg, die ich achtlos auf dem Badezimmerboden abgestreift hatte. Ich fühle mich im Kopf immer noch nicht wieder hier angekommen, in meiner Zweizimmerwohnung mit den hohen Decken und den Altbaudielen, mit den vollgestopften Schubladen und den Briefen, die sich im Flur stapeln. Ich schlafe schlecht, seit ich wieder hier bin. Vielleicht weil in dieser Wohnung viel zu viel Zeug ist, das sich gerade wie eine Last anfühlt. Vielleicht weil diese Wohnung seit einem Jahr die Einsamkeit an ihren Tapeten trägt, die ich in meinen Fieberträumen an sie geklebt hatte. Vielleicht weil sich das Unterwegssein zu gut anfühlte, um wieder stehen zu bleiben. Vielleicht weil mein warmes Zuhause sich zu sicher, zu unverdient anfühlt, gerade jetzt, wo jeden Morgen die Nachrichtenticker aus der Ukraine von Explosionen berichten. Dabei war die Welt doch schon immer so: Sektgläser knallen aneinander, während anderswo … Lassen wir das.

Ich hatte acht Wochen aus einem Handgepäckrucksack gelebt, dieselben Jeansshorts so lange getragen, bis an der Seite die Nähte nachgaben, hatte an Straßenständen gegessen, die immer gleichen Gespräche geführt und dann wieder so besondere, dass sie sich Funken sprühend in meine Erinnerungen eingraviert haben. Ich hatte Orte verlassen und war wieder zurückgekehrt, hatte mir auf den Ladeflächen von Pick-up-Trucks beim Trampen Sonnenbrand geholt und war von Moskitos zerstochen am Strand aufgewacht. Ich hatte fünf Länder gesehen – na ja, Honduras nur aus dem abgedunkelten Fenster des Reisebusses, das zählte wohl nicht. Ich hatte in meinem Körper wieder das Gefühl von zu Hause gefunden, fand es in dem herzlichen Lachen fremder Menschen, in bernsteinfarbenen Augen, im Einfachen, auf staubigen Straßen, an denen ich mich in den Dreck setzte und die Beine auf den Highway streckte, in Sprachen, die nicht meine waren, im Missverständnis. In allem, was nicht leicht war, was wir uns mit Händen und Füßen erklären mussten.

Ich hatte von dort an meinem nächsten Buch geschrieben, und es verging kein Tag, an dem ich nicht dankbar für den Umstand war, dass ich meine Arbeit mit mir mitnehmen und überall aufschlagen konnte. Meine Finger flogen über die Tasten, während ich Gesprächen in fremden Sprachen lauschte oder einen langen Tag voller neuer Sinneseindrücke hinter mir ließ.

Hier angekommen will ich am liebsten direkt wieder los, so sehr hatte ich das alles aufgesogen, so leer waren meine Speicher gewesen, so groß die Sehnsucht nach genau dieser Art Inspiration. Ich hatte mich, mehr als mir bewusst war, genau danach verzehrt. Nach dem Gefühl, lebendig zu sein.

Aber: Wenn man sich betrunken vor Glück fühlen kann, ist man dann danach auch verkatert davon? Zumindest fühlt es sich genau so an, denke ich und betrachte mein Gesicht im Badezimmerspiegel. Es ist von ersten Falten durchzogen, die mich an vergangene Reisen erinnern, an den Sommer in Spanien zum Beispiel, in dem ich scheinbar vergessen hatte, was Sonnencreme war. Sie gehören zu mir. Ich spüre eine gute Erschöpfung. Wenn man so viel erlebt hat, so viele Menschen ins Herz geschlossen hat, muss man erst mal auf Pause drücken, bevor man weitermachen kann, begreife ich.

Ich kann mit den Fragen leben, die sich seit meiner Rückkehr in mir auftun. Es ist okay, keine Antworten auf sie zu haben. Vor allem auf die nach dem eigenen Zuhause. Es wird sich schon alles irgendwie ergeben. Ich liebe die Stadt, aber ich habe nichts, was mich hier hält. Das ist eines der Dinge, die mir unterwegs klar geworden sind. Keine Verantwortung, keine feste Bindung. Und wenn mein Zuhause sich nur in mir befindet, wenn ich selbst genau das für mich bin, dann habe ich es ja eh immer überall dabei. Irgendwie gefällt mir die Vorstellung, noch an vielen verschiedenen anderen Orten zu leben. Vielleicht ist das genau das Leben, für das ich gemacht bin. Vielleicht wird mein Leben noch in ein paar Jahrzehnten so aussehen, dass ich wenig besitze, reise, überall wohne, Menschen kennenlerne und schreibe. Es ist eine Vorstellung, die mich vergnügt, aufkratzt und zutiefst zufrieden stimmt.

Irgendwann einmal eine Weile in Spanien am Meer zu wohnen – davon habe ich schon immer geträumt. War jetzt vielleicht der perfekte Zeitpunkt, um auszuprobieren, ob das etwas für mich ist? »Apartamentos barcelona amueblado« tippe ich spontan nur mit meinem Zeigefinger in die Suchleiste ein und klicke auf den Enter-Button. Da ich von überall aus arbeiten kann, steht mir die ganze Welt offen. Vor allem bin ich allein und ungebunden. Frei. »Die Zukunft ist ungeschrieben«, war das Letzte, was ich mir gestern Abend notiert hatte. Dann fahre ich los.

29

Opa

Allein enden?

»Ich hätte nicht gedacht, dass ich irgendwann mal alleine sein würde.« Mein Opa zuckt kaum merklich mit den Schultern, sein Blick bohrt ein Loch in die Tischdecke zwischen uns. Es ist Mitte März, ich bin auf dem Weg gen Süden, will ans Mittelmeer. Meine Heimatstadt liegt auf dem Weg, und ich freue mich über den Zwischenstopp bei meiner Familie. »Ich war immer sicher, ich bin der Erste, der geht.« Die Einsamkeit ist greifbar, sie hängt überall in der kleinen Hinterhofwohnung, in der meine Großeltern so viele Jahre zu zweit lebten. Fast ihr ganzes Leben hatten die beiden zusammen verbracht, sechzig Jahre. Seit dem Herbst war mein Opa allein. Wie das ist, allein zurückzubleiben – es ist nur ein paar Wochen her, dass ich mit Noah darüber geredet hatte.

Er musste nun mit achtzig Jahren lernen zu kochen, zu waschen und den Haushalt zu schmeißen. Es war nicht zu behaupten, dass er darin aufging, ganz im Gegenteil. Ihre Abwesenheit ist allgegenwärtig, im leeren roten Sessel, auf dem leeren Platz am Küchentisch mit den blauweiß karierten Platzdeckchen. Sie hatten sich ineinander verwoben, ihre Leben für mehr als ein halbes Jahrhundert miteinander geteilt. Wenn man also nicht mal nach so langer Ehe eine

Versicherung dafür hat, nicht »allein zu enden« – warum macht es dann so vielen Menschen Angst?

Manchmal wählen wir das Alleinsein nicht selbst, sondern haben keine andere Wahl. Egal, wie das Leben verläuft. Es gibt Leute, die dich verlassen. Die du loslassen musst. Die du neu kennenlernst. Dynamiken, die sich verschieben, egal wie du das Konstrukt aus Menschen um dich herum aufbaust. Einfach immer zu wissen, ein Mensch bereichert mich, aber wenn er geht, dann ist mein Leben nicht zu Ende. Aber vielleicht ist es auch gut, vorbereitet zu sein.

Ich bewundere, was meine Großeltern hatten. Diese Liebe und das selbstverständliche Miteinander, das sie über so viele Jahrzehnte verbunden hatte. Vielleicht ist es gar nicht das Alleinsein, was die Hürde ist, was Mut erfordert. Sondern vielmehr, sechzig Jahre lang mit jemandem zu verbringen, ohne zu gehen, ohne aufzugeben, dranzubleiben. Ich weiß nicht, ob ich das könnte. Ich weiß nicht, ob ich das können will. Ist die wahre Challenge, nicht das Alleinsein zu lernen, sondern sich auf Menschen einzulassen? Allein zu sein heißt nämlich auch: Mich hält nichts, nirgendwo. Wenn ich morgen aufwache und die Idee habe, in Nicaragua in einem winzigen Haus mit gelbem Zaun am Strand zu leben, kann ich das einfach machen. Irgendwie eine schöne Vorstellung. So frei. Es bedeutet aber auch, dass uns nichts je irgendwo hält. Kann ich mich überhaupt noch auf jemanden einlassen?

30

1600 Kilometer

Mit dem Auto, einfach los

An der Raststätte vertrete ich mir kurz die Beine, werfe mir eine Ladung eiskaltes Wasser in mein müdes Gesicht und hole mir eine Cola light. Dann setze ich mich zurück in meinen Bulli, schnalle den Hund in seiner Box an, lasse Noah Kahan aus den Lautsprechern tönen und trete aufs Gas. Erst vor ein paar Tagen war in mir der Wunsch aufgekommen, mal wieder ans Meer zu fahren. Und im gleichen Moment war es auch schon beschlossen, dass das ein richtig schönes Abenteuer mit mir sein würde, einfach ins Auto und los.

Ich war noch nie so weit allein Auto gefahren. Obwohl es gar nicht darum ging, dass ich mich nicht traute – ich hatte einfach nicht darüber nachgedacht. Ich fahre (inzwischen! Könnt ihr euch noch an meine Angst zu Anfang erinnern?) gerne Auto, aber 1600 km ganz allein? Jetzt bin ich allerdings von der Idee angefixt, den Frühling mit meinem Hund schreibend in Frankreich zu verbringen, so lange zu bleiben, wie ich will, vielleicht im Auto am Mittelmeer zu übernachten oder nach Spanien weiterzufahren, um Leben in Barcelona auszuprobieren. Das ging mit dem Auto am einfachsten. Ich musste nichts vorher planen, nichts buchen, auf nichts warten. Ich konnte einfach so los. Den kleinen Campingkocher, die Dose mit Kaffeepulver, ein paar Vorräte, Wasser und dicke Decken – ich habe alles dabei.

Einmal unterwegs kommt es mir gar nicht mehr so weit vor, und je näher ich meinem Ziel komme, desto länger wäre ich am liebsten noch unterwegs. Ich fahre die 1600 Kilometer an zwei Tagen, halte nach dem Stopp bei meinem Opa noch bei einer Freundin in Stuttgart und fahre am nächsten Mittag wieder los. Nachmittags passiere ich die Grenze nach Frankreich, weit nach Mitternacht stehe ich in der Nähe von Montpellier, in Carnon-Plage, am Meer. Ich war schon einmal mit einem Partner hier. Es fühlt sich an, als hätte hier eine gemeinsame Geschichte begonnen, die ich jetzt allein wieder aufnehme und weiterschreibe. Auch noch ein Jahr später wird diese Fahrt ganz allein eine der Erinnerungen sein, an die ich am liebsten zurückdenke.

Ich kann das nicht nur, mühelos so eine lange Strecke unterwegs zu sein, ohne mich beim Autofahren abzuwechseln – es machte mir sogar richtig Spaß. Ich entdecke alte Soundtracks wieder, telefoniere ausführlich ein paar Stunden mit einer alten Freundin, genieße zeitweise einfach die Stille, und als ich ankomme und parke, bin ich kaum müde, dafür glücklich und innerlich ganz ruhig.

Mit einem Mal sind Autofahrten ans Mittelmeer nicht mehr das bis unters Dach vollgepackte Auto mit der Familie irgendwann zwischen Kindheit und Jugend, zwischen Pausen, Autos zählen und Streit. Es ist, als hätte alles jetzt eine andere Bedeutung. Indem ich das hier ganz allein erlebe, findet ein Umschreiben der bisherigen Verbindungen, die ich im Kopf dazu herstelle, statt. Ich schlafe am Strand ein und wache mit Meeresrauschen auf.

Es ist März. Ich friere in der Morgensonne auf der Matratze in meinem Bulli und wickele mich fester in meine Bettdecke ein. Die Schatten vorbeifahrender Autos streifen immer wieder das Wageninnere. Durch meine getönten Scheiben beobachte ich eine Weile, was um mich herum am Strand passiert, bevor mein Hund und ich schließlich aus dem Bett krabbeln. Trotz Standheizung ist es mir zu kalt, um im Auto zu schlafen, also organisiere ich mich wie selbstverständlich neu, plane auf dem Weg nach Barcelona erst einmal einen längeren Stopp in Frankreich und ziehe nach zwei Nächten in ein bezahlbares Apartment in der Altstadt von Montpellier um, mit Blick auf eine Tapas-Bar und verwinkelte alte Straßen. Am Abend tanze ich mit einem Glas Wein in der Hand durch eine mir fremde Küche und gehe später noch raus, um mich in der Abendluft vor einer Bar auszustrecken.

Alles ist erst mal komisch, wenn man es zum ersten Mal allein macht, und dann wird es normal. Warum unterteilen wir die Dinge überhaupt in solche, die alleine, und solche, die nur zu zweit gehen? Diese Zeit hier mit mir selbst ist so intensiv, so schön, so ruhig, ich würde sie um nichts in der Welt missen wollen.

»Ich bin in der Nähe«, schreibe ich Noah am nächsten Morgen und lege das Telefon neben meinen Kopf auf das Kissen. Ich weiß, dass auch er inzwischen zurück in Europa ist. Seine Familie lebt in der Nähe der spanischen Grenze, mehr weiß ich nicht. »Wollen wir uns nächste Woche sehen? Ich bin mobil.«

»Wo bist du?«, kommt von ihm zurück. Ich beantworte es mit meinem Standort und einem Foto vom Ausblick aus meinem kleinen Apartment. Es zeigt meinen Blick auf die kleinen Gassen der Altstadt.

»Ich könnte mich in den Zug setzen und heute Abend bei dir sein.« Na ja. Das ging natürlich auch.

Als wir gegen Mitternacht aus einer nahe gelegenen Bar in mein Apartment wanken, läuft er schnurstracks in Schuhen zum Bett und lässt sich wie ein Seestern mit Jeans und allem darauffallen. Es ist schön und gleichzeitig merkwürdig, ihn hier wiederzusehen. Ich glaube kurz, mir fallen die Augen aus dem Kopf, als ich seine dreckige Hose die reinweiße Bettdecke berühren sehe. Er schiebt sich die Turnschuhe von den Füßen und grinst mich an. Ich entledige mich bis auf die Unterwäsche meiner Kleider und baue mich vor ihm auf, die Fäuste in die Seiten gestützt.

»Nein, so was macht man nicht. Zieh die vorher aus. Das ist

doch alles dreckig.« Ich bohre meinen Zeigefinger in seine Jeans und schiebe ihn damit rückwärts wieder aus dem Bett. »Outside clothes don't get into bed. And shoes not into the apartment.«

»What? Who are you?« Er lacht darüber, outside clothes, kriegt sich gar nicht mehr ein. »Und wie machen wir die Füße des Hundes von outside feet zu inside feet?«, fragt er dann und schält sich bemüht umständlich aus seiner Jeans, so als wäre es die schwierigste Aufgabe der Welt. Theatralisch erschöpft lässt er sich in Unterhose neben mich aufs Bett fallen.

»So besser?« Die kalte Märzluft weht durch die offenen Türen der beiden französischen Balkone rein. Ich habe alles aufgerissen, als ich gestern angekommen bin. Es hat vielleicht zwölf Grad.

»Da«, murmele ich abwesend und zeige auf meine weite Jogginghose, die über dem Sessel hängt.

»Viel zu anstrengend«, ruft er und hält sich die Hand kühlend an die Stirn. »Where is the Louisa that slept naked on the beach with me?«

»Die ist hier anders. Hier gibt es Regeln.« Ich werfe ihm eines der Couchkissen an den Kopf, bevor ich die Türen schließe, die Heizung aufdrehe und mich zu ihm lege.

Ich glaube, er scherzt, als er vorschlägt, um halb zehn zum Dinner in ein Tapas-Restaurant zu gehen. Er denkt wohl dasselbe, als ich frage, ob sieben Uhr nicht viel besser wäre, und fängt an zu lachen. Die Zeit, die wir auf dieser Seite der Erdkugel miteinander verbringen, zeigt mir, welche Eigenheiten wir aneinander nicht kennen, welche kulturellen Unterschiede uns prägen. Ich streiche über seine vollkommen tätowierten Oberarme. Ja, wir sehen uns zwar wieder, aber wir sind hier nicht die gleichen Personen, die sich ohne Verpflichtungen einen ganzen Ozean entfernt von hier kennengelernt haben. Unsere Erlebnisse können wir in einem anderen Setting nicht rekreieren. Ich lerne neue Seiten an Noah kennen und er an mir. Der große Mann mit den Tattoos ist sensibel und introvertiert, die meiste Zeit schweigsam. Manchmal sieht er mich einfach nur an. Er ist hier anders, als er es in Nicaragua war, begleitet von dauerhafter Partymusik und Beerpong um zwölf Uhr mittags. Selbstverständlich ist er das. Ich bin es auch.

Noah räumt am nächsten Morgen umständlich um mich herum und baut sich dann erwartungsvoll vor mir auf, weil er endlich frühstücken gehen will. Ich blicke über den Rand meines Laptops und dann zurück auf die E-Mails und Rechnungen vor mir.

»Ich habe gerade keine Zeit, dich zu entertainen.« Ich lege meinen Kopf schief und grinse ihn an. »Geh weg, Noah.«

Es ist schön, aber anders. Vielleicht trifft das das hier mit jemandem sein am besten. Allein schaffe ich viel mehr, bin konzentrierter und produktiver. Ich bin besser im Ichsein, wenn ich allein bin. Im früh Aufstehen, motiviert Sein, Schreiben. Ich bin zu wenig Ich, wenn ich mit einem anderen Ich konfrontiert bin. Das im Bett bleiben will oder nachts zu lange ausgehen, das mir vorschlägt, Sport zu schwänzen und stattdessen Pizza zu bestellen. Vielleicht ist das meine nächste Aufgabe, die, an der ich in der Vergangenheit gescheitert bin. Mich im Zuzweitsein nicht zu verlieren (ihr erinnert euch vielleicht noch an die Sucht nach einer Beziehung und der Bestätigung von Männern), sondern mich darin in einer ausgewogenen Balance zu navigieren. Ich gebe meine eigene Persönlichkeit, meine eigenen Hobbys in einer Zweierverbindung immer auch ein bisschen auf. Und ist es nicht auch etwas Positives, sich selbst zu priorisieren? Niemand wird sagen: Weil du weniger verfügbar bist, bist du deswegen für mich jetzt weniger interessant.

Während ich lerne, mich auf ihn einzulassen, aber trotzdem mich selbst im Blick zu behalten, wir frühstücken gehen und uns zwischendurch gegenseitig in Ruhe lassen, die Nächte durchtanzen und ich am Küchentisch schreibe, während er stundenlang auf dem Balkon raucht und telefoniert, haben wir eine noch schönere Zeit als vorher in Nicaragua.

Auf eine gesunde Art gern allein zu sein heißt auch, sich damit in menschlichen Bindungen immer wieder neu einzufinden und sie genauso sehr zu genießen. Meine Grenzen zu kennen, aber mich auch verletzlich zu machen.

An Neujahr in Mexiko hatte ich mich gefragt, ob ich vielleicht verlernt hatte, auch mit anderen zu sein, statt nur allein. Auch im Gespräch mit meinem Opa vor dieser Reise kam die Frage auf. Nachdem ich zehn Tage und Nächte mit Noah verbracht habe, kann ich es für mich beantworten.

Ich habe es nicht verlernt. Ich lerne nur, meine unterschiedlichen Bedürfnisse immer besser zu lesen. Und dass ich manchmal in Gesellschaft und manchmal mit mir allein eine gute Zeit habe und meine Antworten für mich finde. Beides ist für mich gleichberechtigt. Ich bevorzuge nicht das eine oder das andere. Ich bin in beidem gut und genieße auch beides. Diese Entwicklung bringt mich zum Lächeln, war es doch vor ein paar Jahren noch ganz anders.

»Weißt du, ich habe noch nie jemanden gesehen, der im Schlaf so glücklich aussieht wie du«, sagt Noah leise zu mir. Es ist unser letzter gemeinsamer Morgen, bevor ich allein nach Barcelona weiterwill. Ich blinzele ihn an. Mein Hund liegt fest umschlungen in meiner Armbeuge.

»Was?«

»Du lächelst so vor dich hin im Schlaf. Immer, wenn ich nachts kurz aufgewacht bin und dich angeguckt habe, hattest du ein Lächeln im Gesicht.«

»Wieso bist du nachts aufgewacht?«, frage ich interessiert. Ich wache nachts eigentlich nie auf. Mit dem warmen Hunde-Fellknäuel als Wärmflasche und Vorfreude auf den kommenden Tag schlafe ich sofort ein und wache erst wieder auf, wenn es draußen hell wird. »Ich drehe mich nachts eben öfter mal um und sehe auf die Uhr. Aber du lagst immer gleich da. Und hast im Schlaf gelächelt. Als wäre die Welt einfach nur gut. Als hättest du nichts, worüber du dich sorgen müsstest. Das sieht total beruhigend aus.«

Ich schließe meine Augen, weil ich diese Worte von Noah so überraschend schön finde. Ich denke an mein Urvertrauen, an die Zeit im Dschungel in Guatemala, an Intuition und die Erlebnisse der letzten Monate und Jahre. »Ich sorge mich ja auch um nichts«, sage ich dann noch leise.

Das ist einer meiner Lieblingsgedanken, den ich oft vor Augen habe: Wenn man aufs Meer blickt, sieht man die ruhige Oberfläche und hier und da ein paar Wellen obendrauf. Was man nicht sieht: die unglaubliche Tiefe, die sich darunter versteckt. Die wir uns nicht einmal vorstellen können. Ein Meer hat ein unglaubliches Volumen an Wasser. Nur: Wenn man draufschaut, sieht man das nicht. Man sieht nur die Wellen.

Ich habe mal diesen Vergleich gelesen, der sich in mir eingebrannt hat: Alles, was wir sind, alles, was wir können, alles, was noch vor uns liegt, ist dieser Ozean. Wir haben diese unglaubliche innere Größe, die uns Stabilität gibt. Und dann gehen wir durch Höhen und Tiefen – das sind die Wellen. Aber die haben nichts mit unserem inneren Kern zu tun, den uns niemand wegnehmen kann und der uns ausmacht. Die Größe, die wir mitbringen.

Jedes Erlebnis ist eine Welle, jede kräftezehrende Herausforderung, die wir meistern müssen, ist eine der besonders großen. Aber alles, was mir passiert, wird diesen tiefen, zufriedenen Kern, den ich habe, nie zerstören können. Nichts, was meinen Weg kreuzt, kann dem etwas anhaben. Jeder Außenstehende kann auch nur über diese »Wellen«, also das, was man sieht und mitbekommt, die eigene Außenwirkung, urteilen. Aber die tatsächliche Menge an Wasser ist so viel riesiger als die Wellen obendrauf. Du bist der Ozean. Nicht nur die Wellen. Wenn man diese zwei Ebenen sieht und sich seines Kerns bewusst ist, kann man viel gelassener mit den Herausforderungen des Lebens umgehen, finde ich.

»Ich sorge mich nicht grundsätzlich, sondern erst, wenn es so weit ist, weißt du, was ich meine?«, erkläre ich und mache mich daran, das Bett zu verlassen, um uns in der Küche Kaffee zu kochen. Meistens fällt mir das Aufstehen leicht, weil ich mich auf jeden neuen Tag meines Lebens von Herzen freue.

Er rollt mit den Augen. »Manchmal wundere ich mich, in welcher Welt du eigentlich lebst.«

»In meiner eigenen. Aber im Ernst, wäre doch blöd, wenn man von etwas Schlechtem ausgeht, dann hat man sich höchstwahrscheinlich am Ende ganz umsonst gesorgt. Es wird schon noch genug Scheiße passieren, das weiß ich auch. Aber es wird schon alles. Immer.«

»Und bis dahin?«

»Schläfst du mit einem Lächeln ein und wachst mit einem auf. Soll helfen, hab ich gehört.«

31

Die Küchentischtheorie

Das Glück im Unbequemen finden

In der siebten Klasse sollten wir im Geografieunterricht ein Referat über »irgendeinen Ort der Welt« halten. Egal welchen. Ich entschied mich für eine kleine Insel namens Vanuatu, irgendwo zwischen Australien und Hawaii im Südpazifik. Ich hatte über sie im Zuge des »Happiness Index« gelesen. Dort sollten (vor über siebzehn Jahren) die glücklichsten Menschen der Welt leben. Schon damals fragte ich mich, wie das festgestellt werden sollte, wie verlässlich so eine Studie sein konnte. Und doch faszinierte mich etwas an dieser Headline, die ich auf irgendeiner Zeitung entdeckte. Verglichen mit uns hatten die Menschen dort wenig. Und genau das machte ihr Glück aus. Es gab keine Leistungs- und Konsumgesellschaft, die sie durch Marketing und Werbung zu dem Gedanken verleitete, dass, egal, was sie taten, es nie genug sein würde, dass, egal, was sie anhäuften, sie mehr brauchten. »Die Menschen hier sind glücklich, weil sie mit sehr wenig zufrieden sind. Das Leben dreht sich hier um die Familie und die Gemeinschaft«, sagt Marke Lowen von Vanuatu Online.[62] Das Tante-Emma-Laden-Prinzip: Je weniger Auswahl wir haben, je einfacher das Leben ist, desto glücklicher sind wir.

Es ist die Sehnsucht nach Einfachheit. Auf meinen Reisen allein hatte ich mir angewöhnt, mit so wenig Gepäck wie möglich unterwegs zu sein. Ich schaffe es, nach ersten Problemen in Porto, inzwischen mit einer kleinen Handgepäck-Reisetasche alles zwischen Dreitages- und Dreimonatsreise zu überstehen, inklusive Laptop, solange es ins Warme geht. Ich beschränke mich auf das Nötigste. Eigentlich trage ich auch im Alltag immer die gleichen fünf Sachen, habe nur eine einzige schwarze Jeans, die ich so gut wie immer trage. Ich mache mir nicht gerne Gedanken um unnötige Dinge, die auch so funktionieren. Vielleicht ist es die Einfachheit, die mir hilft, mich auf das, was für mich wirklich zählt, zu konzentrieren.

Auf meinen Reisen habe ich gemerkt, wie glücklich es mich macht, ohne meinen Besitz zu sein, ohne Ballast und materielle Erinnerungen. Übermannt von all den Möglichkeiten, dem ganzen Konsum, sehnen wir uns manchmal nach nichts mehr als nach Einfachheit und dem Luxus, sich mal nicht entscheiden zu müssen zwischen den vielen Optionen, die wir jeden Tag haben: was wir anziehen, mit wem wir uns treffen, wo es hingeht, was wir essen, was wir noch für das Wochenende einkaufen wollen. Wenn meine drei T-Shirts dreckig waren, dann wusch ich sie eben und zog sie dann wieder an. Ich nahm mir damit selbst die ständige »Qual der Wahl«.

Minimalismus, einfach allen Besitz bis auf das Nötigste loszuwerden, um dadurch Freiheit zu erlangen, ist nicht erst seit Marie Kondo im Trend. Schon seit den Sechzigerjahren fahren Aussteiger in Vans durch Europa, mit nicht mehr, als eben in ihr Auto passt. Die *ZEIT* fasst die Glorifizierung des Einfachen in einem Artikel über das Phänomen Van Life ganz gut zusammen: »Was Vanfluencer nämlich nicht so oft in ihren Insta-Storys erzählen: Um so frei und ›mittellos‹ wie sie zu leben, muss man erst mal einiges an Mitteln haben.«[63] Stimmt. Minimalismus ist vor allem etwas für all jene, die sich alles jederzeit nachkaufen können. Ja, eigentlich ist es eine Frechheit, mit dem Begriff des Minimalismus Armut zu romantisieren. Bei allem, was wir haben, ist es aber mindestens genauso eine dringend nötige Kapitalismuskritik. Und ein Denkanstoß: im Einfachen das Glück zu sehen, und wie entschleunigend es sein kann, mal keine Wahl treffen zu müssen. Was braucht man wirklich für ein gutes Leben? Wenn man nur das Nötigste hat, was macht man damit?

Ich liebe das Unbequeme. Ich nenne das die »Küchentischtheorie«. Man könnte mir ein perfekt eingerichtetes Arbeitszimmer vorsetzen, so eines mit ergonomischem Stuhl, Schubladen voller gut sortierter Schreibmaterialien, Stiften und Papieren, mit Ordnern und einem Ablagesystem. Ich würde mir den Laptop schnappen und mich an den Küchentisch setzen. Zwischen das Chaos, auf eine ungemütliche Sitzbank, würde die Knie hochziehen und mein Kinn darauf abstützen, immer mal wieder in den Kühlschrank spähen, in den Schneidersitz wechseln und die Kreativität nur so aus mir rausfließen lassen. Genauso, wie ich es an Flughäfen mache, im Zug, in Cafés, immer dort, wo man gerade nicht alles hat, nicht in gewohnter Umgebung ist, eigentlich nur zwischen Tür und Angel irgendetwas mal schnell abarbeitet und dort vielleicht die besten Ideen entstehen, oder man in einer Stunde so produktiv ist wie sonst manchmal in acht Stunden am heimischen Schreibtisch nicht. Die Küchentischtheorie ist meine Beschreibung davon, dass ich glaube, dass uns Perfektion lähmt. Dass wir genau das brauchen, um uns zu entfalten: das Einfache, das Zwischendurch, das Unfertige.

Vielleicht mag ich deswegen das Alleinsein inzwischen so sehr. Für viele ist auch das etwas Unfertiges, Unbequemes. Für mich hingegen bietet es Leerlauf für Optionen und neue Kreativität. Es ist eine Kunst, im Unbequemen das Glück zu sehen, davon geht der Psychologe Christian Busch zumindest stark aus. »Viele halten Serendipität für ein passives Glück, das uns oder anderen einfach so passiert«, schreibt er in *Psychology Today*, »tatsächlich ist es jedoch ein aktiver Prozess des Registrierens und Verbindens von Punkten. Bei smartem Glück geht es darum, Brücken zu sehen, wo andere Schluchten wahrnehmen, und dann die Initiative zu ergreifen und zu handeln.« Christian Busch zufolge spielen unsere Herangehensweise, Denk- und Wahrnehmungsmuster eine Rolle dabei, wie empfänglich wir für glückliche Zufälle sind.[64] So ist das Alleinsein und das ständige Ausbrechen aus meiner Komfortzone für mich.

Die kann sich nämlich bisweilen wie weiche Watte anfühlen, wie ein zu gemütliches Bett. Für manche von uns bedeutet das Sicherheit. Abzuschalten. Für andere Langeweile, wir verfallen in Lethargie. Denn: Neues zu erfahren schärft die Sinne, Adrenalin und Nervosität lassen uns klarer sehen. Manchmal sehnen wir uns nach genau dieser Aufregung. Nach Ungemütlichkeit. Danach, uns durchkämpfen zu müssen. Im Zweiergespann hatte ich das nie. Ich verließ mich, zur Hälfte zumindest, auf die Entscheidungen einer anderen Person. Trottete hinterher, nickte nur zustimmend. Allein muss ich alles übernehmen: die Recherche, jede Entscheidung. Das tut manchmal weh. Aber aus Hürden ziehen wir mehr, als wenn alles gemütlich ist. Allein reisen bedeutet auch, sich selbst etwas zu beweisen. Das war die Autofahrt nach Dänemark allein zum Konzert, auf Ibiza zu bleiben, obwohl ich dort eigentlich niemanden kannte, der Flug nach Guatemala kurz nach meiner Erkrankung, allein hoch oben im Dschungel zu sein. Die eigene Komfortzone zu verlassen und stolz auf sich selbst sein zu können.

Auf der Fahrt nach Frankreich hatte ich eine konstante Gänsehaut. Nach diesem Ausflug in Noahs Welt lerne ich neben meinen Anfängen in Spanisch nun auch ein bisschen Französisch, sauge die Worte auf, die mir begegnen.

Ich hätte auch das Haus und die Familie auf dem Land genommen. Aber mein Leben hat mich hierhergeführt, und ich würde mein Leben mit niemandem auf der Welt tauschen wollen. Ich mag es, unterwegs zu sein. Ich mag das Unbequeme. Das Abenteuer. Das Neue. Ich fühle mich angekommen. Unterwegs.

Menschen erliegen oft dem Glauben, dass uns das Ankommen, das Erreichen eines Ziels glücklich macht. »Wenn ich erst einmal da bin …«, »Wenn ich dieses oder jenes habe, dann …«, »Nur zehn Kilo runter bis …«, »Wenn ich erst einmal einen Partner an meiner Seite habe …« Die Psychologie nennt das »den Ankunftsfehler«. Es ist der Irrglaube, dass uns das Erreichen eines Ziels nachhaltig glücklich macht. Denn der Glücksmoment des Erreichens währt nur kurz. Und dann braucht man immer wieder ein neues Ziel, auf das man hinarbeiten kann.[65] Das tatsächliche Glück ist allerdings eher auf dem Weg und im Alltag zu finden und nicht im Erreichen eines einmaligen Ziels, wie einer Hochzeit oder dem Umzug in die Doppelhaushälfte. Denn wenn das große Ziel erreicht ist, kann sich sonst eine große innere Leere einstellen.

In Barcelona geht die Sonne hinter einer Nebelwand unter, und der Wind zieht durch die kleinen Gassen, in denen mein Apartment liegt. Die Treppe hoch in den vierten Stock ist so schmal und eng, dass ich am Ende der Woche überall blaue Flecken haben werde. Der Ausblick entschädigt dagegen für alles. Ich kenne mich hier nicht aus, weder in dem Viertel noch in der Stadt so wirklich. Aber ich kann es kaum abwarten, sie zu entdecken und zu meiner zu machen, so wie ich das mit so vielen anderen Orten zuvor gemacht habe. Ich habe mein »Ankommen« für mich definiert.

Vielleicht brauche ich genau das ja wirklich – dieses Unbequeme. Den Küchentisch oder den wackeligen Hocker vorm Café am Rande der lauten Straße, statt das perfekt eingerichtete Arbeitszimmer. Die Reise statt das Ziel. Ich fühle mich im Unbequemen lebendig. Abenteuerlustig, frei. Es ist ein Aufbruch, ein Balanceakt zwischen dem, was ist, und dem, was sein kann, in dem Wissen, dass ich nicht alles und alle mitnehmen kann. Es ist die Suche nach dem zukünftigen, guten Leben. Ich habe alles dabei.

32

Barcelona

Vom Unterschied zwischen Alleinsein und Einsamkeit

Ich trete mit dem dampfenden Kaffee in der Hand an die große Glasscheibe, die das kleine Apartment von den Häuserschluchten vor mir trennt. Ich war mit einer tiefen Vorfreude in mir aufgewacht, mit dem Gedanken, wie viele Menschen ich in meinem Leben noch kennenlernen würde, von denen ich jetzt noch gar nichts weiß. Wie viele Erfahrungen ich noch machen würde, Städte sehen, wie viele Lachflashs ich noch haben würde, bei denen mir die Tränen über das Gesicht laufen. Wie viel es da noch gibt, was ich jetzt noch nicht greifen konnte. Von dem ich jetzt noch nichts ahnte. Ich fühle kein Adrenalin und keine Nervosität mehr. Ich bin ganz ruhig, bei mir und klar. Langsam komme ich an und lasse die letzten Monate in mir sacken.

Ich denke an Frankie, an die beiden Jungs aus Texas, an Brianna, an Eduardo, an Robin, an Hannes, an Giber. An Noah. An Menschen, die ich vielleicht nicht kennengelernt hätte, wenn ich mich erstens nicht aufgemacht hätte, die Welt zu erkunden, und zweitens dabei nicht allein gewesen wäre.

Ich hatte in Porto getrauert und mich eingeigelt, hatte mir in Restaurants die Finger abgefroren, weil ich mich drinnen allein unwohl fühlte und mich nach Mut und der gewissen Portion Selbstverständlichkeit gesehnt habe, die ich erst noch in mir finden musste. Ich hatte mich von Gesellschaft befreit, die mich einsam fühlen ließ, weil mir das Alleinsein keine Angst mehr machte, ich hatte mich vorgetastet und immer wieder Neues gewagt. Ich war am Hostelleben gescheitert, war umgekehrt und wieder losgegangen. Ich habe Ängste überwunden und sie zu Leidenschaften gemacht, wie das Autofahren, ich bin allein auf Konzerte gegangen und habe mich in Costa Rica an einer Zipline über den Dschungel gestürzt. Ich habe Einsamkeit kennengelernt, weil ich sitzen gelassen worden bin, und dann noch einmal, weil ich mit einem ansteckenden Virus am Rande des Zusammenbruchs eingesperrt war. Ich habe mich aus ihr rausgekämpft und sie für mich angenommen, habe gelernt, mit ihr zu leben. Ich stürzte mich ins Unbequeme, immer wieder, weil nur das die Antworten auf Fragen brachte, die ich mir noch gar nicht gestellt hatte. Ich habe gelernt, mich abzugrenzen, was mir wichtig ist, wie ich geliebt werden will. Dass die schönsten Dinge und unerwarteten Zufälle mir immer dann passieren, wenn ich irgendwo allein bin.

Vielleicht ist es eines der wichtigsten Dinge, die wir im Leben lernen müssen: allein zu sein. Die Ungemütlichkeit und die Panik vor der Einsamkeit auszusitzen, ohne uns sprichwörtlich irgendwem an den Hals zu werfen, um auf die andere Seite der Angst zu gelangen und zu merken: Es hat mich nicht umgebracht. Und inzwischen finde ich es sogar richtig schön. Es ist eine angenehme Stille, in der ich meine eigenen Gedanken endlich höre.

Allein zu sein, allein zu reisen bedeutet nicht, dass man Menschen, Verbindungen, Beziehungen absagt und sich mit niemandem mehr umgeben will. Es heißt schlicht, dass man beide Lebensweisen gleich wertschätzt, genießt und erlebt. Vielleicht das Alleinsein sogar noch etwas bewusster. Wenn ich zurückblicke, hatte ich den größten Spaß in meinem Leben vielleicht genau in diesen Momenten. Beim Trampen durch Nicaragua, auf diesem Konzert in Dänemark oder allein in diesem kleinen Apartment in Playa del Carmen, auf dem Balkon, mit einem aufgeschlagenen Buch und der Sonne auf meinen nackten Beinen, während ich mich vor Lachen schüttelte. Und am Ende sind wir doch sowieso niemals wirklich alleine. Da ist eine Welt voller Menschen, mit denen wir uns verbinden können. Wenn wir es wollen. Und auch wenn unsere »Gesellschaft« (Großtante Gisela oder wer auch immer) uns etwas anderes erzählen mag, muss allein zu sein nicht bedeuten, auch einsam zu sein.

Es fühlt sich immer noch wie ein rebellisches Leben an, über dreißig und Single zu sein. Als würde man irgendwie aus der Norm fallen. Als würde jede Beziehung, ganz gleich, wie aufzehrend, unpassend oder toxisch, besser sein als keine. Dass das große Glück darin und zwar ausschließlich darin besteht, möglichst schnell sesshaft zu werden und einen Partner zu finden, fühlt sich wie eine Hirnwäsche an, der wir über die Jahre unterzogen wurden. Das soll also der Weg sein? Er ist es sicher für viele. Aber wir sollten uns dem Hinterfragen dessen immer wieder unterziehen, denn: Ich will mein eigenes Happy End schreiben. Ganz egal, wie das aussehen wird. Du vielleicht auch.

Allein zu sein und es aktiv oder unfreiwillig zu bleiben heißt auch immer, gesellschaftlichen Erwartungen nicht zu entsprechen. Nicht zur Norm zu gehören oder ihr die Stirn zu bieten. Das erfordert Mut, ein Sich-sicher-Sein, sonst klappt man schnell in starrer Traurigkeit zusammen. Vielleicht kann man hier von einem »fake it till you make it« sprechen – sich die Selbstsicherheit des Alleinseins erst einmal anziehen wie ein Kostüm, das nicht ganz passt, nur ausgeborgt, um dann nach und nach reinzuwachsen. Sich erst einmal selbst etwas vormachen, um dann zu merken, dass das gar nicht so schlecht ist – und es dann selbst zu glauben. Zu sagen: Es geht mir gerade richtig gut – und jedes Wort so zu meinen. Vielleicht ist das die Antwort auf die Frage nach dem Alleinsein, nach dem Leben: Finde heraus, was dich glücklich macht, und dann tue es, wenn möglich so oft wie du kannst.

Wir können allein über die Klippen rund um Cornwall streifen, die Hände auf dem Rücken verschränkt, die Haare im Wind. Wir können uns in Partyhostels in Thailand mit völlig Fremden betrinken und ihnen in einer Nacht intensiver und näher begegnen, als wir langjährigen Freunden jemals waren. Weil sie nichts über uns wissen, nicht das, was war, ist und noch kommt miteinberechnen und wir dadurch eine Welt kreieren, die sich anfühlt, als gäbe es kein Gestern und Morgen, sondern nur das Jetzt. Wir können uns zurückziehen oder ins Leben werfen. Die Welt steht uns offen. Das ist schmerzhaft und befreiend.

Die Angst vor dem »allein Enden« ist bei manchen dennoch omnipräsent. Ich finde es hilfreich, es einfach mal aus der Zukunftsperspektive zu betrachten. Stell dir mal vor – nur hypothetisch –, man würde dir jetzt sagen, du lernst in zwei Jahren den Menschen kennen, den du nicht mehr loswirst oder nicht mehr loswerden willst, für immer und ewig. Was würdest du mit den zwei Jahren bis dahin machen? Es krachen lassen, oder?

»Ich komme noch für einen Abend oder zwei bei dir in Barcelona vorbei, okay?«, fragt Noah am anderen Ende der Leitung. Er wartet meine Antwort ab, vor der ich absichtlich pausiere. Ich nehme mir einen Moment, um darüber nachzudenken. Ich habe mich im letzten Jahr mit Männern verabredet, die mir kein gutes Gefühl gaben, und sie dennoch wieder getroffen. Irgendwie brauchte ich das manchmal. Ihre Ablenkung, ihre Aufmerksamkeit, ihre Anwesenheit. Nicht, dass mir klar gewesen wäre, dass ich sie nicht wollte. Ich wusste einfach nicht, was ich gerade wollte.

Wenn die innere Sicherheit gegeben ist, dass man niemanden braucht, ändert das alles, davon bin ich fest überzeugt. Es ändert die Ausstrahlung, die Art, wie man einen Raum betritt, die Selbstverständlichkeit, mit der man das eigene Leben angeht, die Leichtigkeit, mit der man es bewältigt. Ich sehe das selbst an mir. Wer in sich ruht, trifft bessere Entscheidungen.

Ich klemme mir das Handy zwischen Ohr und Schulter, nehme mir wirklich Zeit, nicht nur nachzudenken, sondern in meinem Bauch tief in mich reinzufühlen, blicke auf die kleine Straße vor mir, nehme einen Schluck Kaffee aus meiner Tasse, merke, wie ein Glücksgefühl in meinem Bauch aufsprudelt, und wandele mein stummes Nicken deswegen in ein klares »Ja, gerne, aber nicht heute. Lieber erst nächstes Wochenende«, um. »Ich habe eine tolle Salsabar gefunden, die zeig ich dir dann.« Ich kann hier allein sein. Und das Wissen darum ist so schön, macht mich so zufrieden, dass ich es deswegen nicht immer sein muss. Ich kann kleine Momente auch immer wieder teilen.

Während ich das Ceranfeld im Apartment kleinlich von den Bolognesesoßenresten befreie und einen Podcast höre, fällt mir auf, dass ich inzwischen wirklich bessere Entscheidungen treffe. Ich habe gelernt, Nein zu sagen, wenn ich keine Lust auf Gesellschaft habe. Es interessiert mich nicht, jemanden zu treffen, nur um jemanden zu treffen. Ich kann Aufmerksamkeit von meinem eigenen Interesse unterscheiden und eine Grenze ziehen, wenn es sich nicht richtig anfühlt. Ich treffe Männer nicht mehr, weil sie sich für mich interessieren und ich mich schlicht darin suhlen möchte. Ich treffe Männer, weil ich an ihnen Interesse habe, oder eben nicht. Das tut wirklich gut. Ich bin wieder viel klarer.

Eine gesunde Partnerschaft zu haben bedeutet, da ist jemand, der sich freut, dass es dich in seinem Leben gibt, der dich wertschätzt, an dich glaubt, dich anfeuert und das genau so zeigt. Viele würden einen Partner oder eine gute Freundin niemals so behandeln, wie sie selbst über sich denken. Und ich habe beschlossen, genau so etwas für mich selbst zu sein. In einer gesunden Partnerschaft mit mir selbst. Wenn das niemand anderes tut, dann tue ich es selbst. Ich bin stolz auf mich, ich feuere mich an, ich erlaube mir, alles maximal zu genießen.

Wenn wir lernen wollen, Alleinsein positiv für uns zu besetzen, ist wahrscheinlich einer der ersten Schritte, die eigene Einsamkeit zu begreifen und sie für sich anzunehmen oder an ihr zu arbeiten. Und vielleicht auch, den Unterschied zwischen den Begriffen zu begreifen. Wir können allein, aber nicht einsam sein. Weil wir so zufrieden mit dem Moment sind, dass nichts fehlt. Wir können nicht allein, aber einsam sein. Zum Beispiel, wenn wir uns in der Gegenwart von anderen nicht gesehen fühlen. Einsamkeit muss mit Alleinsein nichts zu tun haben. Wir können es schade finden, unsere Erlebnisse nicht teilen zu können. Aber kann es nicht auch heilsam sein, etwas nicht teilen zu müssen?

Wenn ich allein bin, kann ich meine Gedanken viel tiefer wandern lassen. Dann fällt mir auf, wie malerisch ich das Wort »Verzückung« finde, oder ich laufe ein paar Minuten durch die Wohnung und betrachte alle meine Pflanzen. Wir brauchen diesen Leerlauf. Im Alleinsein können wir uns selbst vergessen.

Die Leere, die entsteht, wenn wir allein sind, schafft auch Platz für existenzielle Fragen: Wer bin ich? Was ist mir wichtig? Was beschäftigt mich? Welchen Lauf nehmen meine Gedanken, wenn sie freie Fahrt haben und die Schnellstraße des Alltags einmal verlassen? Unsere Bedürfnisse und auch das, was wir uns vielleicht vormachen, werden sehr viel deutlicher, wenn wir sie ungefiltert an uns ranlassen und uns die Zeit nehmen, Bilanz zu ziehen. Natürlich kann es auch sein, dass wir feststellen: Eigentlich ist gerade alles super, wie es ist. Dann sollten wir bewusst dankbar dafür sein.

Ich schnappe mir meinen Laptop und hüpfe die Apartmenttreppen runter auf die Straße, bis zu dem kleinen Café an der Ecke, in dem ich gestern Morgen schon einmal war. Ich habe hier meinen Rhythmus gefunden: Morgens schreibe und arbeite ich ein paar Stunden kreativ, unterbreche für Bewegung, laufen, Yoga oder Pilates, führe mich selbst spazieren, lese mittags in der Sonne, erledige nachmittags meine Uni-Aufgaben, bearbeite mein Postfach und neue Anfragen, arbeite in Cafés oder lerne Spanisch, treffe neue und unbekannte Gesichter, mache sie zu Freunden. Die Tage hier tun mir gut. Sie lassen mich hier wie zu Hause fühlen. Obwohl ich das nicht bin. Ich hatte das schon öfter in Städten, in denen ich allein war, in Porto zum Beispiel, in Palma und in Kopenhagen auch. Als würden wir im gleichen Rhythmus atmen. Vielleicht, weil wir uns direkt verstehen. Auskennen, nichts mehr nachsehen müssen. Weil hier das Treibenlassen immer einem Finden statt einem Verlorengehen gleicht. Ich will hierbleiben, noch eine Weile. Irgendetwas stimmt hier für mich.

Die Morgensonne bricht sich durch die Häuserzüge, wie ein Mantel legt sie sich hier in El Born über das Frühlingstreiben. Barcelona ist so offen und bunt, ich gehe abends allein in Tapas-Bars und unterhalte mich in ein paar spanischen Sätzen mit dem Barkeeper, ich mache für den Abend Dates aus oder stecke die Beine in Barceloneta ins Meer. Eines Abends gehe ich allein Salsa tanzen und lasse mich von kleineren, spanischen Männern durch die Bar wirbeln, bis ich völlig erschöpft bin. Ich kann mir gut vorstellen, mal eine Weile in Spanien zu wohnen, hier auf dem Festland oder auf einer der Balearischen Inseln. Eine Zeit lang am Meer leben. Irgendwann werde ich das tun. Die Luft hier knistert. Der Kellner im Café erkennt mich wieder und lacht.

Ein Zuhause kann überall auf der Welt auf uns warten. Es müssen nicht die vier Wände sein, in denen wir aufgewachsen sind, nicht die Stadt der Kindheit, nicht dort, wo wir am längsten sesshaft waren. Vielleicht ist ein Mensch, ein Gefühl immer veränderlich. Vielleicht ist es dort, wo wir uns fallen lassen können. Vielleicht ist es ein Ort 8900 Kilometer weit entfernt.

Die Frage, wo wir leben wollen, steht immer zwischen uns und uns selbst. Speziell, wenn wir damit allein sind. Weil wir niemanden haben, der seinen Input dazu gibt, sie für uns beantwortet. Wir sind damit auf uns allein gestellt. All diese Möglichkeiten, aus denen wir für ein gutes Leben auswählen können, so bunt und vielfältig und einschüchternd zugleich. Dabei habe ich für mich noch nicht einmal beantwortet – und vielleicht ist es die nächste Frage, die sich stellt –, ob wir uns überhaupt irgendwo zu Hause fühlen wollen. Irgendwo anders, außer in uns selbst.

Die Frage, an welchem Ort ich leben will, mit welchen Menschen ich mir guttue, kann ich immer wieder neu für mich beantworten. Und Orte und Menschen wieder ziehen lassen, wenn sich an meiner Antwort etwas ändert. Ich glaube nicht, dass wir uns für immer guttun müssen. Ich glaube, dass es eher hinderlich ist, alles immer am »für immer« zu messen. Wenn unser eigener Kern so stark ist, dass sich äußere Veränderungen nicht wie ein zerschmetternder Verlust anfühlen, haben wir einen viel klareren Blick für all das, was uns guttut. Für all das Schöne, das in jedem Moment vor uns liegt. Vielleicht sind wir viel öfter, als wir glauben, schon da, wo wir sein müssen.

Einsamkeit aushalten zu lernen und sie anzunehmen und fast schon, wie einen Freund zu betrachten, macht dich stärker, als du dich jemals zuvor gefühlt hast. Vielleicht vermissen wir auch oft gar nicht Menschen, sondern nur, wie sie uns fühlen lassen. Und das ist okay. Aber immer mit dem Bewusstsein, auch allein vollständig zu sein, zu wissen, dass Ablehnung nichts an dem festen inneren Kern ändern kann, der uns ausmacht. Dann können wir abwägen, wie sehr diese Gesellschaft uns wirklich bereichert. Irgendeine Gesellschaft ist niemals besser als keine, wenn wir unsere eigene haben.

Und vielleicht ist es das, was das Alleinsein wirklich ausmacht, was meine Reise durch diese vielen Geschichten zusammenfasst: Wenn du dich in dir zu Hause fühlst, dann kann passieren, was will – dann kann dir nichts passieren. Und du blickst dich um, und alles ist vollständig. Denn du hast ja dich.

Nur dich.

Nachwort

Ein paar Monate später

Ich wache auf und sehe mir den Sonnenaufgang an. Es ist mein 31. Geburtstag. Es ist auch der erste Geburtstag in meinem Leben, den ich komplett allein verbringe. Kein Frühstück ans Bett (wie die letzten Jahre auch), keine Kerzen, keine Geschenke, keine Pläne.

Ich halte mein Gesicht in die Sonne auf dem Balkon, die langsam über die gegenüberliegende Hausfassade klettert, und schließe meine Augen. Morgens hängt hier immer noch diese klamme Nässe der Nacht in den Straßen, die erst von der aufsteigenden Sonne aufgewärmt und verscheucht wird. Meine nackten Beine winkele ich nah an meinen Oberkörper und stülpe meinen übergroßen Pullover über sie, dann lehne ich mich zurück. Die Wohnung und die Straße unter mir sind noch ganz still. Ich höre nur das leise Schnarchen des Hundes zu meinen Füßen, nehme meinen eigenen Atem wahr, höre dieses Rauschen der kleinen Stadt, bei dem ich mir einrede, dass es das Meer ist. Es ist ungewöhnlich warm für Anfang November.

Als ich hungrig werde, ziehe ich mir mein übergroßes T-Shirt an, das ich mir im Frühling in Barcelona gekauft habe, und trage den Hund die Treppen runter, um allein frühstücken zu gehen. Mir ist nach Brunch, nach Sonne und danach, mich einen ganzen Nachmittag lang faul ans Meer zu legen und zu lesen. Schöner könnte ich mir meinen Geburtstag nicht vorstellen. Ich setze mich draußen vor meinem Lieblingscafé an einen freien Tisch, bestelle Pancakes mit Pistaziencreme und einen frischen Orangensaft. Vor zwei Monaten habe ich dieses »irgendwann wohne ich mal eine Zeit lang am Meer« wahr gemacht und bin für den kommenden Winter nach Mallorca gezogen. Das Kopfsteinpflaster hier ist ein bisschen zu glatt, die Luft riecht irgendwie knusprig, so wie es eben nur im Süden riecht, nach sich anbahnender Wärme und dem Meer, nach Salz und Straße, nach einem warmen Herbst. Das Meer später ist bestechend türkisblau, der Wind fährt durch meine Buchseiten, ich habe die ganze Bucht für mich.

Nach einem langen Tag am Strand schultere ich am Abend den Sixpack Wasser, klemme mir die Post und den restlichen Einkauf für meine Pasta unter den Arm und schiebe meine Eingangstür mit dem Fuß auf, um den Hund vor mir reinzulassen. Oben im vierten Stock lasse ich alles auf meinen frei stehenden Tresen fallen und greife mir eine kalte Dose Cola aus dem großen Kühlschrank. Durch die offene Balkontür wirft die untergehende Sonne lange helle Bahnen auf den dunklen Holzboden, der leicht knarzt, als ich über ihn tapse, um die Glasscheiben ganz aufzuschieben und Licht und Luft hereinzulassen. Ich höre das Stimmengewirr meiner neuen Nachbarn, die laut auf Spanisch miteinander reden, höre Töpfe klappern, Türen schlagen, höre, wie der Boiler im Bad neben meinem aufgedreht wird und das Wasser sich durch die Rohre in die benachbarte Dusche arbeitet, höre die Hunde in den Hinterhöfen unter uns bellen, tags wie nachts. Es ist ein Gewirr aus Geräuschen, das mich erst irritiert und dann irgendwie beruhigt, das mich einbettet in dieses neue Leben hier. Ich könnte mich einen ganzen Nachmittag lang nur von den Gesprächsfetzen anderer ernähren.

Ich lasse meinen Blick aus dem Fenster schweifen über die beigen Häuserfassaden um mich herum, über die kleinen verglasten Wintergärten und die zu eng geparkten Autos, die langen Schatten, die sich über die Kreuzung ziehen. Ich atme tief ein. Es ist nur so ein Gefühl, nicht wirklich in Worte zu fassen: dass mich gerade nichts aus der Ruhe bringen kann.

Mut ist nicht die Abwesenheit von Angst. Man kann mutig sein und trotzdem vor dem nächsten Schritt Angst haben. Allein zu sein muss vor allem eines nicht bedeuten: einsam zu sein. Vielleicht ist es nur das: Glück. Ein Glück, allein zu sein.

Anmerkungen

1 *Zeit*, Dezember 2022, zit. nach https://www.zeit.de/zett/2022-11/allein sein-lernen-psychologie-interview
2 Silvia Follmann, *A Single Woman. Ein Plädoyer für Selbstbestimmung und neue Glückskonzepte,* Goldmann 2019
3 https://www.diogenes.ch/leser/titel/connie-palmen/die-suende-der-frau-9783257070224.html
4 Zum Weiterlesen: https://www.zeit.de/zett/politik/2020-02/black-history-month-diese-schwarzen-frauen-solltet-ihr-kennen
5 Statistisches Bundesamt, Pressemitteilung Nr. 084 vom 6. März 2023 https://www.destatis.de/DE/Presse/Pressemitteilungen/2023/03/PD23_084_621.html
6 https://www.elitepartner.de/magazin/finden/singles-in-deutschland/
7 Mirna Funk, *Who Cares! Von der Freiheit, Frau zu sein*, dtv 2022
8 https://www.elitepartner.de/magazin/finden/singles-in-deutschland/
9 Jean-Francois Lyotard: *Das postmoderne Wissen. Ein Bericht,* Wien 1999, nach Daniel Schreiber, *Allein,* Hanser Berlin 2021
10 Gelernt und aufgegriffen von der Instagramerin @vany.schreibt
11 https://www.psychologie-heute.de/beziehung/artikel-detailansicht/41848-sagen-sie-mal-herr-rauchfleisch-woran-erkennt-man-beziehungsabhaen gigkeit.html
12 https://ratgeber.lumiastiftung.de/hirnschaedigung-wachkoma/hoffnung-und-trauer/umgang-mit-hirnschaedigungen/
13 https://www.psychologin.co.at/stress.html
14 Rolf Dobelli, *Die Kunst des klaren Denkens,* Piper 2020.

15 Splendid Research 2019. https://www.splendid-research.com/de/studie-einsamkeit
16 https://www.spiegel.de/gesundheit/psychologie/grant-studie-wie-ein-zufriedenes-leben-gelingt-a-851729.html
17 Johann Hinrich Clausen, Ulrich Lilie, et al., *Für sich sein. Atlas der Einsamkeiten*, München 2021
18 ebenda
19 ebenda
20 ebenda
21 ebenda
22 ebenda
23 https://www.gfk.com/de/presse/Anteil-der-Singlehaushalte-in-Deutschland-nimmt-zu
24 https://www.elitepartner.de/magazin/finden/singles-in-deutschland/
25 Sarah Diehl, *Die Freiheit, allein zu sein – Eine Ermutigung,* Arche Verlag 2022, S. 274–276
26 ebenda
27 https://www.spiegel.de/gesundheit/psychologie/einsamkeit-wer-allein-lebt-hat-haeufiger-depressionen-und-aengste-a-1265376.html
28 https://www.gfk.com/de/presse/Anteil-der-Singlehaushalte-in-Deutschland-nimmt-zu
29 https://www.psychologin.co.at/stress.html
30 https://www.dasgehirn.info/denken/motivation/urlaub-die-groessere-pause-fuers-gehirn
31 ebenda
32 https://utopia.de/news/psychologin-warum-alleinsein-uns-im-leben-weiterbringen-kann/
33 https://www.focus.de/gesundheit/news/die-macht-der-intuition-hirnforschung_id_2032786.html
34 ebenda
35 https://www.sueddeutsche.de/wissen/psychologie-warum-menschen-sich-so-gern-in-die-eigene-tasche-luegen-1.3738822
36 https://magazin.audible.de/stefanie-stahl-interview-selbstfuersorge/
37 https://gedankenwelt.de/sawubona-ein-schoener-gruss-eines-afrikani schen-stammes/
38 Silvia Follmann, *A Single Woman. Ein Plädoyer für Selbstbestimmung und neue Glückskonzepte,* Goldmann 2019
39 https://www.businessinsider.de/wissenschaft/unverheiratete-und-kinderlose-frauen-sind-die-gluecklichsten-menschen-sagt-ein-verhaltensprofessor-2019-5/

40 https://www.welt.de/iconist/partnerschaft/article184878410/Getrennt-schlafen-Warum-der-Hund-der-bessere-Schlaf-Partner-ist.html
41 Sarah Diehl, *Die Freiheit, allein zu sein – Eine Ermutigung,* Arche Verlag 2022, S. 198
42 Gary Chapman, *Die fünf Sprachen der Liebe – Wie Kommunikation in der Partnerschaft gelingt,* Francke-Buch 2010
43 Solche Möglichkeiten findet ihr beispielsweise über Workaway.com.
44 Ihr findet die Playlists auf Spotify: luiseliebt
45 Sarah Diehl, *Die Freiheit, allein zu sein – Eine Ermutigung,* Arche Verlag 2022, S. 93
46 ebenda, S. 94
47 ebenda, S. 186
48 Johann Hinrich Clausen, Ulrich Lilie, et al., *Für sich sein. Atlas der Einsamkeiten,* München 2021, S. 75
49 https://www.zeit.de/zett/2022-11/alleinsein-lernen-psychologie-interview
50 Sarah Diehl, *Die Freiheit, allein zu sein – Eine Ermutigung,* Arche Verlag 2022, S. 222
51 ebenda
52 https://www.meinegesundheit.at/cdscontent/?contentid=10007.767656
53 ebenda
54 https://www.refinery29.com/de-de/2020/04/9719322/skin-hunger-beruehung-menschen-corona
55 https://www.elle.de/lifestyle-health-beruehrungen-skin-hunger-mental-health
56 Sarah Diehl, *Die Freiheit, allein zu sein – Eine Ermutigung,* Arche Verlag 2022, S. 271
57 https://www.huffpost.com/entry/for-the-record_b_57855586e4b03fc3ee4e626f
58 https://www.destatis.de/DE/Presse/Pressemitteilungen/2021/09/PD21_N057_12411.html
59 https://www.spiegel.de/wissenschaft/mensch/single-studien-alleine-aber-gluecklich-a-1106630.html
60 Sarah Diehl, *Die Freiheit, allein zu sein – Eine Ermutigung,* Arche Verlag 2022, S. 64
61 https://www.artandbooks.ch/benedict-wells.html
62 https://www.spiegel.de/panorama/gefuehlsstudie-die-glueckskinder-von-vanuatu-a-426418.html
63 https://www.zeit.de/entdecken/reisen/2022-06/vanlife-wohnmobil-camping-leben-reisen

64 https://www.brigitte.de/liebe/persoenlichkeit/psychologie--3-gewohnheiten-von-menschen--die-unverschaemtes-glueck-zu-haben-scheinen-13341230.html?utm_source=pocket-newtab-global-de-DE
65 https://www.brigitte.de/liebe/persoenlichkeit/psychologie--der-ankunfts-fehler-hindert-viele-menschen-gluecklich-zu-sein---dich-auch--11538024.html

Alle Links zuletzt abgerufen am 01.02.2023.